北京文化书系
古都文化丛书

对外交流——中国气派

中共北京市委宣传部
北京市社会科学院　　组织编写

何岩巍　著

北京出版集团
北京出版社

图书在版编目（CIP）数据

对外交流——中国气派 / 中共北京市委宣传部，北京市社会科学院组织编写 ；何岩巍著. — 北京：北京出版社，2024.4

（北京文化书系. 古都文化丛书）

ISBN 978-7-200-18148-7

Ⅰ. ①对… Ⅱ. ①中… ②北… ③何… Ⅲ. ①中外关系—文化交流—北京 Ⅳ. ①G125

中国国家版本馆CIP数据核字（2023）第150290号

北京文化书系　古都文化丛书

对外交流
——中国气派

DUIWAI JIAOLIU

中共北京市委宣传部
北京市社会科学院　组织编写

何岩巍　著

*

北 京 出 版 集 团
北 京 出 版 社　出版

（北京北三环中路6号）

邮政编码：100120

网　　　址：www.bph.com.cn

北京出版集团总发行
新 华 书 店 经 销
北京建宏印刷有限公司印刷

*

787毫米×1092毫米　16开本　15.75印张　217千字
2024年4月第1版　2024年4月第1次印刷
ISBN 978-7-200-18148-7
定价：68.00元
如有印装质量问题，由本社负责调换
质量监督电话：010-58572393；发行部电话：010-58572371

"古都文化丛书" 编委会

主　　编：阎崇年

执行主编：王学勤　唐立军　谢　辉

编　　委：朱柏成　鲁　亚　田淑芳　赵　弘
　　　　　杨　奎　谭日辉　袁振龙　王　岗
　　　　　孙冬虎　吴文涛　刘仲华　王建伟
　　　　　郑永华　章永俊　李　诚　王洪波

学术秘书：高福美

"北京文化书系"
序言

文化是一个国家、一个民族的灵魂。中华民族生生不息绵延发展、饱受挫折又不断浴火重生，都离不开中华文化的有力支撑。北京有着三千多年建城史、八百多年建都史，历史悠久、底蕴深厚，是中华文明源远流长的伟大见证。数千年风雨的洗礼，北京城市依旧辉煌；数千年历史的沉淀，北京文化历久弥新。研究北京文化、挖掘北京文化、传承北京文化、弘扬北京文化，让全市人民对博大精深的中华文化有高度的文化自信，从中华文化宝库中萃取精华、汲取能量，保持对文化理想、文化价值的高度信心，保持对文化生命力、创造力的高度信心，是历史交给我们的光荣职责，是新时代赋予我们的崇高使命。

党的十八大以来，以习近平同志为核心的党中央十分关心北京文化建设。习近平总书记作出重要指示，明确把全国文化中心建设作为首都城市战略定位之一，强调要抓实抓好文化中心建设，精心保护好历史文化金名片，提升文化软实力和国际影响力，凸显北京历史文化的整体价值，强化"首都风范、古都风韵、时代风貌"的城市特色。习近平总书记的重要论述和重要指示精神，深刻阐明了文化在首都的重要地位和作用，为建设全国文化中心、弘扬中华文化指明了方向。

2017年9月，党中央、国务院正式批复了《北京城市总体规划（2016年—2035年）》。新版北京城市总体规划明确了全国文化中心建设的时间表、路线图。这就是：到2035年成为彰显文化自信与多元包容魅力的世界文化名城；到2050年成为弘扬中华文明和引领时代潮流的世界文脉标志。这既需要修缮保护好故宫、长城、颐和园等享誉中外的名胜古迹，也需要传承利用好四合院、胡同、京腔京韵等具有老北京地域特色的文化遗产，还需要深入挖掘文物、遗迹、设施、景点、语言等背后蕴含的文化价值。

组织编撰"北京文化书系"，是贯彻落实中央关于全国文化中心建设决策部署的重要体现，是对北京文化进行深层次整理和内涵式挖掘的必然要求，恰逢其时、意义重大。在形式上，"北京文化书系"表现为"一个书系、四套丛书"，分别从古都、红色、京味和创新四个不同的角度全方位诠释北京文化这个内核。丛书共计47部。其中，"古都文化丛书"由20部书组成，着重系统梳理北京悠久灿烂的古都文脉，阐释古都文化的深刻内涵，整理皇城坛庙、历史街区等众多物质文化遗产，传承丰富的非物质文化遗产，彰显北京历史文化名城的独特韵味。"红色文化丛书"由12部书组成，主要以标志性的地理、人物、建筑、事件等为载体，提炼红色文化内涵，梳理北京波澜壮阔的革命历史，讲述京华大地的革命故事，阐释本地红色文化的历史内涵和政治意义，发扬无产阶级革命精神。"京味文化丛书"由10部书组成，内容涉及语言、戏剧、礼俗、工艺、节庆、服饰、饮食等百姓生活各个方面，以百姓生活为载体，从百姓日常生活习俗和衣食住行中提炼老北京文化的独特内涵，整理老北京文化的历史记忆，着重系统梳理具有地域特色的风土习俗文化。"创新文化丛书"由5部书组成，内容涉及科技、文化、教育、城市规划建设等领域，着重记述新中国成立以来特别是改革开放以来北京日新月异的社会变化，描写北京新时期科技创新和文化创新成就，展现北京人民勇于创新、开拓进取的时代风貌。

为加强对"北京文化书系"编撰工作的统筹协调，成立了以"北京文化书系"编委会为领导、四个子丛书编委会具体负责的运行架构。"北京文化书系"编委会由中共北京市委常委、宣传部部长莫高义同志和市人大常委会党组副书记、副主任杜飞进同志担任主任，市委宣传部分管日常工作的副部长赵卫东同志担任副主任，由相关文化领域权威专家担任顾问，相关单位主要领导担任编委会委员。原中共中央党史研究室副主任李忠杰、北京市社会科学院研究员阎崇年、北京师范大学教授刘铁梁、北京市社会科学院原副院长赵弘分别担任"红色文化""古都文化""京味文化""创新文化"丛书编委会主编。

　　在组织编撰出版过程中，我们始终坚持最高要求、最严标准，突出精品意识，把"非精品不出版"的理念贯穿在作者邀请、书稿创作、编辑出版各个方面各个环节，确保编撰成涵盖全面、内容权威的书系，体现首善标准、首都水准和首都贡献。

　　我们希望，"北京文化书系"能够为读者展示北京文化的根和魂，温润读者心灵，展现城市魅力，也希望能吸引更多北京文化的研究者、参与者、支持者，为共同推动全国文化中心建设贡献力量。

"北京文化书系"编委会

2021年12月

"古都文化丛书"
序言

北京不仅是中国著名的历史文化古都，而且是世界闻名的历史文化古都。当今北京是中华人民共和国首都，是中国的政治中心、文化中心、国际交往中心、科技创新中心。北京历史文化具有原生性、悠久性、连续性、多元性、融合性、中心性、国际性和日新性等特点。党的十八大以来，习近平总书记十分关心首都的文化建设，指出北京丰富的历史文化遗产是一张金名片，传承保护好这份宝贵的历史文化遗产是首都的职责。

作为中华文明的重要文化中心，北京的历史文化地位和重要文化价值，是由中华民族数千年文化史演变而逐步形成的必然结果。约70万年前，已知最早先民"北京人"升腾起一缕远古北京文明之光。北京在旧石器时代早期、中期、晚期，新石器时代早期、中期、晚期，经考古发掘，都有其代表性的文化遗存。自有文字记载以来，距今3000多年以前，商末周初的蓟、燕，特别是西周初的燕侯，其城池遗址、铭文青铜器、巨型墓葬等，经考古发掘，资料丰富。在两汉，通州路（潞）城遗址，文字记载，考古遗迹，相互印证。从三国到隋唐，北京是北方的军事重镇与文化重心。在辽、金时期，北京成为北中国的政治中心、文化中心。元朝大都、明朝北京、清朝京师，北京是全中国的政治中心、文化中心。民国初期，首都在北京，后都城虽然迁到南京，但北京作为全国文化中心，既是历史事实，也是人们共识。北京历史之悠久、文化之丰厚、布局之有序、建筑之壮丽、文物之辉煌、影响之远播，已经得到证明，并获得国际认同。

从历史与现实的跨度看，北京文化发展面临着非常难得的机遇。上古"三皇五帝"、汉"文景之治"、唐"贞观之治"、明"永宣之治"、清"康乾之治"等，中国从来没有实现人人吃饱饭的愿望，现在全面建成小康社会，历史性告别绝对贫困，这是亘古未有的大事。中华民族迎来了从站起来、富起来到强起来的伟大飞跃，迎来了实现伟大复兴的光明前景。

"建首善自京师始"，面向未来的首都文化发展，北京应做出无愧于时代、无愧于全国文化中心地位的贡献。一方面整体推进文化发展，另一方面要出文化精品，出传世之作，出标识时代的成果。近年来，北京市委宣传部、市社科院组织首都历史文化领域的专家学者，以前人研究为基础，反映当代学术研究水平，特别是新中国成立70多年来的成果，撰著"北京文化书系·古都文化丛书"，深入贯彻落实习近平总书记关于文化建设的重要论述，坚决扛起建设全国文化中心的职责使命，扎实做好首都文化建设这篇大文章。

这套丛书的学术与文化价值在于：

其一，在金、元、明、清、民国（民初）时，北京古都历史文化，留下大量个人著述，清朱彝尊《日下旧闻》为其成果之尤。但是，目录学表明，从辽金经元明清到民国，盱古观今，没有留下一部关于古都文化的系列丛书。历代北京人，都希望有一套"古都文化丛书"，既反映当代研究成果，也是以文化惠及读者，更充实中华文化宝库。

其二，"古都文化丛书"由各个领域深具文化造诣的专家学者主笔。著者分别是：（1）《古都——首善之地》（王岗研究员），（2）《中轴线——古都脊梁》（王岗研究员），（3）《文脉——传承有序》（王建伟研究员），（4）《坛庙——敬天爱人》（龙霄飞研究馆员），（5）《建筑——和谐之美》（周乾研究馆员），（6）《会馆——桑梓之情》（袁家方教授），（7）《园林——自然天成》（贾珺教授、黄晓副教授），（8）《胡同——守望相助》（王越高级工程师），（9）《四合院——修身齐家》（李卫伟副研究员），（10）《古村落——乡愁所寄》（吴文涛副研究员），（11）《地名——时代印记》（孙冬虎研究员），（12）《宗教——和谐共生》（郑永华研究员），（13）《民族——多元一体》（王卫华教授），（14）《教育——兼济天下》（梁燕副研究员），（15）《商业——崇德守信》（倪玉平教授），（16）《手工业——工匠精神》（章永俊研究员），（17）《对外交流——中国气派》（何岩巍助理研究员），（18）《长城——文化纽带》（董耀会教授），（19）《大运河——都城命脉》（蔡蕃研究员），（20）《西山永定河——血脉根基》（吴文涛副研究员）等。署名著者分属于市社科院、清华大学、中央民族大学、首都经济贸易大学、北京教育科学研究院、北京古代建筑研究所、故宫博物院、首都博物馆、中国长城学会、北京地理学会等高校和学术单位。

其三，学术研究是个过程，总不完美，却在前进。"古都文化丛书"是北京文化史上第一套研究性的、学术性的、较大型的文化丛书。这本身是一项学术创新，也是一项文化成果。由于时间较紧，资料繁杂，难免疏误，期待再版时订正。

本丛书由市社科院原院长王学勤研究员担任执行主编，负责全面工作；市社科院历史研究所所长刘仲华研究员全面提调、统协联络；北京出版集团给予大力支持；至于我，忝列本丛书主编，才疏学浅，年迈体弱，内心不安，实感惭愧。本书是在市委宣传部、市社科院的组织协调下，大家集思广益、合力共著的文化之果。书中疏失不当之处，我都在在有责。敬请大家批评，也请更多谅解。

是为"古都文化丛书"序言。

阎崇年

目 录

前　言

　　本书主要叙述历史上的北京与世界各国之间的文化交流活动，主要涉及外国人在北京的活动、在京中国人在外国的活动等内容。

　　自元代以来北京一直就是中外文化交流的中心。元大都外来文化主要表现为科技领域。在这个领域中，伊斯兰教文化的影响更大一些。在大都城里，元朝政府曾经设置有回回司天台，负责回回历法的修订和印制。又设置有回回国子监，负责向京城的青年教授回回文字（即波斯文），从而使得这种文字的传播范围更加广泛。元朝政府还曾设置有广惠司，负责管理京城的回回医师，并且用其特有的药物和医术为蒙古贵族们治病疗伤。据此可知，在元大都的语言文字学、天文学、医学等许多方面，都有着外来文化的融合。例如，在医学方面，我们今日得见的《饮膳正要》和《回回药方》残本，就是伊斯兰教文化与中华文化相互融合的极好证明。如《饮膳正要》最早刊印于元文宗时，其作者忽思慧是一位少数民族医师，他在中医传统理论的指导下，加入大量回回医学的因素而撰写成这部著作，许多药方皆采用了回回药物。

　　明代的中外交流更加频繁，随着郑和下西洋，中国对外部世界的了解更多。尤其是明末西方传教士的来京，使明代人，也使京师之地的人们开始了对西方文化的接触和吸收。这其中利玛窦无疑是影响最大的一个。利玛窦在京期间，每天接待来访的客人不下二十批，每逢节日来访者更是达百人。徐光启、李之藻、杨廷筠这些朝廷要员在利玛窦的引领下改奉天主教。李之藻认为天主教教义"不脱六经之旨"，极力鼓吹"天儒合一"；杨廷筠认为天主教教义与儒家学说"脉脉同符"；徐光启更是认为儒家学说之不足，天主教可以取代佛教来补充儒学的欠缺。作为中国官僚体制中的高层人物，他们对于天主教的态度，直接影响着京城其他官员，从而产生了较为广泛的影响。利玛窦在京还主要通过介绍西方科学技术来传播天主教，涉及的领域有数学、天文学、地理学等。除此之外，利玛窦还将西洋的绘画、音乐、语言传入中国，他是全面介绍西洋文化的第一人。与此同时，利玛窦还将中国的典籍翻译传播到欧洲，为中西文化交流构筑了一座桥梁。

除利玛窦之外，明代来华传教取得一定影响的还有熊三拔、阳玛诺、汤若望、邓玉函等人，他们还给明代的北京带来了物理学、枪炮铸造等技术。这些来华传教士的主要功绩，在于介绍欧洲的自然科学，但他们所传播的，基本上限于欧洲的古典科技，他们来华的真正目的在于传教，传播自然科学只是传教的一种手段。利玛窦等人在介绍西方自然科学的同时，也介绍了西方的社会生活。他们传入的数学、天文历算学、军火制造等，对明清之际的经济文化发展有一定的促进作用，也开阔了中国一部分士大夫的眼界。

西学的输入恰逢王阳明心学盛行之时，客观上为西学的传播创造了一种自由宽松的文化氛围，同时也为士大夫了解西学提供一定的思想基础。因而，明中叶以后，诸如早期启蒙学说、东林学派和科学思潮等各种进步的社会思潮，都可以找到它们同西学契合的地方，使得西学成为明清之际思想文化领域一股不可轻视的力量。

清代北京中外交流更加频繁，清前期随着传教士不断来到中国，西方的宗教、自然科学知识、建筑、绘画等内容逐渐成为北京文化的新元素。相对于传教士极力想达到的传教目的而言，无论是紫禁城里的统治者还是普通民众，更愿意接受的是传教士所带来的自鸣钟、西洋镜之类的器物。清代中后期以后，西方的思想、艺术、科学纷纷传入北京；同时，中国的文化艺术也借由在北京的西方人传入欧洲各国。不论是西学中渐还是中学西渐都对中西双方产生了深刻的影响。

这种影响加强了双方的了解，既有利于对方对异质文化的吸收，也有利于自身更好地发展。同时，文化交流活动也可以减少各国之间的误解与隔阂，对促进世界和平，特别是人类命运共同体的构建发挥重要作用。

第一章

元代北京与中外文化交流

自元代开始，北京成为全国的政治、文化中心，同时也是对外交流中心。也正是自元大都时期开始，北京在中外文化交流中发挥着重要的作用。元代不仅有札马鲁丁等中亚学者来到元大都任官，将阿拉伯和西方文化传入中国，还有马可·波罗、鄂多立克等西方人游历元大都，撰写游记，将中国介绍给西方，从而形成了欧洲早期关于中国的印象。

第一节　阿拉伯文化与西方文化在元大都的传播

　　西域天文仪器与历法的东传　早在大蒙古国时期，耶律楚材在跟随成吉思汗西征到达撒马尔干时就曾与当地的天文学家进行过历法方面的交流，并制定了《西征庚午元历》。这一历法又称《麻答把历》，"麻答把"是回纥语历法的意思。据《元史》记载，耶律楚材在此与阿拉伯天文学家一起合作观测天象达一年半之久。其间两次观测月食，耶律楚材在计算月食时刻的准确程度上都优于阿拉伯历法家。耶律楚材的《西征庚午元历》渊源于金赵知微重修的《大明历》，不过在计算金、木、水、火、土五星运行轨迹时吸收了回回历法在这方面的长处。据记载，元司天台存有很多阿拉伯天文历法、占星及炼丹书籍，例如麦者思的《造司天仪式》《海牙剔穷历法段数》《积尺诸家历》《速瓦里可瓦乞必星纂》《撒那的阿剌忒造浑天仪香漏》《撒非那诸般法度纂要》《黑牙黑造香漏并诸般机巧》《元速剌八个窟勒小浑天图》《阿堪诀断诸般灾福》《蓝木立占木法度》《麻塔合正灾福正义》《亦乞昔儿炼丹炉火》《密阿辨认风水》，以及《福剌散相书》等。

　　元朝建立以后，信仰伊斯兰教的西域人大量进入大都。他们将伊斯兰世界的天文、历法、地理、语言、科技带入中国。元朝政府甚至在大都设立了回回天文台。

　　这其中为中西文化交流做出重要贡献的一位历史人物是札马鲁丁。一般都认为他来自波斯的马拉加城（今属伊朗）。当时统治波斯等地的蒙古旭烈兀汗曾同意波斯天文学家纳速剌丁的请求，聚集了一批天文学家，在马拉加城建造一座天文台。英国学者李约瑟等认为，札马鲁丁就是这座著名天文台上的一位天文学家。后来他奉旭烈兀汗或其后裔的命令，来到中国。根据中国现存的史料，札马鲁丁是在元世祖忽必烈登位以前到中国的。《元史·百官志》里记载："世祖在潜邸时，有旨征回回为星学者。札马鲁丁等以其艺进，未有官署。"

札马鲁丁到达元大都后，其天文工作成就有两项：一是在《元史·天文志》记载，说他造西域仪象七件。例如，"咱秃哈剌吉，汉言浑天仪也。其制以铜为之，平设单环，刻周天度，画十二辰位，以准地面。侧立双环而结于平环之子午，半入地下，以分天度。内第二双环，亦刻周天度，而参差相交，以结于侧双环，去地平三十六度以为南北极，可以旋转，以象天运为日行之道。内第三、第四环，皆结于第二环，又去南北极二十四度，亦可以运转。凡可运三环，各对缀铜方钉，皆有窍以代衡箫之仰窥焉"。按《元史·天文志》的描述，"咱秃哈剌吉"有一个地平环和一个垂直于地平环的子午双环，子午环的中线即相当于观测地的子午线，这两组环圈互相固结不动。在子午双环之内还有一组双环，它的中线相当于天球上的赤经圈，可以绕着南、北极做东西方向的转动。这些环圈和我国传统的天文仪器——浑天仪的结构一致。

另一项是编撰《万年历》。《元史·历志》记载："至元四年（1267），西域札马鲁丁撰进万年历，世祖稍颁行之。"由于原书不存，这个《万年历》到底是一种什么样的历法已不得而知，史籍中也没有更多的资料加以介绍。

至元八年（1271），元世祖建立回回司天台，札马鲁丁被任命为提点，即台长。至元十年（1273），札马鲁丁以回回司天台提点的身份被任命为新成立不久的秘书监的两名长官之一（另一个是前户部尚书焦友直）。秘书监的主要职责是掌管皇家收藏的历代图籍和阴阳禁书，从事皇帝特命的撰述任务等。此后，札马鲁丁官阶日升。后来被授为正三品的嘉议大夫职衔。至元二十四年（1287）升任从二品的集贤大学士中奉大夫行秘书监事，职掌"提调学校，征求隐贤，召集贤良；凡国子监、玄门道教、阴阳、祭祀、占卜、祭遁之事"（《元史·百官志》）。

至元二十二年（1285），札马鲁丁负责编纂了著名的《元一统志》，这部书不但在当时有重大的军事、政治意义，且具有重要的学术价值。

札马鲁丁作为一位天文学家，他把阿拉伯天文学知识带到中国。他制造的天文仪器对我国传统天文仪器的发展多少有着借鉴作用，所编撰的《万年历》也开创了后来编撰回回历的传统。他参与修纂《元一统志》，为我国方志地理学的发展做出了重要贡献。

欧几里得几何学经阿拉伯人介绍进入中国　中古阿拉伯世界翻译了很多古希腊的科学书籍，其中就包括欧几里得的《几何原本》。哈里发巴希特时代阿拉伯学者马塔尔已经翻译过《几何原本》的前六卷，马蒙哈里发时代又有另一个译本。此后，阿拉伯学者又曾两次翻译此书。元代王士点、商企翁《秘书监志》卷七曾收录了《兀忽列的四擘算法段数》一书，书目为至元十年（1273）十一月初七太保太司著录，此书即欧几里得《几何学》译本。不过据《多桑蒙古史》转引《拉施特史集》可知，早在蒙哥西征时，他已对欧几里得几何学中的若干定理有所了解，并曾想将阿拉伯天文学家纳速剌丁带回国内。而纳速剌丁也翻译过《几何原本》一书，元司天台收录的《兀忽列的四擘算法段数》很有可能就是纳速剌丁的译本。

回回国子学的建立　《元史·选举志》中记载至元二十六年（1289），尚书省认为应该学习亦思替非文字，而翰林院益福的哈鲁丁懂得这种文字，应授予其学士之职。忽必烈同意这一建议，当年八月，回回国子学正式设立。仁宗延祐元年（1314）四月，复置回回国子监。亦思替非文字究竟是什么？学界没有统一的认识，有人认为就是阿拉伯语，有人又认为是波斯语。

艺术在中国的传播　元代时阿拉伯乐器也传入中国，主要有火不思、胡琴及兴隆笙。火不思即三弦琴，类似胡琴。较为令人不解的是兴隆笙。《元史·礼乐志》记载，回回国进贡乐器兴隆笙。"兴隆笙，制以楠木，形如夹屏，上锐而面平，缕金雕镂枇杷、宝相、孔雀、竹木、云气，两旁侧立花板，居背三之一，中为虚柜，如笙之匏。上竖紫竹管九十，管端实以木莲苞。柜外出小橛十五，上竖小管，管端实以铜杏叶。下有座，狮象绕之，座上柜前立花板一，雕镂如背，板间出二皮风口，用则设朱漆小架于座前，系风囊于风口，囊面如琵琶，朱漆杂花，有柄，一人捼小管，一人鼓风囊，则簧自随调而鸣。中统间，回回国所进。以竹为簧，有声而无律。玉宸乐院判官郑秀乃考音律，分定清浊，增改如今制。"

王祎所撰《兴隆笙颂序》一文，也介绍了兴隆笙这一乐器。据他描述，这种乐器为西域进贡，皇帝则对它进行了一些改造。其制为管九十，列为十五行，每行纵列六管，其管下植于柜中，而柜后鼓之以鞴。自柜足至管端，约高五尺，仍镂板凤形，绘以金彩，以围之三面，约广三尺，加文饰焉。凡大朝会，则列诸轩陛之间，与众乐并奏。每用乐工二人；一以按管，一以鼓以达气，出声以叶众音，而乐之奏成矣。从其形制来看，所谓"兴隆笙"，非常接近于小型管风琴。

《元史》中还记载了一种类似兴隆笙的乐器——殿庭笙。这种乐器盾头两旁有两只木刻孔雀，上面覆盖着孔雀羽毛，乐器内部设有机械。演奏的时候需要三人配合，一人鼓风囊，一人按律，一人使机械运动起来，此时可见木制孔雀按照节律在殿前飞舞。由此可见，殿庭笙的基本演奏原理与兴隆笙类似，区别仅在于盾头两侧是否有木制孔雀。

第二节　传教士书简及游记对元大都的介绍

尼古拉·波罗父子东游与《马可·波罗行纪》 马可·波罗一家为意大利威尼斯商人，马可·波罗出生后不久，其父与叔父就曾到钦察汗国一带经商。两人在钦察汗国时恰逢伊利汗国入侵，就被伊利汗国大汗旭烈兀派往元朝的使节带往大都，得以觐见元世祖忽必烈。他们向忽必烈介绍了很多欧洲诸国的风土人情，令忽必烈大感兴趣，遂委派他们作为自己的特使前往罗马教廷。至元十二年（1275），马可·波罗和其父亲、叔父携带罗马教皇写给忽必烈的回信再次来到大都，受到忽必烈的热烈欢迎。马可·波罗在华生活了17年后回国。后来，马可·波罗在威尼斯和热那亚的战争中被俘入狱，同在狱中的小说家鲁斯梯谦将马可·波罗的故事写了下来，这就是中外文化交流史上的巨著《马可·波罗行纪》。

此书共分四卷，第一卷讲述马可·波罗一家从意大利启程前往大都的沿途见闻；第二卷讲述元大都的宫殿及元大都的城墙、城门、政府组织及社会生活的各个方面及马可·波罗在元朝其他地方的所见所闻；第三卷讲述日本、东南亚及非洲东部的风土人情；第四卷讲述成吉思汗后裔蒙古诸王之间的战争及亚洲北部地区的情况。此书内容十分丰富，尤其对元大都的描述十分详尽，举凡大汗的宫廷、城墙、城门、各种庆典活动及大都普通民众的生活都曾涉及。

书中对大都城有比较详细的描述，如介绍北京街道："街道甚直，此端可见彼端，盖其布置，使此门可由街道远望彼门也。……全城中划地为方形，划线整齐。全城地面规划犹如棋盘。其美善之极，未可言宣。"

又如北京的城门与商业状况："城内以及和十二个城门相对应的十二个近城居民之多，以及房屋的鳞次栉比，真非想象能知其梗概。凡世界上最为稀奇珍贵的东西，都能在这座城市找到。这里出售的商品数量，比其他任何地方都多。"

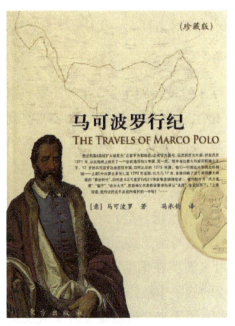

《马可·波罗行纪》书影

尤其是对皇宫内部的情况，马可·波罗的记载很详细："君等应知此宫之大，向所未见。宫上无楼，建于平地。唯台基高出地面十掌。宫顶甚高，宫墙及房壁涂满金银，并绘龙、兽、鸟、骑士形象及其他数物于其上。屋顶之天花板，亦除金银及绘画外别无他物。大殿宽广，足容六千人聚食而有余，房屋之多，可谓奇观。此宫壮丽富赡，世人布置之良，诚无逾于此者。顶上之瓦，皆红黄绿蓝及其他诸色。上涂以釉，光泽灿烂，犹如水晶，致使远处亦见此宫光辉。"

从马可·波罗开始，汗八里作为繁华的"世界都市之都"，给西方人留下了很深的印象。他们不仅羡慕"大汗"这位王者之王，称他为天下最强大的君主，更向往其梦幻般的帝苑奢华，把这个遥远、缥缈的帝都想象成一座"黄金城"。

孟德高维诺与鄂多立克"东游记"　意大利方济各会传教士孟德高维诺也游历过大都，他受教皇尼古拉四世派遣来华活动，于至元三十一年（1294）抵达大都，传教 12 年。他写给欧洲君主的书信保留了有关很多元大都的珍贵史料。孟德高维诺的书信保存下来的有两封，一封写于 1305 年 1 月，另一封写于 1306 年 2 月。在第二封信中，他详细地谈到了在大都修建教堂的情况，"耶稣纪元 1305 年，我已在大汗宫门前面开始建筑一座新教堂。这座教堂与宫门之间的距离仅有一掷石之远。卢卡隆戈人彼得先生，是一位虔诚的基督教徒，并且是一位大商人。我从大不里士启程东行以来，一路上他是我的旅伴。我所说的新教堂的地基，是他购置的。由于对上帝的敬爱，并为慈悲的信念所鼓舞，他把这块地基捐献给我。为了建筑一座罗马天主教教堂，在大汗帝国的全境，人们再也找不出比这更为合适的地址了。我于八月初接受了这块地基，由于我的施主们和资助者们的帮助，建筑工程于方济各节已大部竣工，计有围墙、房屋、简单办公用房和一座可容两百人的礼拜堂。但是，由于已届冬季，这座教堂未能全部完工。不过，我已备齐木料，贮藏室内。依靠上帝的慈悲，我将于明年夏季把他建成。我确实地告诉你们，从城内和其他地方来的人，看到新建成的房屋，并且有一个红十字架高树屋顶时，都认为似乎是一个奇迹……大汗在宫里可以听到我们歌唱的声音，这种情况被当作一个奇迹在各民族中间广泛传告"。孟德高维诺的书简也对元大都景教徒和天主教徒之间的斗争做了介绍，据他声称："聂斯托利派教徒——他们自称为基督教徒，但是他们的行为根本不像基督教徒的样子——在这个地区的势力发展得如此强大，因此他们不允许奉行另一种宗教仪式的任何基督教徒拥有任何举行礼拜的地方，即使是很小的礼拜堂；也不允许宣讲任何与他们不同的教义。……五年以来，聂斯托利派教徒制造流言，我多次在可耻的死的威胁下，被传到法庭。承上主特佑，皇帝由别人口供内，始知我的冤枉和反对者的狡猾。……有十二年之久，在这辽远的异域，我没有机会告解。六年前我在大都建立一座教堂，上面加建一座钟楼，装着三口洪钟。此地约有六千人受洗，倘若没有聂斯托利派的流言，必在五倍以上。"孟德高维诺所建之教堂按照信中所述大概位于今北京阜成门大街附近。这应该是北京有史以来的第一座天主教堂。

与孟德高维诺几乎同时，方济各会修士鄂多立克也曾在元英宗至治二年（1322）到泰定五年（1328）游历中国，并曾到过大都，他的《东游记》一书对当时的大都也留下了一些记载。鄂多立克于1265年出生于意大利弗里乌利省的波德纳内，1316年启程开始东方之行，1322年由海道到达中国。1322年至1328年在中国旅行，返回意大利。鄂多立克从广州进入中国，后北上，至汗八里（即大都），居住三年之久。

鄂多立克的著作对大都城有所介绍：大汗及他的家人住在内层，他们极多，有许多子女、女婿、孙儿、孙女以及众多的妻妾、参谋、书记和仆人，使四英里①范围内的整个宫殿都住满了人。大宫墙内，堆起一座小山，其上筑有另一宫殿，系全世界之最美者。此山遍植树，故此山名为绿山。山旁凿有一池（方圆超过一英里），上跨一极美之桥。池上有无数野鹅、鸭子和天鹅，使人惊叹。所以君王想游乐无须离家。宫墙内还有布满各种野兽的丛林；因之他能随意游猎，再不需要离开此地。

鄂多立克还记述了元代先进的驿站制度："信使骑着飞驰的快马，或疾走的骆驼。在他们接近那些驿站时，吹响号角，示意他们来到。驿站主听到号角后，让另一名使者骑上新的坐骑，接过信函后，他飞奔到下一站，依次这样下去，于是，大汗在24小时之间可得到按正常推算需三天骑程之远地区的消息。"

元泰定五年（1328），鄂多立克离开大都，启程回国。经河西走廊至西藏，然后经中亚、波斯、阿拉伯等地，于1330年回到意大利帕多瓦。回国后，经他口述，将此次游历见闻著成《东游记》，此书在欧洲广为流传。1331年，鄂多立克在乌迪内修道院逝世。由于鄂多立克在中西文化交流中的贡献，国际地理学会在意大利威尼斯为他建立了一尊铜像。

天主教音乐传入中国　元代来华的天主教传教士常常谈到教会的歌咏。孟德高维诺在1305年1月8日写往教廷的信函中描述了教堂中咏唱misadventure情况："我们按照拉丁教会的礼仪在教堂中咏唱弥撒。大汗可以在宫中寝室中听到我们的歌声。"这说明当时西方的天主教音乐也在元代传入了中国。

---

① 一英里＝1.609344千米。

第三节　外来文化对元大都的影响

被称为世界三大宗教之一的基督教起源较早，并且很快就在欧洲占据了主导地位。它传入中国的时间，学术界一般认为是在唐代，依据是这时曾在唐长安城（今陕西西安）建有寺庙，立有碑刻。但是，这时传入的基督教只是该宗教中的一个分支，被人们称为"景教"，在社会上流传并不广泛，影响也很小，基本上处于自生自灭状态。这是与当时的国际大环境相适应的，由于交通阻隔，中国与欧洲之间往来很少，故而东方与西方之间的相互了解也很少。到了元代，由于蒙古国的几次西征，加强了中国与欧洲之间的联系，人们之间的来往越来越多，不仅促进了相互之间的了解，而且也增进了相互之间的文化交流。正是在这种国际环境有了很大变化的情况下，基督教的各个不同派别开始传入大都城。

基督教传入大都城有一个缓慢的历程，同时又有着不同途径。最初是西亚一带的基督教派别聂斯托利派（即所谓的"景教"）通过蒙古草原对各个部落产生影响，使得有些草原部落逐渐信奉其教派，如元世祖忽必烈的母亲就是一位虔诚的景教徒。这个教派随着蒙古权贵们进入中原地区而逐渐流传到大都城来，他们在大都城里建造了一些华丽的教堂，用以从事各种宗教活动。大都城的景教徒众们与欧洲的罗马教廷联系不多，而与西亚地区聂斯托利派的联系更密切一些。元代中期，曾有一位大都城出生的教徒拉班·扫马受大都城教徒们托付，出行西亚，此后又远游欧洲，受到罗马教皇接见。另一位大都城的景教教徒马·雅巴拉哈也出行西亚，并且被选为西亚地区景教中心的总主教（当时又称大总管）。

据当时文献记载，大都城里建造的教堂颇具规模，这些在元代建造的基督教堂今天我们已经见不到了，而在京城西面房山区的三盆山，还留有一处十字寺遗迹。在元代，人们把基督教堂又称为十字寺。这处教堂的位置极佳，背后群山环抱，旁边流水潺潺，面向京城。教堂中的石柱础上曾经刻有基督教经文，现在被收藏在南京博物院。而存留在三盆山遗址的尚有一处碑刻（系明代重刻），碑额上可以清楚地见到十字图案。近年相关文物部门已经将该教堂的遗址加以清理和保护。

罗马教廷对中国的重视也是始于元代。元太祖铁木真的西征首先在西亚等地造成极大震动，此后蒙古国几次西征范围更大，使欧洲统治者们不得不对东方大国重新加以认识，并且从战略角度来考虑相互之间的关系。在这种情况下，罗马教廷的传教士们就成为东、西方相互交流的使者。有些专家认为，在元代的欧洲传教士们负有三项重任：第一项，就是外交使者，负责把罗马教廷的信件传递到蒙古统治者手中，再把答复的信件带回欧洲。第二项，则是军事间谍，负责把他们所见到的蒙古军队的各种情况详细记载下来，带回欧洲，提供一些珍贵的参考数据。第三项，才是文化交流的载体，特别是宗教文化在东方的传播。较早负责传递罗马教廷信件给蒙古统治者的，是方济各会的教士柏朗嘉宾，他把英诺森四世教皇的信件传递给了元定宗，又把元定宗的答复信件带回欧洲。

东西双方统治者的交往，遇到的第一个问题，就是语言不同的问题。柏朗嘉宾所带来的教皇信件，被译成三种文字，即俄文、波斯文及蒙古文（旧蒙古文）。元定宗给教皇的答复信件也被写成三种文字，即蒙古文、拉丁文和波斯文。这些来往信件的译文是否准确尚待研究，但是，信件所表达的意思是双方都能够了解的。他们遇到的第二个问题，则是宗教信仰的不同。教皇在信件中，希望蒙古统治者能够皈依天主教，而这个要求却被蒙古统治者所拒绝。元定宗在给罗马教皇的回信中明确指出，你们西方的基督教徒蔑视其他人，而我们却是战无不胜的。东西方统治者之间的政治沟通遂告失败。

此后，欧洲传教士们主要从事的就是文化交流。他们来到大都城，在传播欧洲基督宗教有些成效的，首推方济各会的教士乔瓦尼·孟德高维诺。他是在元成宗即位之后来到大都城的，最初受到景教徒众们的囚禁和审讯，此后取得元成宗的信任，开始进行传教活动。他在大都城建造了几座教堂，其中的一座教堂距皇城仅有一街之隔。他发展了数千名教徒，收养了四十名孤儿组成唱诗班，他还把《圣经》译为蒙古文字，以便向蒙古贵族们宣讲天主教教义。罗马教皇在得知孟德高维诺的活动之后，专门派遣主教热拉德等人前来大都，任命孟德高维诺为东方全境的总主教。此后不久，又有数万名阿速侍卫亲军的士兵皈依了天主教。孟德高维诺死后，罗马教皇又派出乔瓦尼·马黎诺里为特使前来大都，受到元顺帝召见。马黎诺里的中国之行，在大都城产生较大影响。有元一代，基督宗教传入大都城，并且在传播宗教文化方面产生了一些影响，却始终未能真正融入中国社会之中来。

与基督宗教并称为世界三大宗教之一的伊斯兰教，也是从元代开始逐渐在中国各地传播开来的，民间曾有一句俗语"元代回回遍天下"，就是描述的这个过程。早在蒙古国崛起之初，就有一些信奉伊斯兰教的大臣活跃在元太祖、元太宗、元定宗等人周围。据相关文献记载，中原大臣耶律楚材在随同元太祖西征之时，就曾与西域大臣比较过月食时间，可见伊斯兰教文化已经传入草原地区。但是，这时蒙古统治者主要生活在漠北草原上，皆没有到过北京，故而伊斯兰文化对这里影响并不大。据史载，元宪宗即位后，曾命信奉伊斯兰教的大臣赛典赤等人到北京，安抚百姓，可知这时伊斯兰教已经传入北京地区。及元世祖即位后，仍任命赛典赤为燕京路宣抚使，可知赛典赤曾在北京任职十余年。而当年与赛典赤一同来到北京任职的牙剌瓦赤、匿昝马丁等人，也都是伊斯兰教信徒。

伊斯兰教文化传入大都城，主要通过以下几种途径：其一，是语言文字应用系统。早在蒙古国时期，官方使用的文字就有数种，除了蒙古文、汉文之外，主要就是波斯文。到元世祖即位后，仍然保持着这种传统，于是，在大都城设有回回国子学。用以向京城的青少年传授波斯文字。此后，回回国子学一度罢废，到元仁宗延祐元年（1314），又重新设置有回回国子监。当时的波斯文字被称为"亦思替非文字"。一直到元代后期，波斯文在官方文字中始终占有重要位置。

其二，是天文历法应用系统。元朝统治者进入中原之后，对天文历法越来越重视，于是，元世祖又在大都城设置有回回司天台。回回司天台除了每年印制《回回历》之外，又岁时举行祭星仪式。元世祖及元仁宗时皆有命回回司天台祭星的记载，其中最长的一次是在元英宗时，时间长达40昼夜。与执掌中原历法的大都司天台相比，回回司天台的功能是有所区别的。因为《回回历》在中原地区的使用并不普遍，故而回回司天台在岁时所举行的"祭星"仪式，颇类似宗教活动。

其三，是医学应用系统。元世祖在定鼎大都城之后，曾在此设置有太医院，网罗中原地区的名医为其治病疗伤。与此同时，又设置有广惠司，专门负责制作各种御用回回药物，以及为诸宿卫士及在京孤寒者医治疾病。元朝政府对回回名医的待遇是十分优厚的。元英宗时，"回回太医进药曰打里牙，给钞十五万贯"。"打里牙"究竟是什么药，医疗功效如何，不得而知，但是其价格之昂贵，则是罕见的。

其四，其他种类的应用物品。如回回炮的制造，元世祖时因为攻伐南宋，故而从西域征调能工巧匠，前来大都城，造炮以供军用。史称时有阿老瓦丁、回回氏、西域木发里人。至元八年（1271），元世祖遣使将阿老瓦丁、亦思马因从西域召至京城，首造大炮竖于五门前，经过试放，威力巨大。在此后统一江南的大业中，回回炮起到了不容忽视的作用。

在中国古代，元代应该是对外文化交流最为频繁的朝代之一。这主要是基于以下原因：其一，是因为当时的国力强盛，疆域辽阔。蒙古部落在草原上崛起以后，元太祖先是统一了草原上的各个部落，建立大蒙古国。然后向南攻占金中都城，向西攻灭花剌子模国，确立了在亚洲的霸主地位。此后元太宗即位，仍然坚持向南和向西扩张，向南攻灭金朝，与南宋沿江淮一线形成对峙；到元世祖即位之后，又建立元代，攻灭南宋，一统天下。向西和西南发展的结果，是相继建立四大汗国，整个蒙古国联合体（包括元代）成为横跨欧亚大陆的庞大帝国。仅以元代而言，其疆域之辽阔，也是中国古代最大的。

其二，是因为社会安定，经济繁荣，为文化交流提供了坚实的物质基础。在元代本土，元世祖忽必烈在即位之后，挫败了阿里不哥对皇权的争夺，平定了山东军阀李璮的叛乱，攻灭南宋王朝，又平定东北宗王乃颜的叛乱，使元代统治得到巩固。此后，元世祖十分重视农业和手工业生产，也鼓励商业贸易活动，使当时大都城都市经济臻于极盛。这种良好的社会环境使大都城的文化发展也臻于极盛，不论是文化教育、文学艺术、学术科技、多元宗教等各个方面，大都城都成为整个中国的中心。文化中心的形成，会聚了各个方面最优秀的人才，从而为对外文化交流的顺利开展又做了很好的文化积淀工作。

其三，是因为有了发达的交通渠道。元代统治者以大都城为中心，构建了一整套庞大的交通网络，从陆路到水路，设置了数以千计的驿站，调动了数以万计的民众，为交通运输提供各种便利条件。据《元史》记载，元朝政府设置有通政院，专门负责驿站（时称站赤）的各项工作。全国的驿站分布为：中书省腹里各路198处，河南江北行省179处，辽阳行省120处，江浙行省262处，江西行省154处，湖广行省173处，陕西行省81处，四川行省132处，云南行省78处，甘肃行省6处，共计1383处。这些驿站都设置有驿官，管辖大量民众及马匹、牛骡、车辆、粮食、住户等物资，为来往使臣随时提供食宿及交通运输工具。元人熊梦祥撰写有《析津志》一书，其中所载《大都东西馆马步站》，详细记录了大都地区驿站的状况。

在元代，中外文化交流主要是通过人员流动来实现的。如伊斯兰教大量传入中国，就是通过众多信奉该宗教的民众迁入中国来实现的。上文提及的赛典赤就是很好的例证。他先是从西域来到大都城，定居十几年，然后又从京城远到云南做官，于是，他把所信奉的伊斯兰教宗教文化从西域带到京城，再从京城带到西南边陲。人们所谓的"元代回回遍天下"，就是通过大量官员及民众的迁徙过程来实现的，而元代大量少数民族民众从西域各地进入中原地区，然后又迁徙到江南各地，是一个历史发展的偶然过程，而文化交流的不断加强，则是人类历史发展的必然趋势。

除了民众大量迁移之外，加强中外文化交流的主要人员有下列几种：其一，是各国使节的往来。由于元代国力强盛，对世界影响不断扩大，故而使周边各国，甚至远在欧洲的各国皆与元代有着使节往来。这些使臣除了负责传递各种政治信息之外，有些人又在有意无意之间传递了不同文化信息，成为中外文化交流的一条重要渠道。在元代交往的诸国中，以西域地区的诸蒙古汗国来往最为密切。例如，在元世祖时奉命出使伊利汗国的大臣孛罗，就带去大量中国文化信息。据韩儒林主编《元朝史》称：伊利汗国的著名史学家拉施特主持撰写的重要著作《史集》一书中，所包含的大量中国历史知识就是由孛罗提供的。此外，孛罗还把元代使用钞法的商业文化信息带到伊利汗国，并曾经一度在那里试行。

其二，是军队的调动。从蒙古国崛起，到元王朝建立，其间历经半个多世纪，连年的大规模征战带来了军队的频繁调动，许多中原地区的民众就曾经因为参加西征而留居在国外，并且将中国文化也传播到那里。同样，大量西域地区的少数民族军队也出于军事上的需求而迁移到中原地区来，他们中的许多人最后定居在大都地区。如《元史》中记载的左、右阿速卫亲军都指挥使司，回回炮手军匠上万户府，唐兀卫亲军都指挥使司，贵赤卫亲军都指挥使司，西域亲军都指挥使司，左、右钦察卫亲军指挥使司，宣忠斡罗思扈卫亲军都指挥使司等，这些由少数民族或是国外民众组成的军队，长期驻守在京城，从而把大量域外文化也带到这里。

其三，是商人的贸易活动。在元代，由于东西方之间的交通变得较为通畅，故而促进商业贸易繁荣，当时许多欧洲商人往来于中国与西方之间，他们在进行贸易活动的同时，也在无形之中加强了中国与西方之间的文化交流。如被人们称为大旅行家的马可·波罗，他的真实身份就是欧洲商人，他到中国来的目标也很明确，就是要通过商业贸易而获取巨额财富。他在游历中国过程中，确实达到了预期目的，但是，他所叙述的《马可·波罗行纪》，却把丰富的中国文化信息传达到欧洲，并且产生了巨大的社会影响。西方对中国的了解是从一点一滴的文化信息开始的，而在许许多多的点滴文化信息中，很大一部分就是由诸多曾经到过中国的商人们提供的，马可·波罗只是他们当中的一个典型代表。

其四，是传教士们的宗教活动。宗教文化是人类各种文化中社会影响最为广泛的一种文化，其文化内涵涉及人们生活的各个方面。基督教文化植根于西方的整体文化中，又是使西方文化较早传入中国的一种宗教载体。在大都地区，人们第一次接触到的西方文化就是基督教文化，而这种文化的传入是与诸多传教士们的宗教活动密切相关的。而伊斯兰教文化，在传入大都地区之后的影响，则与基督教略有不同，乃是由信奉伊斯兰教的民众作为传播载体。这些信奉伊斯兰教的民众在生活习俗方面与中原民众有着较大差异，这种差异是显而易见的，不像宗教信仰那样虚幻。伊斯兰教宗师们也只向信奉该宗教的民众讲经布道，对于那些不信奉伊斯兰教的民众则很少产生宗教影响。基督教和伊斯兰教的传入在很多方面促进了东西方之间的文化交流。

第二章

明代北京与中外文化交流

明代的中外文化交流进入了一个新的历史时期。明代中前期，明政府多次派遣使者前往中亚、西亚等地，不仅将当地的风土人情带回中国，增强了对这些地区的了解和认识，西域各国也多次派遣使者，来到北京，与明政府建立联系，互通信息，朝贡往来。与此同时，海上贸易颇为活跃，尤其是郑和7次下西洋，经历亚、非30多个国家，不仅将中国先进的技术和文化传到国外，也将外国的特产商品带回了中国。明后期，随着全球新航海的开辟，西方殖民者开始逐步进入中国，欧洲耶稣会士陆续来到中国，在传教的同时，也带来了西方天文历算等科学知识以及测绘、机械等技术。

第一节　明代前期中外文化交流

郑和下西洋　郑和原姓马，祖先是西域人，大约在明初移居云南昆阳州。其曾祖为拜颜。郑和幼年入宫为太监，后因在靖难之役中立功，被赐姓郑。自永乐三年（1405）至宣德八年（1433），明代政府派遣郑和率领庞大船队7次出访东南亚、西亚及北非诸国，在当时的世界上引起了很大反响，在经贸、政治及文化方面促进了明代与这些国家的交往。据传，北京三不老胡同便是因明初三保太监郑和府第而得名。

《郑和下西洋600周年》纪念邮票

有关郑和下西洋的历史记载，最为重要的是三部随行人员所写记录，即马欢《瀛涯胜览》、费信《星槎胜览》和巩珍《西洋番国志》。

先说马欢，字宗道、汝钦，浙江会稽（今绍兴）人，回族，明代通事（翻译官），精通阿拉伯语，曾随郑和于永乐十一年（1413）、永乐十九年（1421）和宣德六年（1431）3次下西洋，为下西洋的事业做出了独特的贡献。马欢所著《瀛涯胜览》记录了下西洋过程中亲身所经历的二十国的航路、海潮、地理、国王、政治、风土、人文、语言、文字、气候、物产、工艺、交易、货币和野生动植物等状况。在

"西洋"史地学三书中,《瀛涯胜览》对同一个国家和地区的记载最详细,因而最为重要珍贵,并且对后来的"西洋"史地学书和中西交通史书影响最大。

其次是费信,字公晓,随郑和先后4次通使西洋,第一次于永乐七年(1409)随郑和等往占城国(今越南南部)、爪哇国(今印度尼西亚爪哇岛)、满剌加国(今马来西亚马六甲)、苏门答剌国(今印度尼西亚苏门答腊岛)、锡兰山、柯枝国(今印度西南部的柯钦一带)、古里等国,至永乐九年(1411)回京。第二次于永乐十年(1412)随奉使少监敏等往榜葛剌等国,至永乐十二年(1414)回京。第三次于永乐十三年(1415)随正使太监侯显等往榜葛剌诸番,直抵忽鲁谟斯等国,至永乐十四年(1416)回京。第四次于宣德六年(1431)随郑和等往诸番国,凡历忽鲁谟斯、锡兰山、古里、满剌加等二十国,至宣德八年(1433)回京。费信随使海外访问时,"每莅番城,辄伏几濡毫,叙缀篇章,标其山川、夷类、物候、风习诸光怪奇诡事,以备采纳,题曰《星槎胜览》"。"一览之余,则中国之大,华夷之辨,山川之险易,物产之珍奇,殊主末俗之卑鄙,可以不劳远涉而尽在目中矣。"

正统元年(1436),写成《星槎胜览》二集,为研究当时亚非地理和中西交通关系提供了重要资料。《星槎胜览》一书分前后集,前集所记占城国、宾童龙、灵山、昆仑山、交栏山、暹罗国(今泰国)、爪哇国、旧港国(今印度尼西亚巨港)、满剌加国、九洲山、苏门答剌国、花面王国、龙牙犀角、龙涎屿、翠兰屿、锡兰山国、小具喃国、柯枝国、古里国、忽鲁谟斯国、东西竺、淡洋、龙门牙、龙牙善提、吉里地闷、彭坑、琉球国、三岛国、麻逸国、假里马丁、重迦罗、渤泥国、苏禄国、大具喃国、阿丹国、佐法儿国、竹步国、木骨都束国、溜洋国、卜剌哇国、天方国为采辑传译之所实的国家和地区,其中有些内容采自元汪大渊的《岛夷志略》。对所记四十余国的位置沿革、重要都会、形胜名迹、山川地理形势、社会制度和政教刑法、生产状况和商业贸易、人民生活状况、社会风俗和宗教信仰以及气候、物产和动植物等,书中都分别做了扼要的叙述。特别是较翔实地记载了郑和使团首次访问的几个非洲国家的基本状况，为以前和同时代中所没有的，具有珍贵的史料价值。书中对郑和使团访问各国时的一些情况，也做了比较翔实的记述。

再次是巩珍，号养素生，应天府人。明宣德六年（1431）至宣德八年（1433），随郑和下西洋。所著《西洋番国志》，记述明宣德八年（1433）郑和第七次下西洋的经过。书中记录了郑和船队经过的不同国家：占城国、爪哇国、旧港国、暹罗国、满剌加国、苏门答剌国、哑鲁、南巫里（今印度尼西亚苏门答腊岛西北角）、柯枝国、小葛兰、古里国、阿丹、榜葛剌、忽鲁谟斯国、天方等二十个西洋国家；并且还收录了明永乐十八年（1420）、十九年（1421）及宣德五年（1430）的三通敕书。该书记述了各国的风土人情，是中国与亚非各国人民友好关系史上重要的历史记录。

另外，《明史》《明实录》《明会典》等政书，以及在明人的笔记、文集中也有一些记载，如严从简《殊域周咨录》、陈仁锡《皇明世法录》、何乔远《闽记》《名山藏》等。

陈诚出使西域 陈诚（1365—1457），字子鲁，号竹山，江西吉水县人。明永乐十一年（1413），西域哈烈（今阿富汗境内）、撒马儿罕（今俄罗斯境内）遣使来到北京朝贡，明成祖非常高兴，两国使团回国时，便派陈诚率团回访。此后，陈诚又3次出使西域，在中外交流史上留下了浓墨重彩的一笔。陈诚出使西域，一方面加强了中原和西域诸国的政治、经济交流，巩固了两地友好往来关系；另一方面，通过陈诚出使西域各国，进一步打通了中西往来和文化交流的陆上丝绸之路，促进了中外贸易往来。陈诚出使西域，以日记形式，撰写了《西域行程记》和《西域番国志》，详细介绍了西域诸国的政治、经济、文化、武备、宗教以及民族、风俗、建筑、饮食、衣饰、语言乃至城郭、山川、湖泊、气候和物产等。

16、17世纪欧洲旅行家笔下的北京 葡萄牙人托梅·皮雷斯于1515年编写了一部《东方诸国记》，首次将北京介绍到欧洲。皮雷斯虽曾奉葡王之命出访明朝，但此书写于出访之前，所以许多内容多为道听途说，不能反映明代北京的真实情况。比如他说中国的皇帝并非父子相传，而是由位于北京的一个帝国委员会选举后，再经具有权威的大臣审议产生。他还说北京城内的贵妇将长发盘在头顶，上面插上金质发卡，脚上穿着尖头拖鞋，皮肤像欧洲人一样白。以上描述大多出于作者的道听途说或者想象。不过此书的内容虽不真实，但毕竟是这一领域的开山之作。

几年之后，曾随同皮雷斯到访北京的两个随员寄往里斯本的信为人所知。这两个人曾进过紫禁城，描述的情况比较真实可信。他们甚至注意到北京对漕运的依赖，称：北京没有木料、石料和砖瓦，这些东西都要用大船从南京运来。如果南京或其他省区不供应北京食品，那它就一天也活不下去，因为北京人口众多，加上那个地方寒冷不产稻米，其他食粮也很少。

除此之外，当时其他欧洲旅行家笔下的北京也往往不够真实，充满着荒诞的想象和各种夸大其词。有人认为北京城极为巨大，要穿过此城需要走七天，绕城一周则需要十三天；王宫之外的守卫是身材极为高大的巨人，京城官员中的重要人物都穿黑色丝衣，其他颜色的衣服会被别人认为不体面。还有人描绘北京居民过春节的情况，说每年正月初一，即基督徒纪念耶稣受割礼的那一天，他们也举行盛大的欢庆活动，持续三天，每天日夜演戏。他们热衷于演闹剧，然后又吃又喝。

当然，在这些著作之中，有两部书相对客观地描述了北京，一部是葡萄牙人门德斯·平托的《远游记》，另一部是门多萨的《中华大帝国史》。

《远游记》的作者门德斯·平托曾于1537年至1558年乘船，赴远东冒险，在这漫长的21年间，到过中国、日本、印度、蒙古、双屿港、种子岛、马六甲、苏门答腊、舟山定海等地，几乎走遍东方，中国则是其冒险经历的中心。全书共有226章，其中讲述中国的有89章，约占全书三分之一。《远游记》并不是严格意义上的纪实性游记，特别是对北京的描述，很可能是参考了前人的资料，或者与到过中国内地城市的人士有过接触，并在此基础上糅入了虚构和想象。但无论如何，这本书也是见证东西方文明碰撞与交流的珍贵历史文献遗存。

门多萨的《中华大帝国史》于1585年问世，随后在欧洲引起轰动，仅在16世纪余下的区区十多年时间内，即先后被译成拉丁文、意大利文、英文、法文、德文、葡萄牙文以及荷兰文等七种文字，共发行数十版，堪称盛况空前。该书是16世纪有关中国自然环境、历史、文化风俗、礼仪、宗教信仰以及政治、经济等概况最全面、最详尽的一部著述，也是《利玛窦中国札记》发表以前，在欧洲最有影响的一部专论中国的百科全书。

第二节　传教士与明末修历

天主教士入中国后，不仅将西方的哲学、神学知识传入中国，也将西方的自然科学方面的知识带入中国。北京作为明清两代帝都，是天主教传教士在华活动的重要舞台，而西方科学技术的传播也大多以北京为中心。

明代洪武年间，统修《大统历》以代元《授时历》。明代后期，大统历在预测日食、月食方面屡屡失准，而西洋传教士带来的西洋历法引起了当时一些朝臣的注意，提出采集西洋历法之长，以修订大统历。据《万历野获编》卷二十载："万历庚戌十一月朔壬寅日食。初，钦天监奏称日食七分有余，未正一刻初亏，申初三刻日甚，酉初初刻复圆。春官正戈谦亨等又称，未正三刻初亏，已互异矣。既而后部外范守己驳之，谓亲验日晷，未正一刻不亏。至正、二正、三正四刻俱然，直至申初二刻，始见西南略有亏形，至申正二刻方甚，且不止七分有余。盖历官前后俱误也。礼部因言：自万历元年至今，日食已十余次，其差或一二刻，以至四刻，前代如汉修改五次，魏至隋修改十三次，唐至五代周修改十六次，宋修改十八次，金至元未修改三次。本朝两百余年，未经修改，岂能无讹。今范守己及按察使刑云鹭精通历学，云鹭有《古今律历考》，综字原缺，据写本补，采详密，可照先朝给事乐濩主事华湘改光禄少卿，提督钦天监。又检讨徐光启，员外李之藻，俱究心历理，以及大西洋归化陪臣宠迪莪、熊三拔等，俱携有彼国历法诸书，乞照洪武十五年命翰林字翀、吴伯宗、灵台郎海达儿、回回天师马黑亦沙等，译修西域历法事例，尽录其书，以补典籍之阙，庶历法详明，有光前代，疏上不报。"不久，李之藻也曾上疏翻译西洋历法，《春明梦余录》卷五十八对此记载甚详。

耶稣会士利玛窦作为早期中西文化交流的重要人物在这方面贡献良多。《明史·意大里亚传》载："利玛窦始泛海九万里，抵广州之香山澳，其教遂沾染中土。至二十九年入京师，中官马堂以其方物进献，自称大西洋人。……已而帝嘉其远来，假馆授粲，给赐优厚。公卿以下重其人，咸与晋接。玛窦安之，遂留居不去，以三十八年四月卒于京。赐葬西郭外。其年十一月朔，日食。历官推算多谬，朝议将修改。明年，五官正周子愚言：大西洋归化人庞迪我、熊三拔等深明历法。其所携历书，有中国载籍所未及者。当令译上，以资采择。礼部侍郎翁正春等因请仿洪武初设回回历科之例，令迪我等同测验。从之。崇祯时，历法益疏舛，礼部尚书徐光启请令其徒罗雅谷、汤若望等，以其国新法相参较，开局纂修。报可。久之书成，即以崇祯元年戊辰为历元，名之曰《崇祯历》。书虽未颁行，其法视《大统历》为密，识者有取焉。"

此后不久，在北京的耶稣会士利用修订历法的机会大量翻译了欧洲的天文学著作。先后参与这项工作的耶稣会士人数众多，其中较著名的有：罗雅谷、汤若望、邓玉函、龙华民、阳玛诺、南怀仁、蒋友仁、熊三拔。传教士们经过几年的努力终于编写成《崇祯历书》。该书共分五大部分：《法原》《法算》《法术》《法器》《会通》。《法原》即天文学理论，《法算》《法术》是欧洲天文学的具体计算方法和知识。《法器》是天文学仪器。《会通》则是中西度量衡的对照表。

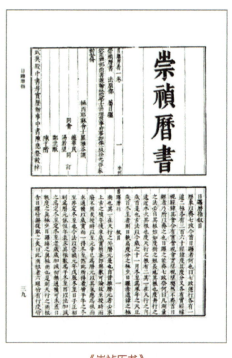

《崇祯历书》

该书与中国传统历法相比具有明显的优点：（1）采用了本轮、均轮等一整套小轮系统来解释天体运动的速度变化。这样，在计算上就必须使用几何学，这使人们在认识、解释日月五星的视运动中为什么会有顺、逆、留、合、迟、疾等天文现象时较中国传统天文学要科学。（2）提出了地球说，引进了经纬度及其有关的测量方法，这使对日食、月食的计算及其他天文现象的计算比中国古代传统方法前进了一步。（3）介绍了球面和平面三角学，在测天中引进了弧三角形，在计算中引进了割圆八线法，这要比元朝《授时历》采用的"弧矢割圆术"进步。（4）引进了大气折射改正的改正数值，引进了哥白尼、第谷等人所测定的较精确的一些天文数据。（5）引进了当时西方天文学中通行的一些度量制度。

《崇祯历书》内容十分丰富，徐光启主持历局期间，共分三次翻译西洋天文历法之书，其主要书目有：《日历指》《测天约说》《大测》《割圆八线表》《黄道升度表》《黄赤距度表》《通率表》《测量全义》《恒星历指》《恒星历表》《恒星总图》《恒星图像》《揆日解订讹》《比例规解》《月离历指》《月离历表》。

明代末年，除汤若望、邓玉函、罗雅谷、徐光启、李之藻、李天经外，对西洋天文历算之学亦有研究的中国人还有不少，如朱大典、金声、王应遴、陈于阶、邬明著、孟履吉、杨之华、董思定、李遇春、祝懋元、孙嗣烈、程廷瑞、黄宏宪、贾良栋、魏邦纶、刘有庆、陈应登、朱国寿、贾良琦、朱光显、朱光灿、朱光大、戈承科、潘国祥、周胤、周士昌、章必传等。

受耶稣会士影响而制定的三部历书，虽然内容及结构均有不同的差异，但其指导思想都是用天体物理学的理论指导推定节气时刻及节气时长。在节气时刻和

《利玛窦与徐光启像》，意大利罗马中央国家图书馆藏

节气时长的计算方法上与中国传统历书有着很大的差异。自皇极历以来的中国传统历法注意到了太阳视运动的不均匀性，进而主要采用四项参数来求得这种不均匀值：躔衰（盈缩分）、衰总（先后数、盈缩积、日躔差）、陟降率（损益率）和迟速数（积）。这些概念大致相当于《崇祯历书》类历法的求太阳平行及实行部分。而黄赤距纬、地半径差、北极高度、清蒙气差、本轮均轮半径这些内容都不在中国传统历法的考虑之内。

　　明末的历争以西法完胜告终，似乎表明中国传统历法在交食和节气计算方面完全落后于耶稣会士带来的西法。不过事实的真相并没有这么简单。明末历争中《大统历》计算交食的方法，据研究表明，与郭守敬编制的授时历不同。明末历争中交食测量精度高是西法战胜中法的关键。据称"汤若望初抵京时测算月食三次皆验，由是声望遂起。而他在崇祯三年（1630）到北京参与修历时，曾推算日食毫厘不爽"。[①]然而，崇祯二年的一次日食推测却令人迷惑不解。据相关材料可知，对这次日食的推算，徐光启运用西法得出的结果与实际情况不符，其误差远大于《大统历》的计算数值。"崇祯二年五月初一日乙酉朔，日食三分二十四秒，初亏巳正三刻西南，食甚午初三刻正南，复圆午正三刻东南。午初一刻观见日食，初亏西南，午正一刻食甚正南，约食三分余。午正三刻复圆东南。[②]而西法对这次日食的计算如下："初亏巳正三刻二分，食甚午初二刻六分，复圆午初四刻六分。[③]"显然这一计算结果比《大统历》的误差更大，正如吕凌峰所言："用当时的观测值衡量，西法在初亏、食甚、复圆三个时刻上都已相差半个小时到45分钟，这已是严重出错。而《大统历》最起码

　　① ［法］费赖之，《在华耶稣会士列传及书目》，冯承钧译，中华书局，1995年，第168—169页。

　　② 徐光启，《徐光启集治历疏稿礼部为日食刻度不对请敕部修改疏》，中华书局，1963年，第320页。

　　③ 徐光启，《徐光启集治历疏稿礼部为日食刻度不对请敕部修改疏》，中华书局，1963年，第323—324页。

在复圆时刻上与观测值相合，初亏、食甚时刻的预报也好于西法；用现代理论值对其衡量，《大统历》就比西法预报得更准，尤其在日食预报中对关键食相——食甚时刻的预报，这一次《大统历》对食甚的预报与现代理论值非常相合。"① 然而，在中文文献中却记载着："已而，光启法验，余皆疏。帝切责监官。"② 崇祯二年（1629）五月朔，日食。监官据大统历推食三分二十四秒，回回历推食五分五十二秒，礼部左侍郎徐光启依西法推北京食二分有奇。届期，验光启所推，密合天行，大统、回回各历皆不合。③ 李之藻也乘机进言："惟西法精密，悉合天象，历试不爽。昔年天学臣利玛窦最称博洽，其学未传，遽婴疾弃世，至今士论惜之。今尚有其徒侣邓玉函、龙华民等，居住赐宇，精通历法天文，宜及时召用，饬令修改。"《崇祯历书》编成后"屡测交食凌犯，俱密合"，④ 魏文魁等守旧历法家仍"多方阻挠，内官实左右之"。⑤

---

① 吕凌峰、石云里，《明末历争中交食测验精度之研究》，《中国科技史料》2001年第22卷第2期。

② 张廷玉等，《明史》，卷三十一。

③ 黄伯禄，《正教奉褒》。

④ 张廷玉等，《明史》，卷三十一。

⑤ 张廷玉等，《明史》，卷三十一。

第三章

清前期中西交流与碰撞

清代是中西交流的大发展时期，也是重要的开创时期。与元、明两代相比，中西交流进入了一个新的历史阶段。清代的建立，大体与欧洲资本主义的兴起同时，欧洲资本主义兴起之后，资产阶级利用各种手段，包括传教士传教与军事侵略，在亚洲、非洲、美洲广泛进行扩张。从此，历史逐渐把全世界连为一个整体，西方与东方不仅相遇，而且在交流中面临着更多的冲突与矛盾。西方的资本主义体系与中国的封建主义体系不断撞击。在这种冲突碰撞的局面下，中外文化交流的深度和广度不同于往日，对双方的影响也更加深远。

第一节　历法之争

明末，意大利天主教耶稣会传教士利玛窦进入北京后，向万历皇帝进呈方物，取得了在京居留权。从此，他安居北京，广交中国的士大夫，以学术传教，既打开了天主教在华传播的大门，又架起了中西文化交流的桥梁。

顺治元年（1644）六月，多尔衮进京一个月后，汤若望便向朝廷进献西洋历法，并以八月初一日食的预报，呈请朝廷届时验证。汤若望进言："臣于明崇祯二年（1629）来京，用西洋新法厘正旧历，制有测量日月、星晷、定时、考验诸器，尽进内廷，用以推测。屡屡密合。近闻诸器尽遭贼毁，臣拟另制进呈。今先将本年八月初一日食，照西洋新法，推步京师所见日食限分秒，并起复方位图像，与各省所见日食多寡先后不同诸数，开列呈览。乞敕该部届期公同测验。"摄政和硕睿亲王谕："旧历岁久差讹，西洋新法屡屡密合，知道了。此本内日食分秒时刻、起复方位并直省见食，有多寡先后不同，具见推算详审。俟先期二日来说，以便遣官公同测验。其窥测诸器，速造进览。"[①]

顺治元年（1644）八月，日食当天，多尔衮令大学士冯铨同汤若望一起，携窥远镜等仪器，率局监官生，齐赴观象台测验。其初虚、食既、食甚、复圆的时刻分秒及方位等项，唯西洋新法一一吻合，大统、回回两法俱差时刻。十一月，清廷谕令钦天监印信由汤若望掌管，"所属该监官员嗣后一切进历、占候、选择等项，悉听掌印官举行。"[②]顺治三年（1646）六月，又以新造历书成，加钦天监监正汤若望为太常寺少卿，仍理钦天监事。顺治九年（1652）七月，钦天监监正汤若望进浑天星球、地平日晷等仪器，朝廷赏赐汤若望朝衣凉朝

---

① 《清世祖实录》卷六。

② 《清世祖实录》卷十一。

汤若望像

帽、靴、袜。顺治十年（1653）三月，又赐太常寺卿管钦天监事汤若望为"通悬教师"，加俸一倍。顺治十二年（1655）八月，钦天监监正汤若望考九年满，又加通政使司通政使衔，赐二品顶戴，仍管钦天监事。可谓尊崇备至！

然而，对异域西洋人的尊崇，却极大地撼动了传统士大夫在文化和利益上的垄断，一场中西文化的角力就此开始。顺治十四年（1657）四月，已被革职的原回回科秋官正吴明炫，开始猛烈回击汤若望的压制，疏控汤若望强行掠夺回回科例行承担的天算工作，斥其所推新法《七政历》舛误，并请朝廷保留回回科，以存此"绝学"（指回回历法）。随即展开了回回历法与西洋新法的辩争。同年四月，被革职的钦天监回回科秋官正吴明炫奏言："臣祖默沙亦黑等一十八姓，本西域人。自隋开皇己未年为历元，抱其历学，重译来朝，授职历官，历一千五十九载，专管星宿行度吉凶。每年推算太阴五星凌犯天象，占验日月交食，即以臣科白本进呈御览，著为定例。顺治三年，本监掌印汤若望谕臣科：凡日月交食及太阴五星凌犯天象占验，俱不必奏进。臣查若望所推《七政历》水星，二八月皆伏不见，今水星于二月二十九日仍见东方，又八月二十四日夕见。皆关象占，不敢不据推上闻，乞皇上立臣内灵台，以存臣科，庶绝学获传矣。并上顺治十四年回回科推算太阴五星凌犯书一部，日月交食天象占验图像一本，事下所司。"[1]

同年十二月，顺治帝命部院大臣就吴明炫与汤若望辨水星伏见一

---

① 《清圣祖实录》卷一百九。

34

事同赴观象台测验，结果"水星不见"，回回法预推有误，吴明炫遂以"诈不以实律罪"，幸得援赦免罪释放。此次中西历法之争，以吴明炫的失败而告终。

吴明炫之后，杨光先以布衣身份接过了反西法的旗帜。在顺治十六年至十七年（1659—1660），杨光先撰写了《辟邪论》上中下，《摘谬论》《选择议》《正国体呈稿》等强烈反天主教和西洋历法的文章，且广为散布。但是，终顺治一朝，尽管反对汤若望与西洋新法的声浪日涨，却并未对他的地位构成实质性的威胁。

杨光先，字长公，歙县（今属安徽）人，曾世袭新安卫中所（今属徽州）副千户，后将世职让给其弟光弼承袭，自己入京经商。他地位虽然低，但在明末朝野便已暴得大名。崇祯十年（1637）四月，他曾经带着棺材前往紫禁城，上疏弹劾当时的吏科给事中陈启新和首辅温体仁，骂前者好似卖假药的小人，而后者误国误民。崇祯皇帝认为他肆意干政，下令将其发配辽东。此时辽东大部已为清军所据有，是否流放成行并未见记载。

在王朝更迭之后，他继续向朝廷中的重要人物发难，这次他选择的对象是很受顺治帝宠信的传教士汤若望。顺治十六年（1659）、十七年（1660），他先后著《辟邪论》和《正国体呈稿》等，指责传教士借编修历法推行邪教。

历书的编制和颁行对历代朝廷都是非常重要的事情，绝不仅限于确定时间的意义。在历书中，标明日常生活中各项重要事情实施的时间，甚至包括统治者所要举行的重大举措也都列于御览历书之中，因此它具有礼法的意义，需要统一安排，否则各地做事时间各异，有违一统之秩序。因此，私自制历或颁历要依律处斩，告发者则官给赏银。自元代以来，阿拉伯科技经西域回回人大量传入中国，明代采用的《大统历》即元郭守敬之《授时历》，但"《回回历》始终隶于钦天监，与《大统》参用"。

康熙年间的历法之争，实由西回历法之争所引起，而并非与汉历之争。杨光先曾于康熙元年（1662）著文说："是羲和之法已绝，而未绝者，独回回科尔。若望必欲尽去以斩绝二家之根株，然后新法始能独专于中夏，其所忌唯回回科为甚。……新法尽与回回科同，恐识者看破其买来之学问，故必去之而后快。"所以他在为吴明炫辩护时攻击西洋人"非我族类，其心必殊"，并未考虑到回回历法的文化渊源问题。

另一件事往往与汤若望等对回回历算的敌视态度联系起来看，那就是他对达赖五世入觐采取的消极态度。清廷出于对黄教的利用，顺治元年（1644）正月，清军尚未入关之时，清廷就自盛京派遣官员入藏，邀请黄教领袖达赖五世来内地与顺治帝相见。其时达赖五世刚在班禅四世和漠西蒙古和硕特部固始汗的内外支持下，在西藏站稳脚跟，他也希望获得清朝的支持。但此时中原政局不明朗，达赖一再拖延赴京的时间，甚至到顺治九年（1652）东来时，出于安全的考虑，他还希望在内蒙古某地相见。而顺治帝也担心如不去内蒙古与达赖相见，会影响到漠北蒙古的归顺。这时汉臣洪承畴、陈之遴便以太白昼见、流星入紫微宫等天象异常现象为由，阻止顺治帝前去，后者也接受了这个意见。汤若望也上疏说，太阳出现斑点是喇嘛试图遮蔽皇帝的光辉，沿海的战事失利以及痘疹流行也是尊崇黄教导致的恶果，相信洪、陈所举天象异常的例子也出自汤若望。这件事实说明，汤若望的警惕心在于，天主教在中国的扩展，可能受到回教和黄教的阻碍。

顺治十六年（1659）、十七年（1660）杨光先接连上疏攻击天主教，但都未得到朝廷的理睬。但到顺治帝去世、四辅臣辅政时期，形势出现逆转。杨光先于康熙三年（1664）七月，向礼部呈上《请诛邪教状》，控告汤若望传造妖书，说他以修订历法之名，四处传播邪教，企图谋反。第二年四月，终于给汤若望定罪，革去其所有职位衔号，另有七人斩首，利类思、安文思和南怀仁被判充军。碰巧的是，处决刚刚宣布，北京地区连日发生强烈地震，屋毁人亡，人们认为这是上天对人间冤屈的警示和对坏人的惩罚。随后，这件事情被告知了孝庄太后，孝庄太后勃然大怒，认为这样对待先帝的宠臣实属不敬。在孝庄太后的斡旋下，汤若望得以幸免死刑，但李祖白等钦天监的其他七人却未能幸免于难。

最后结果是，李祖白、宋可成、宋发、朱光显、刘有泰俱着即处斩。汤若望、杜如预、杨弘量责打流徙俱著免。伊等既免，其汤若望义子潘尽孝及杜如预、杨弘量干连族人，责打流徙亦著俱免。余依议。同时，将钦天监衙门《历法通书》十三本、《丹书》三本、《易见通书》六本查毁。

汤若望虽然免死，但因年迈多病，又经历此番牢狱之灾，释放后不久就去世了。其他被释放的两人与被处斩的五人的区别，就在于后者乃是天主教徒而前者不是，这清楚地说明此次历法之争乃是针对天主教势力的扩张，与早些时候汤若望等排斥回回、黄教如出一辙。

清初历法之争的背后，是清朝入关不久、立足未稳的敏感时期各方势力争夺权力的斗争。天主教希望把中国变为皈依天主的国家，却不能直接针对儒家学说，而在中国已有一席之地的回回教便成为其率先攻击的对象，满洲人希望笼络的黄教也是其教会的敌人。历法之争既可以说是杨光先挑起的，也可以说是汤若望挑起的。对于清廷来说，在这个敏感时期要警惕的是威胁其统治的反清力量，而此时尚在坚持抗清的台湾郑氏政权、东南沿海地区对清不满的汉人士绅，恰好又是对西洋最早接触和关系密切的人群。

吴明炫、杨光先等人对西法的抗拒在当时并不奇怪。中国知识分子中的保守势力面对西学心中充满误解、怀疑甚至是仇视。卫道士对利玛窦是口诛笔伐，不遗余力，福建建溪人魏濬在《利说荒唐惑世》一文中写道："近利玛窦以其邪说惑众，士大夫翕然信之。窦既死，其徒倡为天主之教，呼群聚党，所至俯张，南宗伯参论驱逐始散去。然惑于其说者坚而不可破，人情之好异如此。所著舆地全图，及洸洋宕渺，直欺人以其目之所不能见，足之所不能至，无可按验耳。真所谓画工之画鬼魅也。毋论其他，且如中国于全图之中，居稍偏西，而近于北，试于夜分仰观，北极枢星乃在子分，则中国当居正中，而图置稍西，全属无谓。"[1]

---

① 徐昌炽编，《圣朝破邪集》，夏瑰琦校注，宣道出版社，1996年，第183页。

《明史·意大里亚传》则评述："其国人利玛窦至京师，为《万国全图》，言天下有五大洲。第一曰亚细亚洲，中凡百余国，而中国居其一。第二曰欧罗巴洲，中凡七十余国，而意大里亚居其一。第三曰利未亚洲，亦百余国。第四曰亚墨利加洲，地更大，以境土相连，分为南北二洲。最后得墨瓦腊泥加洲为第五。而域中大地尽矣，其说荒渺莫考。"①居然认定利玛窦的地理新说是虚妄谎言。

《钦定四库全书总目》在评价艾儒略所著的《职方外纪》时依然不忘批评利玛窦的观点："前冠以《万国全图》，后附以《四海总说》。所述多奇异不可究诘，似不免多所夸饰。"②"吾闻用夏变夷者，未闻变于夷者也。"可见当时保守的心态已成为民族的普遍群体意识，导致中国知识阶层陷入目空一切、妄自尊大的思想深渊。

这起事件后，杨光先被任命为钦天监监正。他就职后的第一件事就是废除汤若望的《时宪历》，恢复使用《大统历》，但由于旧的历法沿用既久，常常推算错误。于是，杨光先只得于康熙七年（1668）与他物色的副手吴明烜编制了康熙八年（1669）的历书，取名《七政民历》，颁行天下。

康熙帝不但勤奋好学，而且对西方天文学很感兴趣，他并不信任杨光先等人所编制的历书。于是，就让人把《七政民历》带到传教士的寓所，让南怀仁等人过目。南怀仁通读历书，发现其中有很多错误，例如当年不该有闰月，历书中却安排了闰十二月，康熙八年这一年中竟出现了两个春分和两个秋分，等等。

为了听取各方意见，辨明优劣，康熙帝决定举行一场辩论，让南怀仁等传教士与杨光先等人就历书进行辩论。

康熙七年（1668）十一月的一天，康熙帝下令召集传教士南怀仁、利类思、安文思和钦天监监正杨光先、监副吴明烜及钦天监官员马佑等一起到东华门就康熙八年历书进行辩论。双方各执己见，互不相

---

① 张廷玉等，《明史》卷三百二十六，中华书局 1962 年，第 8459 页。

② 纪昀编，《钦定四库全书总目》卷七十一。

让。这时，南怀仁提议：双方用各自的方法来检测正午时刻日影的长度，就可以知道哪一种历法准确了。康熙帝同意南怀仁的倡议，于是又命令他们先各自划出日影的界线，从第二天开始，连续三天进行验证，双方共赴北京古观象台预测正午日影。三天之后结果出来了，南怀仁所划的界线完全符合，而杨光先三天所测均有误差。

为了进一步验证南怀仁的方法是否正确，谨慎的康熙帝让和硕康亲王以及众位大臣再来一次检测。于是，康熙八年（1669）正月十七日，内院大学士图海、李蔚等二十多名重要阁臣又一起赴古观象台观看南怀仁、吴明烜等人进行"立春""雨水"两个节气和月亮、火星、木星躔度（日用星辰运行的度数）的测算。结果，南怀仁的方法屡试不爽，而吴明烜几乎无一正确。杨光先等人虽然极力辩白，但事实胜于雄辩。康熙八年（1669）二月，议政王会议认为杨光先所编制历书错误多多，应革职议罪。康熙帝同意将杨光先革职，遣返还乡，只将吴明烜交刑部论处。同时，任命南怀仁为钦天监监副。

清初这场杨光先与汤若望、南怀仁的历法之争，已不仅仅是单纯的历法优劣的争斗，它反映了清初中西方文化碰撞后所产生的矛盾冲突以及当时中国人的不同反应。

明末清初士人在对待西学的态度和看法上大致有以下观点：

其一，以徐光启、李之藻为代表。他们承认西学有高明之处，但他们并不像后来的全盘西化论者那样，盲目崇拜西学。徐光启在明末就提出了"会通以求超胜"的主张。他说："欲求超胜，必须会通。会通之前，必须翻译。翻译既有端绪，然后令深知法意者参详考订。"这就是说，中国人要超胜西方，必须走会通中西即综合中西之长的道路，而要做到这一点，又必须先将西学忠实地翻译介绍过来。"西法不妨于兼收，诸家务取而参合。"这就是徐光启、李之藻等人主张并要实行的态度。

其二，以黄宗羲为代表。黄宗羲对中、西、回历法及数学均有研究，写成天文历算著作多种。他信服利玛窦、徐光启等运用西学之法而制定的《崇祯历书》等新法，但却认为归我国所固有。徐光启、李之藻是倾向于科学起源的多元论的。而黄宗羲则明确主张科学起源的一元论，并且认为这个源是中国。由于西学观的不同，他们对学习西学的理解也不同，徐光启、李之藻将其视为"会通归一"事业的一部分，而黄宗羲则将其视为光复旧物。

其三，以王锡阐、梅文鼎为代表，他们的态度是前两种态度的调和。梁启超认为，王锡阐、梅文鼎所企之"会通以求超胜"，其动机中有黄宗羲"汶阳之田可归"的成分。徐光启、李之藻"会通以求超胜"的观点经王锡阐、梅文鼎重申并修正后，对清代学术界产生了很大影响。

与上述几种主张学习西法的人相对立的，是一些固守中国旧法的人。其代表人物有邢云路、魏文魁、冷守忠、杨光先等人。其中邢云路、魏文魁是旧派的天文学家，而冷守忠、杨光先则是腐儒。冷守忠、魏文魁等人的反对意见，大体上包括两个层次，一是在政治和社会方面，二是在学术方面。邢云路、魏文魁等人对西法的反对虽然并非完全没有道理，正如李约瑟指出的那样，耶稣会传教士们自以为欧洲当时的科学具有优越性，实际上他们是过分夸大了，并且有许多错误，因此就不能指望不引起强烈的反作用。但邢云路、魏文魁等人在积极的建树方面却实在可怜，如冷守忠竟然建议根据邵雍的《皇极经世》修订历法。他们反对西法，除了反映出他们"拘牵经义，妄生议论"的态度外，还反映出强烈的盲目排外情绪。

在上面几种观点中，最有代表性的是"会通以求超胜"的论点，在西学观上是很有见地的。很显然，如果完全按照耶稣会传教士的传授方法，中国人不仅会失掉自己的许多正确成果，而且会失去赶上或超过真正的西方天文学的能力。只有通过"会通以求超胜"的努力，才有希望走上近代科学大道。

经过"历法之争"，康熙帝认识到传教士所具有的科学技术的重要价值，查明传教士"并无为恶实迹"，"潜谋造反"的指控纯属诬告。因此，他大胆地起用传教士，利用他们所掌握的科学技术为清廷服务。传教士取得历法争议的胜利，南怀仁接任钦天监正。康熙帝亲政后重新信任传教士，但是朝廷仍然维持禁教。康熙八年（1669）皇帝批准过如下判决："天主教除南怀仁等照常自行外，恐直隶各省复立堂入教，仍着严行晓谕禁止。"该令作为康熙朝禁止天主教的定例一直沿用。康熙二十六年（1687）南怀仁请求照康熙初年未曾因立法之争被诬告之前，令天主教任随其便，"以断绝妄指之诽谤"。四月十三日御门听政："又题，南怀仁题请冲天炮刻名之处，议准行，欲行天主教之处，不准行。上曰：'天主教应行禁止，部议极当。但见地方官禁止条约内，将天主教同于白莲教谋反字样，此言太过，着删去。'"康熙帝支持部议，禁止天主教传教，但是反对将天主教等同于白莲教以邪教对待。康熙帝对天主教的某些说教有反感，又担心天主教在各省蔓延发展，对清朝统治造成威胁。因此，对天主教实行限制政策，明文规定允许传教士过自己的宗教生活，但禁止传教，不许中国人入教。康熙帝起用传教士是看重他们的科学技术，而传教士之所以要为清廷修治历法，则是为了传播天主教。南怀仁推荐和引进许多传教士来到北京，如徐日升、张诚、白晋、闵明我、冯秉正、雷孝思、戴进贤等，他们携带着科学技术知识或艺术才能任职清廷。

康熙帝的态度不断改变，对天主教产生了一定的兴趣和好感，逐渐形成默认传教、禁令松弛的局面。康熙二十八年（1689）南巡，康熙帝途中遍寻教堂，召见传教士，对各省天主教状况实地考察，公开表示他对天主教的兴趣与好感。

康熙中期以后，服务于宫廷的西方传教士主要活动是译书、治历、绘制全国地图和为人治病。关于译书，如自康熙五十年（1711）五月至次年（1712）二月，由白晋翻译、注释《易经》《河图洛书》。该书艰深难读，白晋还试图将其与天主相联系，搞得不伦不类，多次受到康熙帝的批评，最后不得不从江西请来通晓《易经》的西方传教士傅圣泽，才使其事得以继续。康熙五十二年（1713）六月，康熙帝又组织西方传教士集体翻译《数表问答》，因为参与其事的纪里安、阳秉义、傅圣泽、杜德梅等皆于数学造诣颇深，故而很快杀青。

传教士从事天文历法，改造北京的观象台，制作天文仪器。他们给康熙帝讲授数学、天文、物理知识。康熙帝早年勤奋学习天文历法知识，还重视实地观测，而来华传教士观测依据理论和仪器当时尚不精密，故而康熙帝有时还能发现西方传教士推算错误并对其进行指导。如康熙五十五年（1716）五月，西方传教士闵明我、纪里安等推算错误，经康熙帝指出后，闵明我等承认前此"苟且粗算便奏"，"不胜惶愧"。

会治病的西方传教士服务于宫廷，有时受命外出，为一些督抚大员诊治疾病。如康熙四十二年（1703）十一月，康熙帝遣西洋大夫至西安为川陕总督华显治病。康熙四十九年（1710）五月，又有西方传教士罗德先、保永义（鲍仲义）为休致都统达尔善之子治疗漏疮等。

康熙后期的一项大工程是绘制全国地图，一批西方传教士参与其事，康熙帝也十分关心，对其工作多次给予具体指示。如康熙五十二年（1713）五月，他即颁旨："往河南画舆图去的官拜唐阿、西洋人不必回来，就从彼处往浙江舟山等处、福建、台湾等处画去。但走海时着伊等谨慎，看好天色时节，不必急了，须要仔细。再下旨与他们，伊等若画完一省，将舆图就交与该抚，着家人好生送来。"同年十二月，又朱谕江西巡抚佟国襄将画图人员行事如何，据实奏来。在他的关心下，五十二年（1713）到五十四年（1715），浙江、江西、广东、广西、云南、贵州、四川等省地图先后绘制完毕。同时，依据奏折，还可知道，西方传教士麦大成、汤尚贤参加了江西、广东、广西等省地图的绘制；费隐、雷孝思、单交占参加了四川、云贵、地图的绘制。《皇舆全览图》是在传教士协作测绘下完成的。

康熙帝对吸收西方科学技术态度积极。西方传教士曾用西药为康熙帝治愈疟疾。故而，他对西药疗效笃信甚诚。当时国内不能制作，康熙帝向来华西方传教士求取药物，地方官员及外地传教士进呈药物并用以救治臣工。如康熙四十五年（1706）五月，教皇使者多罗在华期间，康熙帝即指令武英殿总监造赫世亨向其求取所携利稚噶和绰科拉两种药物。康熙四十八年（1709）正月，又传旨于广东督抚，向当地西方传教士求取格尔墨斯西药。同年三月，又有居于江西饶州的西方传教士殷弘绪进上哈尔各斯默一瓶，居于江西建昌的西方传教士毕安进上西药德利亚尔噶一盒等。康熙四十九年（1710）五月，广储司员外郎华色以病痈"讨用德里亚噶，贴敷巴西里冈"。康熙五十一年（1712）七月，江宁织造曹寅以患疟疾而向康熙帝求取"圣药"，康熙帝又特命驿递驰送金鸡纳。在此同时，对于西洋医师尤其是外科大夫，康熙帝亦积极招徕。如康熙四十二年（1703）六月西方传教士外科大夫樊继训在京病故后，他即传谕在京西方传教士"用外科甚属紧要，无论其修道人或澳门地方人，若能得外科者，则当速找预备，勿致稍息，关系紧要"。尔后十数年间，又多次谕令广东督抚将招徕西方传教士中通医术者作为重要任务。

西方科技书籍也是康熙帝求取的重点。康熙五十五年（1716）十一月，西方传教士戴进贤进京并携来《黄历算书》《几何原本》及有关地图、天数之书数种。康熙帝随即指示皇三子胤祉向其了解其中是否有简便计算数表、开方方法。同年八月，粤抚法海又献上新购之西洋算法书二册。康熙帝潜心研究这些书籍并力求有所突破。不久，他发现了"一个计算新阿勒热巴喇之法子，较旧阿勒热巴喇又好"。传教士还在清宫造办处指导工人制作自鸣钟和其他机械。

第二节　清代的禁教政策

明末清初，由于耶稣会受海外势力很大的葡萄牙支持和庇护，耶稣会更垄断了在远东的宗教活动，罗马教廷不得不倾听耶稣会士的意见。但是，随着荷兰、英国、法国的势力兴起，葡萄牙日益失去了海外传教的控制权，罗马教廷力图控制海外传教活动。

为了打击葡萄牙在华势力，法国、西班牙等国的传教士猛烈抨击葡萄牙系统的传教士允许中国教徒敬天、祭祖、祀孔的行径，使开始于明朝末年的"礼仪之争"趋于激化。1705年，错误估计形势的罗马教皇派遣多罗前来中国严厉禁止中国教徒敬天、祭祖、祀孔，结果被康熙帝押送澳门。澳门当局为了惩罚旨在削弱葡萄牙保教权的敌人，将多罗软禁，并将其随员梅格洛主教等四五人，也收监禁押。

康熙十六年（1677），南怀仁被举为中国传教区副省长，南怀仁为此殚精竭虑，以图重整教务，但当时来华传教士不多，困难重重。康熙十六年至十七年（1677—1678），南怀仁分别写信给耶稣会各总长，耶稣会之各省长，日本及中国之监会长，请求派遣同会会士，来华传教。法国国王路易十四借此机会有意派遣法籍传教士到中国。

最后，法国耶稣会选派了洪若翰、李明、白晋、张诚、刘应五会士于康熙二十四年（1685）三月五日启程来到中国，康熙二十七年（1688）二月法国传教团进京。进京后，徐日升极其希望把他们送到其他的省份，但是，他们在乾清宫大殿，蒙皇上慰问，赐茶优待，各赐银五十两，留白晋、张诚在京备用。李明、刘应分别前往山西、陕西传教，洪若翰赴南京、上海传教，由此，法国传教会诞生（洪若翰担任会长）。这五位传教士皆为精通天文历算舆地之人，且与当时法国新成立的科学院联系密切，因而法国传教士的到来为中国教务带来一片新的景象，同时对在中国拥有保教权的葡萄牙传教士构成了威胁。

徐日升向康熙帝推荐了张诚和白晋，这在洪若翰看来，是由于此二人较易于控制。后徐日升经常刁难被康熙帝留在宫中的白晋和张诚，使他们既无法传教，也无法做天文观测。徐日升企图利用掌管钦天监的权力，打算没收法国传教士们带来的西方先进科学仪器，禁止他们在旅行时做任何观测。因此，洪若翰于康熙三十年（1691）下半年让白晋和张诚想办法向康熙帝申请一处能够避开葡萄牙人的独立住宅，但由于胆小，白晋二人迟迟未能行动。年底，比利时传教士安多请求康熙帝重新开放已被关闭的东堂而获准。之后，安多便让法国传教士与他同住东堂。

康熙三十九年（1700），供奉内廷的天主教闵明我、徐日升、安多、张诚等向皇帝请教中国有拜孔子及祭天、祀祖先之礼之故，阁臣为帝草拟答书："拜孔子敬其为人师范，并非求福祈聪明爵禄而拜也。祭祀祖先，出于爱亲之义，依儒礼亦无求祐之说，惟尽孝思之念而已。虽设立祖先之牌位，非谓祖先之魂在木牌之上，不过抒子孙报本追远如在之意耳。至于郊天礼典，非祭苍苍有形之天，乃祭天地万物根原主宰，即孔子所云'郊社之礼所以事上帝也'。有时不称上帝而称天者，犹如主上不曰主上，而曰陛下、曰朝廷之类，虽名称不同，其实一也。前蒙皇上所赐匾额，亲书'敬天'之字，正是此意。"康熙帝看后说："这所写甚好，有合大道，敬天及事君亲敬师长者，系天下通义，这就是无可改处。"这是康熙君臣就中国拜孔子及祭天、祀祖之礼对天主教的明确答复，康熙帝认为敬天及事君亲敬师长具有普世价值。敬天法祖以及孔子儒家学说是清代以及中国文化的核心价值，天主教廷对其质疑，触动了中国意识形态的根本，清廷必然会抵制。

康熙帝耐心地向多罗解释中国对天的看法以及祭祖、祭孔的原理。他说："中国之行礼于牌，并非向牌祈求福禄，盖以尽敬而已。此乃中国之一要典，关系甚巨。"表示祭祖先、孔子牌位只是表达尊敬的行为。针对其不许称天为上帝的禁令，反驳道："各国起名，皆尊本国语法，岂以名词之故，便言大道理不同乎。"康熙帝一再试图弥合中西文化的差异，强调形式的不同，并不影响人类信仰的共通性。他要求在华传教士遵守法度，服从者可以领票留在中国，不愿者一律离境回国。康熙帝还要求多罗，暂缓公布教皇的命令。然而多罗离开北京到达南京后，公布了教皇禁止中国礼仪的文件，要求中国教会无条件地执行，否则处以"弃绝"的重罚。康熙帝于是逮捕多罗，将其拘禁于澳门。

由于教廷政策突然转变，对于多罗是否属于教皇使节，所传禁令是不是教皇真实旨意，返欧之后能否如实转达中国方面的观点立场，康熙帝心存怀疑。因此，多罗在京期间，他即表示："尔自称教化王所遣之臣，又无教化王表文。或系教化王所遣，抑或冒充，相隔数万里，虚实亦难断……朕所颁谕旨及尔所奏所行诸事，尔虽隐匿不告教化王，然朕务使此处西洋人赍书尔西洋各国，详加晓谕。"于是多次遣人出使及致书教皇，申述中国方面立场，争取双方理解以缓和关系，继续招徕携有专技的西方传教来华效力。从康熙朝奏折中所见，遣使致书教皇共有七次，其中前三次是遣使，后四次是致书。

康熙帝依然十分热情欢迎携有专技的西方传教士来华献技，并不因礼仪之争而稍有降低。康熙四十六年（1707）以后十数年的时间里，来华献技的西方传教士仍然络绎不绝，盛况如前。康熙四十六年（1707）八月，据广东督抚奏报，查有新到西洋人11名，内唯庞嘉宾据称精于天文，石可圣据称巧于丝律，林济格据称善于做时辰钟表，均属颇有技艺巧思。其余卫方济、曾类思、德玛诺、孔路师、白若翰、麦思理、利奥定、魏格尔等八名俱系传教之人，并非内外科大夫，暂留广东，不许往别省去。次年（1708）正月，又从其余八人中选送会制药之魏格尔，会天文之德玛诺、孔路师三人进京。康熙四十九年（1710），又有山遥瞻、马国贤、德理格、杨广文、麦大成等西方传教士先后到广州，经过短期汉语培训，先后送进京师。康熙五十四年（1715）八月，康熙帝获知善绘画之西方传教士郎世宁、外科大夫罗怀忠抵达广州，即谕广东督抚"西洋人着速催进京来"。康熙五十五年（1716）八月，广东督抚又送新到会天文、弹琴之严嘉乐，会天文之戴进贤、倪天爵进京。康熙帝依然嫌少。康熙五十七年

（1718）七月再次朱谕广东督抚西洋来人内，若有各样学问或行医者，速送至京中。于是康熙五十八年（1719）六月、八月，广东督抚又陆续将法兰西外科行医之安泰，会烧珐琅之陈忠信，通晓天文律法之徐茂升等送入京师。康熙五十九年（1720）八月，又有贾蒙铎、夏历三、席若翰三人来华，其中贾、夏二人"系传教修道之士，席若翰会雕刻木石人物花卉，兼会做玉器"，因即派人护送席若翰入京。正是这些新来人士，构成了康熙后期以至雍正时期在华西方传教士的主体部分，对于当时中国自然科学研究事业的开展，对于中西文比交流都起到了重要的作用。

罗马教廷态度更加强硬。教皇不顾康熙帝的反复声明，再次颁布谕令，强行禁止中国礼仪，并要求所有的在华传教士宣誓，表示无条件地服从，不折不扣地执行。为此，他第二次派人出使中国。康熙五十九年（1720），教皇的特使嘉乐来北京传达教皇命令。康熙帝明确表示："尔教王条约与中国道理大相悖戾。尔天主教在中国行不得，务必禁止。教既不行，在中国传教之西洋人亦属无用。除会技艺之人留用，再年老有病不能回去之人仍准存留，其余在中国传教之人尔俱带回西洋去。尔教王条约只可禁止尔西洋人，中国人非尔教王所可禁止。其准留之西洋人着依尔教王条约自行修道，不许传教。"

康熙帝的坚定立场使嘉乐不得不考虑变通之法。他听取多方意见，拟定了"八项准许"，准备对中国礼仪做出妥协和让步。其内容是：（1）准许教徒家中供奉祖宗牌位。牌位上只许写先人之姓名，两旁加注天主教孝敬父母的道理；（2）准许中国对于亡人的礼节，但是这些应是非宗教性的社会礼节；（3）准许非宗教性的敬孔典礼，孔子牌位若不书灵位等字，也可供奉，且准上香致敬；（4）准许在改正的牌位前或亡人棺材前叩头；（5）准许在丧礼中焚香点烛，但声明不从流俗迷信；（6）准许在改正的牌位前或亡人棺材前供陈果蔬，但应申明只行社会礼节，不从流俗迷信；（7）准许新年和其他节日，在改正的牌位前叩头；（8）准许在改正的牌位前，焚香点烛，在墓前供陈果蔬，但应声明不从流俗迷信。

嘉乐相对灵活的态度，使康熙帝一直将他当作贵宾对待，并多次接见他，与他进行说理与辩论。康熙五十九年（1720）十二月，传教士将教皇的禁令译成中文进呈，康熙帝阅后，愤怒地批示："览此告示，只可说得西洋人等小人，如何言得中国之大理……以后不必西洋人在中国行教，禁止可也，免得多事。"从此，康熙帝对天主教的政策发生了根本性的转变。礼仪之争和教皇的错误决策，导致了康熙帝下令禁教。

康熙帝在中后期很长一段时间礼敬关心在华西方传教士。由于和在京西方传教士朝夕共处，增进了彼此间感情，康熙帝十分关心他们的身体、生活和工作情况。康熙前期来华传教士到了康熙后期大多老迈多病，康熙帝时加存问并关心其治疗情况。如康熙四十六年（1707）初，在京西方传教士张诚、鲍仲义同时患病，康熙帝即命御医李颖滋、张福贵为他们诊治。后来，鲍仲义痊愈，张诚却不治身亡。康熙四十八年（1709），又有在京西方传教士徐日升、安多先后病故。在其病重期间，康熙帝皆派御医救治，并令武英殿监修处官员前往慰问，病故后，又各赐银二百两，缎十匹，茶酒赐奠。康熙帝的关心和礼敬，使得其他在京西方传教士深受感动。他们表示："此恩不仅已故安多不能承当，且我等现在众人亦感激不尽，即拼命效力，竭尽驽骀，亦不足仰报于万一耳。"康熙帝外出巡幸期间，也通过奏折及其朱批与在京西方传教士保持经常联系。有时西方传教士奏折偶尔稀少或某人未在奏折中列名，康熙帝还于奏折朱批中询问原因。

康熙帝对于一些地方官员限制西方传教士，外地西方传教士与当地绅民词讼交涉，在华各国传教士之间的矛盾，也都谕令妥善解决。如康熙四十三年（1704）、四十四年（1705），在京西方传教士闵明我反映，江西巡抚李基和饬令所属禁止澳门、江西西方传教士与在京西方传教士彼此通信联系。康熙帝即谕令武英殿总监造赫世亨致信李基和，打听禁止西洋人互通信札之缘由。康熙五十四年（1715）三月，居于直隶真定的西方传教士高尚德与当地武举郑逢时为收取田租事而赴官诉讼，康熙帝获知此事，即于直隶总督赵弘燮奏折中朱批："西洋人到中国将三百年，未见不好处。若事无大关，从宽亦可。尔细察缘由情形写折奏闻。"平息了事态。康熙四十五年（1706）春，康熙帝命白晋、沙国安二人出使罗马教廷。途间，白晋未有谦让，与沙争先。康熙帝获知后，撤回此二人，改派龙国安、薄贤士出使教廷。

康熙后期对于西方传教士态度的转变，始于礼仪之争。康熙四十五年（1706），为了回击多罗的蛮横态度，康熙帝即表现出改变对待西方传教士的政策意向。表示："嗣后不但教化王所遣之人，即使来中国修道之人，俱止于边境。地方官员查问明白，方准入境耳。先来中国之旧西洋人等，除其修道、计算天文、律吕等事项外，多年并未生事，安静度日，朕亦优恤，所有自西洋地方来中国之教徒，未曾查一次。由于尔等如此生事作乱，嗣后不可不查，此皆由尔所致者。"当年十一月，康熙帝通令在华传教士均须向朝廷领票。又传谕广东督抚："见有新到西洋人若无学问只传教者，暂留广东，不必往别省去。许他去的时节，另有旨意。若西洋人内有技艺巧思或系内外科大夫者，急速著督抚差家人送来。"

康熙四十五年（1706）颁行领票制度。规定，只有遵守利玛窦规矩并发誓永不回返西洋的传教士，方可在华传教，没有印票者一律查禁驱逐。具体内容是："着给永不返回欧洲之西洋人颁发盖有印章的帝国执照（印票），注明其各自国籍、年龄、修会、入华时间及领票人许下的永不返回欧洲的承诺。着西洋人进宫见朕，领取以满汉两种文字书写的盖有印章的执照。此照可作为他们的证明。此敕令需严格遵守并存入档案。"而且补充规定："宜在八旗辖区、直隶几个省份以及辽东和其他各地予以禁止。"关于其执行情况，康熙四十六年（1707），浙闽总督梁鼐驱逐传教士，京中传教士向康熙帝求援，礼部准内务府咨转行各省："嗣后凡领有印票，居住各省堂中修道传教者，听其照常居住，不必禁止。其未经领票、情愿赴领者，地方官速催来京，毋许久留，有司亦不许阻滞。若无票而不愿领票者，驱往澳门安插，不许存留内地。"康熙四十七年（1708）四月，由武英殿议得，各处天主堂居住修道西洋人等，有内务府印票者，任其行走居住，不必禁止，未给印票者，凡堂不许居住，往澳门驱逐。票制属于部分禁教，即禁止将未领票的传教士驱逐澳门，不许在华居住。

康熙五十六年（1717），由于清朝下令禁止南洋贸易而涉及禁教，该年兵部议复广东碣石总兵官陈昴上奏：天主一教，设自西洋，今各省设堂，招集匪类，此辈居心叵测。目下广州城，设立教堂，内外布满，加以同类洋船丛集，安知不交通生事？乞敕早为禁绝，毋使滋漫。查康熙八年会议天主教一事，奉旨："天主教，除南怀仁等照常自行外，其直隶各省立堂入教，著严行晓谕禁止。"但年久法弛，应令八旗、直隶各省并奉天等处，再行严禁。奉旨从之。在京传教士得知此事后，启奏皇帝询问："臣等闻禁天主教议得很严，本内引康熙八年之例，恐地方官见了，有票无票的一概禁止。恳万岁作主，臣等来历根由，为伪为诚，悉在圣明洞鉴之中。"康熙帝回答："尔等放心，并非禁天主教，本内禁的，是不曾给票的西洋人，应照康熙八年之例禁止，与有票的无干。若地方官一概禁止，即将朕所给的票看，就有传教的凭据了。你们放心去，若有禁止有票的人，再来启奏。钦此。"康熙五十七年（1718）两广总督杨琳上奏：外国彝商利与中国贸易，数十年来沿袭相安，应听其照常贸易。请于彝船一到之时，令沿海文武官弁昼夜防卫，使其慑服，无致失所。至于西洋人立堂设教，仍照康熙五十六年（1717）九卿原议禁止，再行严饬。均应如所请。康熙帝依议，令西洋人之处，着俟数年候旨再行禁止。康熙五十五年（1716）、五十六年（1717）间再次讨论到禁教问题，强调的仍然是禁止无票传教。

终康熙朝并没有实行严格的禁教政策，清廷所驱逐的还只是未领票的传教士。凡有一技之长，愿留居中国的传教士，履行手续向清廷领取信票之后，仍可自行修道，并悄悄地发展教徒。又由于康熙帝与传教士曾长期保持亲密关系，有些地方官吏担心传教士会重新得宠，没有认真执行禁教令。传教活动仍在暗中进行。

第三节　马嘎尔尼访华

乾隆五十七年八月十一日（1792年9月26日），英国使团代表马嘎尔尼及随员乘坐"狮子号"和"印度斯坦号"从朴次茅斯港出发，另有供给船只"豺狼号"随行，他们的最终目的地是远在东方的中国。

自乾隆二十二年（1757）限定广州单口通商后，英商北上开辟新口岸的企图被遏制，随着英国工业革命迅速发展，中英贸易额大幅上升，英国东印度公司商人急欲打破广东粤海关的壁垒，英国内新兴工业资产阶级亦力图扩大对华贸易。英政府大力支持海外贸易，期望通过外交途径解决中英贸易种种障碍，以垄断对华贸易。乾隆五十二年（1787）英政府曾派遣凯思卡特使团来华，其使命由于凯思卡特中途病故而夭折。但英国政府与东印度公司一直没有放弃。在各方的反复权衡下，东印度公司同意提供使团的全部费用，共同组织了此次由马嘎尔尼为代表的访华使团。

出行前，国务大臣敦达斯曾就此向马嘎尔尼提出七点建议：第一，为英国贸易在中国开辟新的港口；第二，尽可能在靠近生产茶叶与丝绸的地区获得一块租借地或者一个小岛，让英国商人可以长年居住，并由英国行使司法权；第三，废除广州现有体制中被加以滥用的各项权力；第四，在中国特别是在北京开辟新的市场；第五，通过双边条约为英国贸易打开远东其他地区的市场；第六，要求向北京派遣常驻使节；第七，在不引起中国人怀疑的条件下，使团应该尽量到处游历观察，并对中国的实力做出准确的估计。

为达到上述目的，访华使团精心准备了呈献给乾隆帝的种种礼品。据记者了解，马嘎尔尼在出行前，还阅读了他能找到的几乎所有关于中国的书籍。在这些有关中国的描述当中，中国形象的两面性使他备感困惑。马可·波罗和传教士笔下呈现出的异国情调与欧洲大陆逐渐浮现出来的有关中国印象的负面描述交织纠缠在一起，其各自提供的信息往往会相互格格不入。此前欧洲人头脑中想象出的中国，是为丝绸、茶叶、瓷器所环绕的精致生活，似乎到处都会遇到在孔子"德治"或"礼治"支配下举止优雅而又富有情趣的文人，以及随处可见充满诗意的乡村田园景致。

乾隆五十七年（1792）九月初三日，东印度公司特使通过广东商人蔡世文请求会见两广总督郭世勋，递交了东印度公司主席百灵的一封禀文。九月初七，郭世勋将此事上奏乾隆帝。乾隆帝得知使团来华的原因，乃是为补祝自己的八十大寿，并由于贡物的规模形制特殊，请求使团能蒙特许于天津登陆。乾隆帝做出批示，接受使团进京朝见的请求，并同意其行程路线。

乾隆五十七年（1792）十月乙酉，谕军机大臣曰："郭世勋等奏，据洋商蔡世文等禀，有嘆咭唎国夷人啵唧哑哩免质臣等来广禀称，该国王因前年大皇帝八旬万寿，未及叩祝，今遣使臣马嘎尔呢进贡，由海道至天津赴京等语。并译出原禀进呈。阅其情词，极为恭顺恳挚，自应准其所请，以遂其航海向化之诚，即在天津进口赴京。但海洋风帆无定，或于浙闽、江苏、山东等处，近海口岸收泊，亦未可知。该督抚等如遇该国贡船到口，即将该贡使及贡物等项，派委妥员迅速护送进京，毋得稍有迟误。至该国贡船，虽据该夷人禀称，约于明年二三月可到天津，但洋船行走，风信靡常，或迟到数月，或早到数月，难以豫定。该督抚等应饬属随时禀报，遵照妥办。再该贡船到天津时，若大船难于进口。着穆腾额豫备小船，即将贡物拨运起岸，并派员同贡使先行进京，不可因大船难以进口，守候需时，致有耽延也。将此传谕各督抚并于郭世勋、盛住知之。"[1]

乾隆五十八年（1793）正月十八日，乾隆帝要求沿海地方督抚在接待即将到来的使团时，必须展现出大清帝国的最佳面貌，并保证随时全面掌握使团的信息。他希望被委派接待使团的官员能体会其中的重要性并掌握接待的适当尺度。在接到乾隆帝的谕旨之后，两广总督

---

① 《清高宗实录》卷一四一五。

郭世勋、直隶总督梁肯堂、两江总督书麟、浙江巡抚长麟、长芦盐政徵瑞分别呈递奏折，重复了乾隆帝谕旨的内容，并表示已领会旨意，将沿途一体遵行。

乾隆五十八年（1793）五月十三日，英国访华使团乘船历时近九个月航行，经大西洋马德拉岛、里约热内卢、印度洋特里斯坦·达库尼亚群岛，进入巽他海峡，在巴达维亚稍事停泊后，终于驶抵中国澳门口外老万山岛。六月二十九日，英使马嘎尔尼及其随行人员抵达天津。钦差徵瑞即派遣天津道乔人杰、通州协副将王文雄前往迎接，并送去大量牛羊米面果蔬茶酒，传旨颁赏，同时向英使索取《表文》和贡单查看。次日，直隶总督梁肯堂与马嘎尔尼会见。随后由天津经水路到通州，在通州起旱，进入京师。七月初三日，乾隆帝发布上谕，令英国使团与蒙古、缅甸大使共同赴热河觐见。

七月初九日，钦差徵瑞与英使马嘎尔尼就觐见乾隆帝礼仪一事发生争执。徵瑞按乾隆帝旨意要求马嘎尔尼觐见皇帝时应按中国礼仪，行三跪九叩首礼。马嘎尔尼表示反对，要求以觐见英王礼节进见，但徵瑞随后却向乾隆帝奏称，英吉利使臣等深以不娴天朝礼节为愧，连日学习，渐能跪叩。七月底，马嘎尔尼及副使乔治·斯当东等旋自京启程，取道古北口，前往热河，同行共七十人，其中四十人系卫队。

八月初四，抵热河，中方军队列队欢迎，众僧俗人等观者如堵。副使斯当东即前往拜访大学士和珅。据乔治·斯当东说，和珅对英王《表文》似乎相当满意，但对马嘎尔尼事先所准备有关觐见礼仪之《备忘录》，做出毫不知情的样子。次日，钦差徵瑞再次前来劝说马嘎尔尼按照中国礼仪觐见。马嘎尔尼坚持或者双方行对等礼，或者使独立国使节和属国代表在谒见礼上加以区别。

八月初十日，英使马嘎尔尼、副使乔治·斯当东等在避暑山庄万树园大幄次觐见乾隆帝，呈递英王《国书》，乾隆帝亲手接过，温语慰问英使，并向英王致意，祝愿两国臣民永远和好。随后宴请扈从王公大臣、蒙古王公及英国、缅甸使臣。十三日，万寿节。乾隆帝御澹泊敬诚殿，扈从王公大臣官员及蒙古王公并缅甸、英吉利使臣等行庆贺礼。

八月十七日英使马嘎尔尼一行从热河启程返京，二十三日抵京。八月二十八日，和珅在圆明园会见马嘎尔尼、斯当东，并婉转促请及早启程回国，马嘎尔尼遂将来华所要谈判各重大问题要点提出讨论，和珅充耳不闻，顾左右而言他。

马嘎尔尼使团访华画像

九月初三日，马嘎尔尼一行由军机大臣、侍郎松筠陪同离京，和珅等大学士至城门送行。十一月十七日，英使马嘎尔尼到达广州，旋乘"狮子号"离开广州，前往澳门。在澳门小住后即开洋返回英国。中英首次通使结束。

然而，英使呈送礼物根本没有引起乾隆帝的重视。原来使团出访前精心准备礼物，刻意凸显英国的强盛国力。他们试图通过揣摩乾隆帝的喜好，以礼物馈赠的方式展示英国科技文明所达到的高度。乔治·斯当东就曾说，任何奇珍异玩已经不适合作为礼物带来中国，因为中国人大量积累了这些华而不实的东西以后，他们在这方面的欲望可能已经满足了。对于一个上了年纪的君主来说，能发挥实际而耐久作用的现代科学和技术方面的东西应当使他更感兴趣。

马嘎尔尼带来的正式礼物共有19件，充分反映了英国当时工业文明的科技成果。这些礼物主要分为两类：一类是金线毯、洋布等产品；另一类是展现英国科技实力的天体运行仪、地球仪、望远镜、军舰模型等。尤其是英国军舰模型。这是当时英国第一快捷战舰"皇家元首号"的模型，装备有110门大炮的巨大军舰的各个部分都在模型上显现得很清楚。

在乾隆帝眼里，这些东西不过是"夷人"向天朝进贡的"奇技淫巧"，而且他很反感英国使团人员的夸张之词。八月初，马嘎尔尼告知徵瑞，礼物中的天文地理音乐钟需要一个月左右的时间才能安装完毕。徵瑞据实上奏，乾隆帝当即指出，这必定是使臣的夸张之词，只是一个礼物，怎么安装就需要这么长时间呢。很快，乾隆帝发现，此前英使反复要求分配宽敞的房屋来陈设礼物，结果礼物的规模事实上完全不像他们所夸耀的那样高大，朝廷的殿宇绰绰有余。

八月二十六日，乾隆帝从热河回銮。到北京后，便前往圆明园参观英使团的"贡品"。据颇为了解皇帝的宫中人士称，乾隆帝并非真正欣赏这些"贡品"，有些被赏赐给大臣，有些则从此锁在了仓库中，无人过问。

在英使团离京之际，礼部也"赏赐"了英国国王和使团正副使礼物，包括了各种精致的瓷器、丝绸、茶叶以及一些精美的食品。马嘎尔尼当即仔细观察了乾隆帝赏赐的如意："此种如意系一种长一英尺半之白石，刻花而成，石质略类玛瑙，虽华人以为此物异常名贵，我则以为就此一物之原价而论，未必值钱。其次，皇帝复以一如意赐我，绿色，所刻花纹则与赠英王者相若。"据目击者了解，马嘎尔尼也根本不在意皇帝所赏赐的东西，因为仅仅获得区区的赏赐物品，根本不是此行来到中国的真实目的。他们一方面对乾隆帝赏赐的这些东西不关心，另一方面却在焦虑地等待清政府何时能正式答复他们建立通商和正式外交关系的要求。

英使团离开北京后，乾隆帝命有关人员查问英吉利是否就是"披楞部落"。据汇报，此次进贡的英吉利人状貌、服饰与印度称为"披楞"的噶哩噶达相似，大约噶哩噶达就是英吉利，噶哩噶达就是印度的加尔各答，时人将属于英殖民地的印度视为英国，实际上是误判。

马嘎尔尼使团的出访任务虽未完成，但使团成员却留下了大量有关中国的书信、日记和随行纪实，其中有许多有关北京的记载。从通州一路向西，副使乔治·斯当东首先注意到北京的城墙，"城墙是砖砌的，城门附近是石头建筑的。城门上有一个几层高的守望台，每层都有炮眼露在外面"。对于城内的房屋和道路，乔治·斯当东认为，"它同欧洲城市相反，这里街道有一百英尺宽，但两边房屋绝大部分都是平房，欧洲城市街道很窄，但房子很高，从街的这一头向那一头望，两边房子好似彼此互相倾斜靠近一样。……北京街道都是土路，需要经常洒水以免尘土飞扬。许多漂亮的牌楼横穿街道。……牌楼上面有三层顶盖，雕刻得非常漂亮。"在乔治·斯当东眼中，北京已经不像早期欧洲旅行家和来华耶稣会士笔下那样神奇与充满魅力，显得更为朴素而真实。不过，乔治·斯当东对于紫禁城还是赞叹不已，"皇宫之内却似乎是天造地设的另一个天地。里面的山和谷，湖水和河水，断崖和斜坡，这样配合、这样协调，任何一个外来的参观者进到皇宫之后都自然会怀疑到这究竟是一座天造地设的胜景还是人工的创造"。

第四章

清前期西学在中国的传播与中国知识界的因应

在清代中前期，随着传教士大量来华，西学东渐，大量西学知识传入中国。尤其在清前期北京文化的发展过程中，西方文化的影响不容忽视。西方的宗教、自然科学知识、建筑、绘画等内容逐渐成为北京文化的新元素。相对于传教士极欲达到的传教目的，无论是紫禁城里的统治者还是普通民众，更愿意接受的是传教士所带来的自鸣钟、西洋镜之类的器物。尽管如此，西学知识也在一定程度上推动了中国传统文化和思想的变革。传统知识分子利用"中西比附""西学中源""中体西用"等概念，重新认识"西学"，同时也在重新认识"中学"，甚至个别清代学者在究心天文历算学的背后，多少带有一些复兴古学，以与西方天文历算学抗衡的动机。

第一节　科技文化在中国

在数学方面，利玛窦先后将《几何原本》《同文算指》介绍到中国。《几何原本》为古希腊数学家欧几里得所著。该书对几何学的基本理论进行了概述，是一部具有世界性影响的名著。利玛窦与徐光启合作翻译了此书的前六卷。该书的翻译工作开始于明万历三十三年（1605），三十五年（1607）此书的前六卷翻译完成，在北京刊行。《几何原本》的中译本除了向中国读者介绍了西方几何学的相关知识外，还创造性地发明了一些几何学名词的译名，如线、平面、三角形、四边形等。这些译名基本为以后的中文几何学著作所采用。几年之后，徐光启与庞迪我和熊三拔对这一版本进行了校订，并出版了这一精校本。除汉文译本外，利徐所译之《几何原本》在乾隆二十三年（1758）还曾出版了满文译本。除《几何原本》外，明末来华耶稣会士翻译的几何学著作还有《圆容较义》（李之藻、利玛窦合译）、《测量法义》（徐光启、利玛窦合译），邓玉函则编译过《大测》和《割圆八线表》，专门介绍西方的三角学。《大测》内容包括三角函数表的性质与使用方法。《割圆八线表》是三角函数表。所谓八线，即正弦、余弦、正切、余切、正割、余割、正矢、余矢。此时欧洲没有专门的符号称呼三角函数，就用与一个角有关的八条线段来表示。罗雅谷在编修历书之余还撰写了《测量全义》一书。该书分十卷，内容包括加减法、立体几何、三角函数的概念、圆及椭圆的测量方法以及测量工具等。《同文算指》的内容主要是四则运算法则以及验算法和分数记法。其主要内容包括：定法、加法、减法、乘法、除法、奇零约法、奇零并母子法、奇零析约法、华法、奇零加减乘除法、奇零除尽法、通问。

在物理学方面，利玛窦在《同文算指通编》中首次介绍了力学中的杠杆平衡理论。以后，在北京宫廷任职的耶稣会士张诚、李明等人编纂的《数理精蕴》利用求解数学题的过程进一步解释了杠杆平衡理论的原理。

在机械制造方面，在京传教士的贡献更为突出。南怀仁曾试制燃气轮机，其原理同后来瓦特发明的蒸汽机非常类似。关于此事，南怀仁曾专门写成一文讲述了蒸汽机的原理及试验过程。其文称："三年以前（当为康熙十七年或十八年，1678年或1679年），当余试验蒸汽之力时，曾用轻木制成一四轮小车。长二尺（一尺≈0.33米），且极易转动。在车之中部，设一火炉，炉内满装已燃烧之煤，炉上则置一汽锅。在后轮之轴上，固定一青铜制之齿轮。其齿横出，与轴平行。此齿轮与另一立轴上之小齿相衔。故当立轴转动时，车即被推而前进。在立轴之上，别装一直径一尺之大轮。轮之全周装置若干叶片，向周围伸出。当蒸汽在较高压力之下，由汽锅经一小管向外急剧喷射时，冲击于轮叶之上，使轮及轴迅速旋转，结果车遂前进。在相当高速度之下，计可行一小时以上。——以汽锅内能发蒸汽之时间为准。当试验时，为防止此车直行过远，在后轴之中间，装置一杆（或称之曰舵），可任意变换方向。舵柄分成X形。在X部之间，另装一杆，并在杆上另装置一直径较大且易于转动之手轮。当拟使之向一边转动时，无论偏右或偏左，则转此手轮，使至适当之地位，并用一螺旋将舵管定于应在之倾斜位置。用此种转向装置，可使此车沿一圆周驶行，且按照使舵倾斜之程度，可得到所行曲线之曲率变大变小之结果，因以适应试验地点之广狭。此机之试验，表明一种动力之原理，使余得随意应用于任何形式之转动机构。例如一小船，可由汽锅中蒸汽之力使在水面环行不已。余曾制成一具献赠皇帝之长兄。汽轮之本身置于船腹之中，只有蒸汽由汽锅外出之声音可以听得，与实际之风声或水在船边之冲激声相类似。其次，余曾在汽锅之上另焊一小管，分一部分蒸汽，使由之逃出，并使小管之外端如一笛之吹口。结果，当蒸汽外逃时，所发之音一似夜莺之啼声。又曾用一具于钟楼，以为时钟运转之原动力。总之，此种动力之原理既已成立，则任何其他有利益及兴趣之试验，均不难思索也。"该文发表于《德国天文界》（1940年的《东方杂志》上有刘仙洲的译文）。南怀仁发明的蒸汽机与古希腊学者希罗发明的汽转球很像，希罗的汽转球由一个空心球，两根附着其上、方向相反的肘形管子以及一个盛满水的密闭锅子组成。锅子与空心球连通，当其中的水被加热到沸腾时，蒸汽进入空心球，然后从两根管子排出，形成反作用力，进而推动空心球旋转。早在1629年，意大利建筑家布兰卡就发明了一种雏形的冲动式汽轮，原理是向轮子四周叶片上喷射蒸汽流，带动轮子转动。有学者考证，南怀仁很可能在欧洲见过布兰卡的著作并受到启发。虽然如此，南怀仁试制蒸汽机这一事件在中西科技交流方面仍然具有开创性意义。

随着天文学书籍进入中国的还有欧洲的望远镜。目前可知，耶稣会士毕方济是最早将望远镜及其使用方法传入中国的。他在万历四十一年（1613）来到北京向万历皇帝献上"千里镜"的使用方法及原理。崇祯二年（1629）明廷奉旨修改历法，礼部提出奏疏"急用仪象十事"，其中就包括装修测候交食远镜三架。可见，此时钦天监已有望远镜。崇祯十二年（1639），毕方济也向皇帝献上了望远镜。关于望远镜的原理，万历四十三年（1615）耶稣会士阳玛诺在《天问略》一文中介绍甚详，"持此器观六十里远一尺大之物，明视之，无异在目前也。持以观月，则千倍大于常。观金星，大似月，其光抑或消或长，无异于月轮也。……观木星，其四周恒有四小星，周行甚疾，或此东而彼西，或此西而彼东，或俱东俱西，但其行动与二十八宿甚异，此星必居七政之内别一星也"。崇祯五年（1632）汤若望在《远镜说》中对望远镜的结构及制作方法进行了说明："用玻璃制一似平非平之圆镜，曰筒口镜，即所谓中高镜。"明天启六年（1626），邓玉函与王征在北京合作编译了远西奇器图说一书。该书共分三卷，第一、二卷介绍力学理论及各种机械的原理。第一卷有九则导言，总括全书的内容。（1）正用，称研究机械需要先学习七种学问，即重学、借资、穷理格物之学、度学、数学、视学、律吕学。（2）引取，即参考书目，列举了十八种参考书：《勾股法义》《圆容较义》《盖宪通考》《泰西水法》《几何原本》《坤舆全图》《简平仪》《浑天仪》《天问略》《同文算指》《敬天实义》《畸人十篇》《七克》《自鸣钟说》《望远镜说》《职方外纪》《西学或问》《西学凡》。（3）制器，即操作工具，包括度数尺、规矩、螺丝转母、活锯、双翼钻、螺丝转铁钳等。（4）记号，列出二十个拉丁字母及其葡语读音和中文对音。（5）每所用物名目，共分六十六项：如柱、梁、架、轮及其分类等。（6）诸器所用，列举动力二十九种：人、马、风、火、水、空、重、杠、轮、龙尾、螺丝、秤杆、滑车等。（7）诸器能力第三卷则专门介绍各种具体机械的使用方法，如恒升车、水铳、代耕等。

关于钟表的传入与制造，耶稣会士认为向中国人传入欧式钟表可以促进传教，对这项工作甚为重视。早在明万历二十九年（1601），利玛窦就曾在北京向万历皇帝献上自鸣钟。《续文献通考》卷一百二十《夷乐部》对此记载称："又有自鸣钟，秘不知其术。大钟鸣时：正午一击，初未二击，以至初子十二击；正子一击，初丑二击，以至初午十二击；小钟明刻：一刻一击，以至四刻四击。"

清代建立后，为方便接近朝廷以利于传教，汤若望、利类思、安文思都曾向顺治帝进献西洋钟表。这些钟表制造精巧，报时准确，深受顺治帝喜爱。康熙时，在其身边负责钟表的西洋传教士甚多，如庞嘉宾、林济各、陆伯嘉、颜家乐、石可坚等人。庞嘉宾，德国人，康熙四十六年（1707）入北京钦天监，曾任钦天监监正。陆伯嘉，法国人，精于制作各种西洋仪器，终身服务于宫廷亲贵，才识甚高。林济各，瑞士人，从小对机械钟表极感兴趣，颇有研究。康熙四十六年（1707）入京后，制造了很多机械钟表。康熙四十九年（1710）太后七十寿辰时，有一祝寿礼物"御制万仙庆寿自鸣钟"即为其所造。康熙帝之后的雍正、乾隆两帝虽实行禁教政策，但对于西洋机械并不排斥，北京的宫廷中仍有许多精通西洋钟表的传教士为其服务。乾隆时期，圆明园内设有"钟房"，专门安置负责皇宫内钟表制造之西洋人。宫内则设有做钟处，负责制造修理钟表。当时精于钟表的西洋教士有石澄元、杨自新和汪达洪。石澄元属于教廷传信部，杨自新和汪达洪则是耶稣会士。据《罗马教廷传信部档案1755—1756》卷宗所引乾隆十八年（1753）葡人帕石喀《使华纪实》载："又因他（指西洋教士石澄元，后文称为西老爷）在朝里，在花园里，做钟做玩意儿，天天见万岁，万岁很喜欢他，很夸他巧，常望他说话"。耶稣会士杨自新也以制钟精巧出名。他曾制作狮虎形钟，据说可以自己行走数十步，颇受乾隆帝喜爱。汪达洪乾隆三十二年（1767）入京，据其本人自述："余应召在皇帝左右为时计制造师，无宁谓为机械师，盖帝所欲者非时计，而为奇异机械也。……余今奉命制造二机械人持花瓶自行，迄今工作已有八月，然尚须一年方能竣事，由是或有数次机会可以近瞻帝颜。"由此可见，乾隆帝真正喜爱的不是钟表本身，而是西洋教士为他提供各种玩乐器具，满足其个人兴趣。乾隆三十九年（1774），罗马教廷在欧洲各国君主的威胁下解散了耶稣会。为补充宫中钦天监、如意馆及做钟处人才，乾隆帝令汪达洪招聘了意大利奥斯定修会和法国遣使会的两批传教士，其中精于钟表制造的有罗广祥、吉德明、巴茂正、德天赐、高临渊、汤士选等人。

在实用性机械方面，西方的水利工具和火器也逐渐传入中国。首先将西方水利机械介绍到中国的是熊三拔。万历四十年（1612），熊三拔的《泰西水法》刊行。此书共分六卷，徐光启曾为此书作序，并说明熊三拔写作此书的原因："昔与利先生游，尝为我言：薄游数十百国，所见中土土地人民，声乐礼乐，实海内冠冕；而其民顾多贫，一遇水旱，则有道殣，国计亦焉，何也？身被主上礼遇隆恩，思得当以报。……余常留意兹事二十余年矣，询诸人人，最多画饼，骤闻若言，则唐子之见古人也；就而请益，辄为余说其大旨，据郑以伟为该书所撰序言：法五种：曰龙尾图凡五；曰玉衡图凡四；曰恒升图凡四；曰水库图凡三，而终之以药炉诸器图。"

在西洋军事器械制造方面，崇祯九年（1636），汤若望曾在皇宫旁建造一座铸炮厂，铸成巨炮二十门，后又制成长炮若干门。除了亲自参与铸炮，汤若望还曾口授，由他人记录了一部著名的军械制作书籍《则克录》。

在生物学和医学方面，葡萄牙人于康熙十七年（1678）曾向清廷进贡狮子，利类思为此撰写了《狮子说》一文介绍狮子的基本情况。

该文共分六篇，"狮子形体、狮子性情、狮子忘恩、狮体治病、借狮箴儆、解惑"。康熙十八年（1679），利氏又作《进呈鹰说》，内容包括：论鹰、佳鹰形象、性情、教习勇敢、教习认识栖木、教习攫鹊、教习鹰飞向上、教习鹰攫水鸭、教习鹰逐雀不前栖于树者、教习鹰喜息于树木、教习嗜肥之鹰、鹰远飞叫回、养鹰饮食、教习生鹰、教习鹰认识司习者之声音、山鹰、山鹰形象、堕子鹰、远方之鹰、论鹰致病之由、治鹰发热之病、治鹰头上筋缩之病、治鹰头毒之病、治鹰伤风眼泪及鼻之病以及治鹰眼蒙之病等。

最早向西方人介绍中国植物的著作是卫匡国的《中国新图志》，其中初步介绍了中国各省的植物。此后，卜弥格曾著有《中华植物》一书，内容包括一些重要花卉和珍奇动物。卜氏还有一未刊稿本《果与树》，介绍中国及东印度植物（参费赖之《在华耶稣会士列传及书目·九十三·卜弥格》）。18世纪在京耶稣会士对中国植物的研究成果颇多。其中，最有名的是汤执中和韩国英。汤执中，1706年生于法国鲁昂，先在加拿大，后于1740年来京，1757年因病去世。汤执中曾写作《北京植物及其他生物学遗物索引》一文，1812年发表于《莫斯科自然科学会纪念刊》。该文收录北京郊区附近植物260种。巴黎徐西欧科学博物馆还藏有汤执中的《中国七十二种植物图》。

医学方面，西洋医学的传入始于澳门医院的建立。1569年，葡萄牙主教加内罗走澳门建立了中国第一所医院。此后不久，来华耶稣会士们也将一些西方生理学、心理学及医学的知识介绍到中国。这方面最早的著作是利玛窦的《西国记法》一书。该书有一章叫《原本篇》讲到了西方的神经学知识。此书由毕方济和高一志共同修订，无出版年月，但可确定刊印于利玛窦死后。此类书籍还有龙华民的《灵魂道体说》和卫匡国的《真主灵性理证》。艾儒略的《性学粗述》对人类神经系统有比较详细的介绍，谈及所谓人身之四液。另外，此书对人类的消化、血液及呼吸系统也有所介绍。其他对人身系统进行介绍的书籍还有高一志《修身西学》（谈及血液循环）、毕方济《灵言蠡勺》（谈及灵魂对血液循环的作用）；傅凡际《寰有铨》（谈及心脏与血液循环的关系）、汤若望《主制群征》（谈及血液、骨骼及脑神经）。这类著作虽然对人体的生理系统有所介绍，但往往将医学知识与基督教神学思想，尤其是灵魂论牵扯在一起，因此常常做出一些荒谬的结论。从科学角度来看，这些书价值不高。

西方来华耶稣会士中对人体生理系统最为精通的是邓玉函。他曾著有《泰西人身说概》专谈解剖生理学知识。此书共分两卷，由毕拱辰译为中文。

在制药学方面，熊三拔有《药露说》一卷传世，讲到蒸馏制药法及制作药炉的方法。这方面的著作尚有利类思、南怀仁和安文思合著的《西方要纪》。康熙时以制药闻名的耶稣会士还有罗德先和罗怀忠二人。罗德先于康熙三十八年（1699）来华，不久即入宫行医。此人对西洋医学颇为精通，尤其善于制药，曾两次为康熙帝治病，皆有奇效。

在地理学方面，利玛窦绘制了《万国舆图》，在中国影响巨大。利玛窦之后又有艾儒略撰述《职方外纪》，将世界地理的知识传播给中国人。此书先在卷首绘制各种地图，如"北舆地图""南舆地图""亚细亚地图""欧罗巴图"等，然后用评论的方式分别介绍世界各地情况，如亚细亚总论、欧罗巴总论、利未亚总论、亚墨利加总论等。不论是《万国舆图》还是《职方外纪》，都对当时中国人的传统地理观念构成了强烈的冲击。此前中国人认为中国以外尽是化外之地，通过这些西方图书才知道在万里之外的异域也存在着高度发达的文明国家。

中西地理学方面最重要的成果之一是《皇舆全览图》的绘制。在《皇舆全览图》以前，已经有西方人绘制了中国地图。其中较有影响的是卫匡国的《中国新图》。卫匡国于明崇祯十六年（1643）来华，他对数学和地理学颇有研究，在华期间，他利用中国各地方志编绘成《中国新图》。这一图集除了地图外，还有附录解说文字。该图集包括了当时全国十五个省，同时对山川、湖泊等自然景观，城市、长城、运河等人文景观也有详尽的标注。该图虽采用中国传统经纬网格表示距离远近，但却有比较准确的比例尺。除卫匡国的《中国新图》，卜弥格也绘有一部《中国地图集》，形式上与卫匡国的图类似，较有特色的是卜弥格的地图中收有一幅《北京图》，这有可能是西方人绘制的第一幅北京地图。早期西方人绘制的北京地图中，有两幅很重要。一幅是徐日升、雷孝思、巴多明等人绘制的北京地形图。据耶稣会士书简集记载，康熙帝亲自授意在京传教士绘制永定河到温榆河之间的地形图。据称此图的地理信息十分丰富，除地形起伏之外，还绘有一千多个城镇，可惜如今已经无法看到。另一幅重要的北京地图就是绘制《皇舆全览图》之前，专门绘制的北京及周边地区图。此图由白晋和张诚负责测绘，对于北京城内的建筑物记载详尽。在绘制完成这一地图的基础上，全国性的测绘地图工作开始展开。先后参与这项工作的人员除前述诸人外，陆续加入的有杜德美、费隐、麦大成、山遥丹、汤尚贤等人，测绘区域包括除西藏之外的清代所有领土。这一工作从康熙四十六年（1707）开始，历经十年才基本完成。康熙五十七年（1718）全图终于绘制完成。该图不仅是中国地图测绘史上的创举，在当时的世界上也属首次。该图采用桑逊投影测量法测量，绘制精确。

除了以上自然科技知识外，西方艺术也进一步传入中国。

音乐方面，在北京的传播可以追溯到利玛窦向万历帝进献的西琴及《西琴八曲》（又称《西琴曲意》），这里所谓的"曲"原指中世纪意大利流行的一种通俗抒情诗，后来则发展为意大利器乐曲的重要体裁。此八曲的目次如下：吾愿在上、牧童游山、善计寿修、德之勇巧、悔老无德、胸中庸平、肩负双囊、定命四达。其献琴曲据其本人叙述经过如下：万历二十八年（1600），岁次庚子，窦具贽物，赴京师献上，间有西洋乐器雅琴一具，视中州异形，抚之有异音；皇上奇之，因乐师问曰："其奏必有本国之曲，愿闻之。"窦对曰："夫他曲，旅人罔知，惟习道语数曲，今译其大意，以天朝文字，敬陈于左。"由此来看，这八曲应该与天主教宗教道德有关。利玛窦所献之琴在文献中有所记载，有称为"西琴"（《正教奉褒》），有称为"铁弦琴"（《大西西泰利先生行记》）、"大西洋琴"（《熙朝崇正集》）。冯时可《蓬窗续录》所记较详，称此琴"用铜铁丝为弦，不用指弹，只以小板案，其声更清越"。《续文献通考》对此琴的描述最为详细"所为琴，纵三尺，横五尺，藏椟中，弦七十二，以金银或炼铁为之弦，各有柱，端通于外，鼓其端而自应"。

清代建都北京之后，来京的传教士数量渐多，其中熟悉乐理，懂得乐器的人士有徐日升、颜理伯、南光国、巴多明、德理格等人。他们除在宫中为皇帝教授乐理、演奏乐曲，制造乐器外，也把西洋的乐器带到教堂中。据乾隆时著名诗人赵翼所著《檐曝杂记》及《天主堂观西洋乐器诗》，可对当时教堂中乐器形制及演奏情况有所了解。《檐曝杂记》称："其法设木架于楼架之上，悬铅管数十，下垂不及楼板寸许。楼板两层，板有缝，与各管孔相对。一人在东南隅，鼓以作气，气在夹板中，尽趋于铅管下之缝，由缝直达于管，管各有一铜丝，系于琴弦。虬须者拨弦，则各丝自抽顿其管中之关而发响矣。"赵翼提到的西洋乐器即天主教南堂所存之大型管风琴。对于此琴之音色，赵翼的《天主堂观西洋乐器诗》有绘声绘色的描述："初从楼下听，繁响出空隙；……琴希有余铿，琴澶忽作霹，紫玉凤唳箫，烟竹龙吟笛。"徐日升是葡萄牙籍耶稣会士，他在康熙十一年（1672）成为宫廷音乐教师。此人善于演奏西洋乐器，并会制造乐器。他曾与德理格合作撰写了一部西洋音乐理论著作《律吕正义》。此书介绍了一些西方音乐知识：音阶、和声、五线谱等。其主要内容根据其"总说"所述可归纳如下："一则论管律弦度生声之由，声字相合不合之故；一则定审音合度之规，用刚柔二记以辨阴阳二调之异，用长短迟速等号，以节声字之分。从此法入门，实为简径。后相继又有壹大里呀国人德理格者，亦精律学，与徐日升所传源流无二。"遣使会士德理格是继徐日升之后在介绍西方音乐方面做出重大贡献的人物。此人为意大利遣使会士，据《康熙与罗马使节关系文书》所收《德理格、马国贤上教化王书》："大皇帝命臣德理格在皇三子、皇十五子、皇十六子殿下前，每日讲究其精微，修造新书……今特求教化王选极有学问，天文、律吕、算法、画工、内科、外科几人来中国以效犬马，稍报万一为妙。"可见，他在宫中讲授音乐知识的同时已经为此书的撰写做了一定的准备。除《律吕正义》外，德理格还与徐日升合作撰写了《律吕纂要》，并将其删节后编成《律吕正义续编》。此书在《律吕正义》的基础上进一步介绍了西洋音乐的理论发展。

在美术与建筑方面，西洋绘画作品最早传入北京可以追溯到利玛窦向明神宗进献天主及天主母图像。顾起元《客座赘语》称："所画天主，乃一小儿，一妇人抱之，曰天母。画以铜版为帧，而涂五彩于上，其貌如生；身与臂手，俨然隐起帧上，脸之凹凸处，正视与生人不殊。人问画何以致此？"答曰："中国画但画阳不画阴，故看之人面躯正平，无凹凸相。吾国画兼阴与阳写之，故面有高下，而手臂皆轮圆耳。"据顾氏所载，西洋绘画技法此时已传入我国。利玛窦还曾翻刻过四幅西洋版画《信而步海，疑而即沉》《二徒闻实，即舍空虚》《淫色秽气，自速天火》《古代圣母像》。这些版画后来被明代版画家程大约收入《程氏墨苑》。除了利玛窦翻刻的这四幅版画，明代翻刻的西洋版画书还有罗儒望的《诵念珠规程》、汤若望的《进呈图像》和艾儒略的《天主降生出像经解》。

清朝建都北京后，宫廷内有很多擅长西洋画的教士。康熙时，利类思与南怀仁颇善绘画，而在传播西画技法方面贡献最大的则是马国贤和切拉蒂尼。切拉蒂尼不是传教士，而是一位世俗画家。他的最大贡献主要是教堂绘画。北堂与南堂都留下了他的宗教壁画。法国耶稣会士杜德美曾在书信中提到过北堂的宗教绘画，"它分三部分，中间绘有开阔的苍穹，布局绚丽多彩，苍穹两侧是两幅椭圆形的充满欢乐令人愉悦的油画。祭坛后部放置的装饰上与天花板一样也有绘画，两侧的远景画使教堂更显深远"。

雍正、乾隆、嘉庆朝时，宫内精于绘画的教士中最有名的是郎世宁。郎世宁是意大利人，康熙五十四年（1715）十一月来京。他在来华前已经是一位颇有成就的画家。意大利艺术史学家罗埃尔在考察热那亚一座教堂的壁画时经过仔细鉴定，确认这些壁画出自郎世宁之手。从壁画的创作风格来看，它们与意大利著名画家安德烈·波佐颇为一致。安德烈·波佐是十七八世纪盛期巴洛克风格的代表人物，特别善于用透视法绘制壁画，其特点在于将绘画中的景物与建筑物结构融为一体，常有以假乱真的效果。郎世宁的绘画作品甚多，延春阁、御书房、宁寿宫、静寄山庄、圆明园正大光明殿皆藏有其绘画，有飞禽、走兽、花卉人物等。其特点在于采用国画工具画西洋画，因此全为绢本，而没有油画作品。郎氏在南堂留有壁画作品，姚元之《竹叶亭杂记》记此壁画："南堂内有郎世宁线画法二张，张于厅室东西两壁，高大亦如其壁。立西壁下，闭一目以觑东壁，则曲房洞敞，珠帘尽卷，南窗半启，日光在地；牙签玉轴，森然满架。有多宝槅焉，古玩纷陈，陆离高下。北偏设高几，几上有瓶，插孔雀羽于中，灿然羽扇，日光所及，扇影瓶影几影，不爽毫发。壁上所张字幅篆联，一一陈列。穿房而东，有大院落，北首长廊连续，列柱如排，石砌一律光润。又东则隐然有屋焉，屏门犹未启也。低首视曲房外，二犬方戏于地矣。再立东壁下以觑西壁，又见外堂三间，堂之南窗，斜日掩映，三鼎列置三几，金色迷离。堂柱上悬大镜三；其堂北墙，树以隔扇，东西两案，案铺红锦，一置自鸣钟，一置仪器；案之间设两椅，柱上有灯盘子，银烛矗其上，仰视承尘，雕木作花，中凸如蕊，下垂若倒置状。俯视其地，光明如镜，方砖一一可数；砖中之路，白色一条，似甃以白石者。由堂而内，寝室两重，门户帘栊，窅然深静。"张景运《秋坪新语》对郎世宁所绘壁画描述甚详："中画像男女不一，或介胄持兵，或婵娟丽若天人，莫不五彩炫耀，突出壁间，……中一妇人巨像，庄严妙好，高髻云鬟，面同满月，两眸湛湛若秋水射人，自胸以上及两膊皆赤露，肤理莹腻，居然生成，胸前垂七宝璎珞，金碧璀璨。光彩夺目，不可正视，乳以下衣纹缭绕纠结，如霞晕数重，五色陆离，涛回漩状，怀抱一婴儿，承座二人颠倒横陈，眉目秀异，披发裸胸，不知其为男女也。四傍云气旋绕，迷离惝恍，望之俨从空中而来下，即所谓天主也。……复由壁右穿户出，至一堂中，悬圣祖赐额。东西两壁各绘房舍，倚西壁而东望，则重门洞辟，深窅无际，洞房窈窕，复室回环，孚思或启或闭，珠箔半掩半垂，室有几，几有瓶，瓶中有花，有炉有鼎有盘，盘置枸橼木瓜之属，新鲜如摘。壁有画，画傍有门，门中复有室。……凝眸片晌，竟欲走而入也，及至其门下扪之，则块然堵墙而已。殆如神州瑶岛可望不可即，令人怅惘久之。复转而东壁西向望，则重廊复室，历历如东壁者然，云其画乃胜国时利玛窦所遗，其彩色以油合成，精于阴阳相背之分，故远视如真境也。近时不乏能手，逊其妙远矣！"除壁画外，郎世宁还有许多水墨画传世，其中较为著名的有《马术图》和《乾隆雪景行乐图》。《马术图》画幅很大，高2.23米，宽4.26米。此画描绘了乾隆帝在避暑山庄会见蒙古贵族班珠尔、纳默库和阿睦尔撒纳的情景。蒙古贵族位于画幅中部，骑马的乾隆帝位于右侧，周围是诸多文武大臣，左面则是表演马术的骑兵。

郎世宁等绘《马术图》（局部）

除郎世宁外，乾隆时在北京宫廷内服务之西洋画师还有艾启蒙、王致诚、潘廷璋、安德义、贺清泰等人。艾启蒙，捷克人，乾隆十年（1745）进京入如意馆为皇帝绘画。《石渠宝笈》收录了他九幅作品。王致诚是法国人，乾隆初年来京，其名作有《十骏图》，收入《石渠宝笈》。乾隆三十八年（1773）进京，其绘画水平不下于郎世宁，代表作有《达尼厄尔先知拜神图》《圣母无原罪图》等。乾隆时多次在边疆地区用兵，后命宫廷内的西洋画师绘制武功图，据考迪《中国通史》（第三卷）及伯希和《乾隆武功图考》（《通报》1921年）所记共有十六图之多，《平定伊犁受降图》《库陇葵之战图》《格登鄂拉斫营》《和落霍澌之皆》《鄂垒扎拉图之战》《乌什酋长献城降》《黑水围解》《呼尔满大捷》《通古思鲁克之战》《霍斯库鲁克之战》《阿尔楚尔之战》《伊西洱库尔淖尔之战》《拔达山汗纳款》《平定回部献俘》《犒劳回部成功诸将士》《凯宴成功诸将士》。

西画作品传入北京后，中国文人对此颇有兴趣，在许多文集中都有对天主教宣武门内教堂耶稣像的记载与描述。《帝京景物略》记载最早，称南堂耶稣像："左手把浑天图，右叉指，若方论说状，指所说者。须眉，竖者如怒，扬者如喜；耳隆其轮，鼻隆其准，目容如瞩，口容有声。"《说铃后集》之《谈往》"西洋来宾"也记载了这座耶稣像，并称"天主堂右侧有圣母堂，貌若少女，手一儿，耶稣也"。此外，吴长元《宸垣识略》、杨家麟《胜国文征》、张庚《画征录》、黄钧宰《金壶浪墨》均对此像有所描述，不过文字大同小异。

当然，这一时期的传教士也向西方介绍了中国的科学技术。

16世纪西班牙传教士门多萨的《中华大帝国史》向欧洲人初步介绍了中国的制炮、印刷、造船等科学技术。不过，这些介绍主要依靠二手材料，并不详细。比起门多萨，来华的耶稣会士们留下了更多详尽而深入的著述。利玛窦的《中国传教史》、曾德昭的《大中国志》、卫匡国的《中国上古史》、基歇尔的《中国图说》都有对中国科技的介绍。17世纪后期来到北京的耶稣会士则进一步推动了中国科技在欧洲的传播。天文学方面，最早向西方人介绍中国天文仪器的是利玛窦。他在自己的著述中介绍了天球仪、浑仪、圭表和星盘。法国人李明曾经参观过北京的古观象台，他认为这些天文仪器之精美都不是欧洲的同类设备所能比的，不仅刻度精确，而且这些仪器建造得非常精巧。他认为这些仪器足以让欧洲人感到羞愧。宋君荣先后撰写了《中国天文史略》《中国天文纲要》《中国天文学史》。在这几部书中，他介绍了自上古以来以至明代中叶时期的中国天文概要。内容十分丰富，包括中国日月食表、中国星宿表、中国测算行星运行的方法、中国分度与西人分度对照表等。动植物学方面，韩国英做出了很大的贡献，他的著述甚多，如《竹之种植与作用》《野蚕与养蚕法》《中国香椿》。在中医、中药的西传历史上，耶稣会士也有突出的贡献。邓玉函、卜弥格、卫匡国都曾在自己的著作中提及中药的制造及其效能。法国耶稣会士巴多明则在这方面尤为重要。在他的书信中，专门提到了一些不为西方人所知的中国药物。如大黄、三七、冬虫夏草等。同时，他还把这些药品的实物寄到法国，在欧洲科学界引起了相当的反响。为进一步向欧洲介绍中国在医药学上的成就，法国耶稣会士刘应将李时珍的《本草纲目》翻译成拉丁文，收入杜赫德编纂的《中华帝国全志》之中。

第二节　西方文化对清代北京文化的影响

　　中国与外来文化的交流由来已久。16世纪以后，为数众多的西方传教士纷纷来到中国，利玛窦等人进入明廷，受到明朝皇帝青睐。清人关后，以汤若望为代表的部分耶稣会士转为清统治者服务。汤若望以《崇祯历书》、浑天星球、地平日晷、窥远镜等西学、西物进献摄政王多尔衮。由于新历法的及时颁布为清王朝在改定正朔、表现政权的合法性上发挥了重要作用，汤若望受到清廷的重用，他被任命为钦天监掌印官。后加封至光禄大夫，正一品，顺治帝甚至尊称其为"玛法"。康熙初年，杨光先上书指控传教士们妖言惑众、大逆不道、历法荒谬等，主政的鳌拜等人借此事件打击汤若望等人。康熙帝亲政后，重新起用传教士南怀仁等，命南怀仁与杨光先同到观象台各以中法西法推算，南怀仁获胜。康熙帝立即革除杨光先钦天监监正的职务，命南怀仁掌管钦天监。康熙帝又热衷西学，传教士们在皇帝处多受宠，轮流进宫讲解西学知识。

　　17世纪下半叶，法国在欧洲建立霸权，为推进其东进方针，法国耶稣会传教士洪若翰、李明、白晋、张诚、刘应等人来到中国。康熙二十七年（1688），奉法国国王路易十四之命，到中国进行科学考察的法国耶稣会士洪若翰、白晋、张诚等人，受到了康熙帝的接见。在康熙帝的支持下，白晋、张诚还在皇宫内建立了"药物实验室"，进行各种欧式治疗法试验。后来，洪若翰、刘应因用"金鸡纳霜"（奎宁）治愈了康熙帝的疟疾而得到皇帝的封赏，康熙帝把皇城内的一处住宅赐给了法国神父。不久，康熙帝又把住宅附近的空地作为修建教堂的地基赐予法国神父，即后来建成的"北堂"。

　　在康熙帝的支持下，肩负科学考察使命的法国耶稣会士相继来华。康熙三十二年（1693）奉命出使法国的白晋，在回中国时就带回巴多明、雷孝思、傅圣泽等8位神父，而康熙四十年（1701）随洪若翰来华的法国传教士有10人。此后，一批又一批的法籍耶稣会士纷至沓来，诸如杜德美、殷弘绪、蒋友仁、孙璋、钱德明、马若瑟、汤执中、韩国英、金济时、晁俊秀等。据费赖之在《在华耶稣会士列传及书目》中记载，自法国派出科学考察团开始，共计有法国籍神父86人，葡萄牙籍79人来华。

康熙末年，因教皇反对传教士入乡随俗的传教方式，结果礼仪之争爆发，导致了康熙帝彻底转变对天主教的态度，最终确立了禁教政策。但是，终康熙朝并没有实行严格的禁教政策。清廷所驱逐的还只是未领票的传教士，凡有一技之长，愿留居中国的传教士，履行手续向清廷领取信票之后，仍可自行修道，并悄悄地发展教徒。

雍正帝即位后，大规模地驱逐传教士，采取了严格的禁教措施，但京城的传教士并没有被驱逐。雍正帝将有技艺的传教士集中到京师，为清廷服务，对他们实行保护政策，允许他们自行修道，但不许传教。因此，雍正朝在宫廷中还有不少传教士。例如，葡萄牙籍耶稣会士高尚德、苏霖、徐懋德，法国籍耶稣会士殷弘绪、冯秉正、巴多明、雷孝思、宋君荣、安泰，意大利籍耶稣会士郎世宁、罗怀忠、利博明，奥地利籍耶稣会士费隐，瑞士籍耶稣会士林济各，德国籍耶稣会士戴进贤，意大利籍遣使会士德理格等。雍正朝来华的还有：葡萄牙籍耶稣会士陈善策、索智能，法国籍耶稣会士沙如玉、孙璋、吴君、赵加彼等。

到乾隆时期，乾隆帝一方面实施严厉的禁教措施，另一方面仍允许一些有技艺的传教士留在京城。其目的：一是满足皇家对西洋情趣的追求；二是满足天文治历等方面的需要。乾隆朝宫廷中除了原来的传教士，前后仍有四十余位的传教士源源不断来到北京，比较著名的有王致诚、魏继晋、刘松龄、蒋友仁、钱德明、德天赐等。

在雍正、乾隆时期，对传教士实行严格的管理措施，而且一旦进入宫廷，不准私自离开。乾隆三十八年（1773）以后，耶稣会士由于传教目的难以达到，纷纷呈请离华回国，引起乾隆帝不满，于乾隆三十九年（1774）七月初九日寄谕两广总督李侍尧，要求凡是来华传教士在广东呈请进京效力者，均由两广总督询问是否情愿长住中国，如果愿意，则准予进京，如果不愿意，则去来自便，但不许留在广东，一律驱逐澳门，令其搭船回国。

留在宫中的传教士通过进贡，希冀赢得并扩大其生存乃至传教空间，但在乾隆帝眼中，西洋传教士的进贡只是满足其西洋品位的物品来源。他们为皇帝画画，为皇帝制作珐琅器、修理钟表，甚至成为建筑工程师。

传教士来中国的目的不是向皇帝进贡物品，也不是为清廷充当钟表工匠或者建筑工程师，他们的最终目的是要传教，但由于天主教与中国传统文化之间的强烈异质反应，天主教并不受欢迎。中国儒家正统思想讲究严夷夏之防、夷夏之辨，即严格区分华夏与外族。把中国视为世界的中心，而将外族视为野蛮低等民族，主张"用夏变夷"，而反对"用夷变夏"。正如《孟子·滕文公上》所言："吾闻用夏变夷者，未闻变于夷者也。"明朝末年，利玛窦、熊三拔、艾儒略等耶稣会士来到中国传教时，"夷夏之别"也是他们的最大障碍。不仅如此，士大夫中的保守派也纷纷攻击西学。后来，徐光启等人合中西历学制成的《崇祯历书》，终明之世未被颁行使用，就是明证。

传教士为传教采取了灵活的策略，他们一方面走上层路线，与官僚士大夫交接，争取皇帝的支持，首先得以在中国立足。同时，他们大力对天主教进行本土化，竭力将西教、西学与儒家学说相比附，使天主教教义与儒家思想相通。为此，从利玛窦开始，他们就从中国传统经典中寻句摘字，以天主教之"天主"附会先秦儒家经典中的"天"和"上帝"，以此向中国人表明天主教与中国思想是相通的。同时，传教士用不太受到中国人反感的西方科技进行包装，介绍西方先进的科学技术知识，以此作为传教的门径。由于这些科学知识有益于实用，可补中国之不足，因而获得了不少士大夫的好感。

与传教士的目的不同，那些主张学习和接受西学知识的士大夫为说服周围的人，也需要沟通中西。如明末李之藻序利玛窦《天主实义》重刻本时说：西方书籍虽然往往不类近儒，但却与上古《素问》《周髀》《考工记》《漆园》诸篇默相勘印。他与利玛窦合作翻译《浑盖通宪图说》，用西法调和中国古宇宙论中的浑天、盖天两说，并以曾子"天圆地方"之说与西方地圆说相互印证。徐光启与利玛窦共同翻译《测量法义》，又自撰《测量异同》，指出西洋测量诸法与《周髀》和古《九章》中的"句股""测望"等方法略同。

清初，康熙帝对待异域文化颇为积极，但由于传统士大夫的反对，他即位初年即亲身经历了"历狱之争"。为了能够辨明中西历算的优劣，康熙帝本人亲自学习西学。当时传教士为了取悦康熙帝，特意把代数学译为"阿尔热巴达"（Algebra）转译为"东来法"。康熙帝自豪地说，西洋"算法之理，皆出《易经》"，"彼称阿尔朱巴尔，传自东方之谓也"。他还由此及彼，声称西洋"历法源出自中国，传及于极西"。① 至康熙帝晚年，为了缓和中西冲突，在引进西洋天文算学的同时又避免"用夷变夏"之嫌，他甚至亲自倡导"西学中源"论。

无论是主张学习西学者，还是扬中抑西者，都努力寻求证据，证明西方科技在古代中国早已存在。清初大儒黄宗羲曾著《西洋历法假如》《授时历法假如》等书。在《叙陈言扬句股述》中，黄宗羲断定西学是来自中土"周公、商高之遗术"，只是经过了西方人的改造。王夫之更认为西洋历法家是剽袭中国古代之绪余。王夫之的西学中源说已经带有更多的盲目排斥西学色彩。他们论"西学中源"的目的不是传播西学，而是要维护中学。

可以说，在清初知识界已经形成了共识很高的"西学中源"论，这其中最具代表性的是梅文鼎。康熙帝南巡途中曾亲自召见他，这促成梅氏撰著《历学疑问补》一书，对"西学中源"说专门加以论证。梅文鼎说："御制三角形论，言西学实源于中法，大哉王言！"他还倡言，帝尧时和仲"宅西"，畴人子弟散处西域，"遂为西法之所本"。梅文鼎《历算全书》中认为《黄帝内经》已经具有西方昼夜时辰划分的概念。另一个被梅文鼎经常用作论证。西学中源论的传统典籍是《周髀算经》。他认为西历源流大都不出《周髀算经》之学的范围。梅氏所提出的"西学中源"说在当时产生了较大的影响。《明史》的编纂者还根据梅文鼎的研究勾勒出"中学"西传的过程和路线。秦蕙田著《五礼通考》，特别设立"观象授时"一题，将天文推步、句股割圆等原本不属于"礼制"的内容纳入其中。其天文历算的内容不仅明显受到西学的影响，而且还特意从中西对比的角度，以传统典籍中的知识对西学进行旁证。不仅如此，乾隆年间纂修《四库全书总目》时，以纪昀为代表的四库馆臣同样沿袭了康熙时期梅文鼎的观点。

在以传统天文历算学比附西学的过程中，再加上传统历法与西方历算学之间斗争的刺激，促使清前期的一些学者开始认真去探寻先秦典籍，推动了一些清代学者对古算优秀成果的研究整理。早在明末《几何原本》前六卷译出之后，中国学者就开始了对几何学的独立研究，出现了很多数学人才和数学著作。如明末孙元化的《几何用法》和《几何体论》、李笃培的《中西数学图说》、陈荩谟的《度测》，清初方中通的《几何约》、王锡阐的《圆角》、李子金的《几何简易集》、杜知耕的《几何论约》，等等。这个时期的数学研究方法和研究深度跟中国古代的数学体系相比都有很大突破。这一变化无疑与西学的刺激有关。

著名蒙古族学者明安图，把传教士杜德美介绍的割圆术做了进一步的发展，和梅毂成一起完成了《数理精蕴》一书。这是一部介绍17世纪初以后传入中国的西方数学知识的百科全书，内容十分丰富，流传广泛，成为人们学习和研究西方数学知识的重要书籍，对后一时期的中国数学发展产生了重大的影响。

乾嘉时期天文历算的兴旺发达，尤其是《周髀算经》《九章算术》等古代数学知识的重新整理，也都是受到了"西学中源"论的影响。江永、戴震等众多考据学家的天文历算学研究便是这一潮流的典型代表。乾隆年间，戴震受命参与《四库全书》的编纂。他从《永乐大典》入手，从中辑录以往散佚的古代算经。乾隆三十九年（1774），戴震先由《永乐大典》中辑得《九章算术》，并详加校勘、补图、注释，令此前残缺不全的《九章算术》得现原貌。此后，他又先后辑录到《周髀算经》《海岛算经》《孙子算经》《五经算术》《夏侯阳算经》等名列古代算经之列的算学著作，又收集到《张丘建算经》《缉古算经》《数术记遗》等算书。经戴震详细校勘整理后汇集为《算经十书》刊刻出版。

在大批算学书相继被发现后，清代学者们进行了详细的校勘和注释工作。如李演校注《九章算术》《海岛算经》《缉古算经》，沈钦裴、李锐校勘《数书九章》，沈钦裴、罗士琳校注《四元玉鉴》，孔广森、李锐校订《测圆海镜》。通过对于传统中算著作的系统整理和研究，乾隆、嘉庆时期的数学家们对于传统算学取得的辉煌成就有了相当的了解和掌握。

乾隆、嘉庆时期的著名考据学者几乎没有不了解西洋天文历算学的，但就对西洋学术的认知程度而言，这一阶段反而不如明末清初之际。这种缺陷甚至阻碍了士大夫对西学的吸收。例如，戴震就认为连《几何原本》所用的名词概念，都是由中国传统数学派生出来的，"中土测天用'勾股'，今西人易名'三角、八线'，其'三角'即'勾股'，'八线'即'缀术'，'三角'之法穷，必以'勾股'御之，用知'勾股'者，法之尽备，名之至当也"。此外，江永、焦循、汪莱、李锐和罗士琳等人虽然也都吸收西学的长处，但其根本目的还是倡明古算学。

可以说，自雍正朝清廷驱逐传教士后，中断了中西文化之间的沟通。在整个学坛考据成风的大背景下，"西学中源"论成了阻碍学习西学的挡箭牌。与明末徐光启等人崇尚西学的倾向不同，他们所极力维护的是中国的古学。而在康乾盛世的18世纪，正值西欧科学技术突飞猛进、锐意开拓的时代，中国人却沉浸在倡明"古学"的梦魇中，复兴古代算学甚至取代了中西会通。其结果是，虽然在很大程度上复兴了古算学，甚至利用西学的长处取得一些突破，但最终阻隔了对西学进一步的学习和利用。

相比于对传教士所带来宗教和西学的拒绝与抵触态度，传教士所带来的生活元素则是比较顺利地进入了中国人的生活中。明朝末年，利玛窦一到北京，就向皇帝敬献了自鸣钟。当时的明朝万历皇帝对自鸣钟很感兴趣，把玩不已。利玛窦还将所带来的西洋器物公开展示，像地球仪、天体仪、西洋镜、自鸣钟、世界地图、三棱镜以及精美的油画圣母像，很多士大夫和民众争相观看，被深深吸引。

西方新技术、新机械是传教士介绍到中国的重要内容，传入的西洋奇器有望远镜、钟表，还有各种机械设备。清宫中的钟表最初由内务府负责收集，康熙二十八年（1689）设立自鸣钟处，雍正十年（1732）改名造钟处，由中国工匠操作，耶稣会传教士督造，制造钟表。由耶稣会士担任为宫廷修表、造表的任务始自安文思，最初的传教士钟表匠大多不是专业的，后来专业的钟表匠也被耶稣会派来中国。他们大多来自著名的钟表制造地。乾隆朝服务宫廷的钟表技师有蒋友仁，他为乾隆帝在圆明园设计了喷泉时钟；沙如玉、汪达洪来自法国钟表制造地多芬尼；杨自新来自法国钟表制造地布列塔尼。

乾隆朝教案频发，严厉禁止传教士在地方传教，但对于进贡物品是不禁止的。在京的传教士也将进贡作为赢得皇帝好感的手段，他们清楚"首都的传教事业之所以能够幸免于难，则是因为受惠于在京传教士所拥有的技艺以及皇帝对他们的保护"[①]。乾隆十六年（1751），为祝贺皇太后六旬万寿，在京22名传教士共同向乾隆帝进贡，其中就有著名的"万年欢"的机械装置。这件精心制造的西洋奇器，投乾隆帝之所好，乾隆帝甚是喜欢，为此还重重赏赐了西洋人。乾隆三十七年（1772）李俊贤、潘廷璋所进两种贡品："新法远镜"和"验气筒"。对于"新法远镜"，进单上特别说明："远视便捷，其长一二尺，可抵旧法一二丈有余。""验气筒"的标注是："验气应用鱼缸、鸟笼、铜铃、铜管等物，大小共二十六件，验气应用玻璃罩筒等物大小共二十五件，俱有图样并解说。"对这两件物品，乾隆帝都很喜欢。蒋友仁记述："皇帝尚未决定收下望远镜，他先要了解这是何物，

① ［法］本赫德编，《耶稣会士中国书简集》（Ⅴ），大象出版社，2001年，第75页。

有何用处。"蒋友仁被派去进行解释，在场的太监和其他大臣对望远镜都很满意，皇帝用完餐后，一切安排妥当，"太监们便请他当场试验，君主感觉到这架望远镜比他见过的都要好。他派两名太监带着望远镜随时跟在后面并吩咐我教他们使用和操作方法"[1]。对于乾隆帝的西洋情趣，钱德明在乾隆十九年（1754）有着精辟的观察与论述："这位君主的爱好就像季节一样多变。他原先喜欢音乐和喷射的水柱，现在则喜欢机械装置和建筑物，惟有对绘画的偏爱几乎没有变化。皇帝也可能会重新喜欢他曾经喜欢过的东西。"[2]

除了科技器物，西洋音乐也走进了北京宫中。康熙时期，西洋音乐在宫中颇受欢迎。传教士南怀仁、徐日升等人，不但向康熙帝进献西洋乐器，还为他讲解西洋乐理，教他乐器的使用及演奏技巧。康熙帝以徐日升为宫中首席乐师，经常在御前演奏。据《中西交通史》记载，康熙五十二年（1713），传教士德理格将一小管琴献与康熙帝。法国教士南光国亦曾为康熙帝制造乐器。波希米教士严嘉禄，对当时宫中所存有的西洋乐器，一一为康熙帝试奏表演，并修理过宫中的西洋管琴。据高士奇《蓬山密记》云：康熙帝的畅春园渊鉴斋内，置有西洋乐器，特别有内造西洋铁丝琴（即拨弦古钢琴——羽管键琴），弦一百二十根，康熙帝曾亲抚《普庵咒》一曲。康熙帝还命德理格为三位皇子讲解乐理，并命徐日升、德理格将西洋乐理知识整理成中文。康熙五十二年（1713），编纂完成的《律吕正义》续编卷一专论西洋乐理，就出自两位传教士之手。

西式建筑也开始在北京出现。早在明末利玛窦到达北京，四年后即在宣武门购得房产，建起北京城内第一座教堂，是为南堂。顺治七年（1650），汤若望神父又重建，成为北京城内第一座大教堂。康熙三十二年（1693），法国耶稣会士在中南海西岸蚕坛建起教堂，是为老北堂。康熙六十年（1721）费隐在王府井建教堂，是为东堂。雍正

---

① ［法］本赫德编，《耶稣会士中国书简集》（Ⅵ），大象出版社，第17页。
② ［法］本赫德编，《耶稣会士中国书简集》（Ⅴ），大象出版社，第52页。

元年（1723）德理格在西直门内购置土地建设了西直门天主堂，即为西堂。

西洋建筑风格在清前期北京的影响主要体现在宫廷苑囿之中。其中的代表作就是圆明园中的西洋楼，由谐奇趣、黄花阵、养雀笼、方外观、海晏堂、远瀛观、大水法、观水法、线法山、线法画等十余座西式建筑和庭院组成。整个建筑采用当时欧洲最流行的巴洛克和洛可可建筑风格。由西方传教士意大利人郎世宁和由当时供职宫廷画院如意馆的耶稣会传教士法国人蒋友仁设计监修，中国匠师建造。乾隆十二年（1747）开始筹划，乾隆十六年（1751）秋季建成第一座西洋水法（喷泉）工程谐奇趣，乾隆四十八年（1783）最终建成高台大殿远瀛观。

与建筑一样，西洋油画也是完全异域的风格，影响最大的当数意大利传教士郎世宁。康熙五十四年（1715）郎世宁由欧洲耶稣会葡萄牙传道部派到中国，当年7月郎世宁抵达中国。当时的广东巡抚杨琳向康熙帝奏报，康熙帝虽然对传播洋教不感兴趣，但对教士们带来的先进技术颇为关注，因此在看了奏折后，马上就做了批示："西洋人着速催进京来。"11月获康熙帝召见。此后甚为礼遇，并起汉名郎世宁。

康熙帝不喜欢西洋油画，近距离观看时模糊不清。西洋画喜欢表现人物脸部在特定的光线照射下分明的凹凸感，而传统的中国写真技艺，则要求被画者是处在不受光线变化常态下的相貌。人像必须画平板的正面，不能画阴影，人们以为像上的阴影"好似脸上的斑点瑕疵"。郎世宁本来工于油画，但他不得不屈从帝意吸取中国画的技巧和画法，弥补油画之不足，经过不懈努力，终于获得成功，以其独创的新画体博得了皇帝的赏识和信任。

雍正帝即位后，传教士皆逢厄运，只有那些在宫廷服务的教士受到特殊礼遇。在雍正年间，郎世宁根据皇帝的旨意，向中国的宫廷画家斑达里沙、八十、孙威凤、王玠、葛曙和永泰等人传授欧洲的油画技艺，从此，纯属欧洲绘画品种的油画，在清朝的宫廷内也开始流行。雍正二年（1724），雍正帝开始大规模地扩建圆明园，这为郎世宁提供了发挥其创作才能的极好机会。他有较长一段时间居住在这座东方名园内，画了许多装饰殿堂的绘画作品。其中既有欧洲风格的油画，还有在平面上表现纵深立体效果的欧洲焦点透视画。雍正帝对于这位洋画师的作品十分赞赏，曾经对一幅人物画的图稿做了如下评语："此样画得好！"

　　不过，清前期西洋物品不仅流行于宫廷之中，一些东西也开始进入民间，甚至成为一种风尚。桐城杨米人于乾隆末年写成的《都门竹枝词》中就有"三针洋表最时兴"句，反映了当时人对西洋钟表的爱好。曹雪芹的《红楼梦》中就描写了刘姥姥在凤姐房中所见自鸣钟的情形："刘姥姥只听见咯当咯当的响声，大有似乎打箩柜筛面的一般，不免东瞧西望的。忽见堂屋中柱子上挂着一个匣子，底下又坠着一个秤砣般一物，却不住地乱晃。刘姥姥心中想着：'这是什么爱物儿？有甚用呢？'正呆时，只听得当的一声，又若金钟铜磬一般，不防倒唬的一展眼，接着又是一连八九下。"钟表之外，西洋眼镜也是京师社会中的流行风尚。试看："车从热闹道中行，斜坐观书不出声。眼镜戴来装近视，学他名士老先生。近视人人戴眼镜，铺中深浅制分明。更饶养目轻犹巧，争买皆由属后生。"总之，西洋器物虽然也被很多人视为"奇技淫巧"，但不像西学一开始就受到各个层面的提防和反对，它作为一种生活元素更容易地融入了清初北京的物质文化中，并在潜移默化中改变着人们的观念和行为方式。而规模更大、影响广度和深度更大的西方文化影响在不久之后的18世纪下半叶便开始了。

第三节　西洋学术与北京士人

清前期随着传教士及西学的大量传播，京城士人对西学的了解也越来越多。清初有不少士人对杨光先的反西学言行持贬斥态度，而对西洋风物尤感兴趣，其中以王士禛最为突出。在其笔记《池北偶谈》中，王士禛记录了大量流传于中华大地的西洋风物，诸如西洋铜人、西洋画、澳门天主教堂与宗教仪式以及流传当地的西洋风俗、千里镜等西洋器具。在《池北偶谈》中，他还特别提及耶稣会士南怀仁在清廷所任职衔的名望："本朝监寺官加侍郎衔者绝少，康熙元年以来，惟钦天监管理历法南怀仁加工部侍郎，死后，赠礼部侍郎。"此外，王士禛在《居易录》中曾辑录了不少耶稣会士南怀仁《坤典图说》的内容，从《池北书目》中可以推测他实际收藏过此书。

更值得注意的是，该笔记对杨光先与康熙历狱，做了专门的评论。由此可见，王士禛对西洋事物和西洋文化的关注，早已超出一般士人猎奇的层面，而是经过一番理性思考和价值甄选的结果。据《池北偶谈》卷四"停止闰月"条记曰："杨光先者，新安人，明末居京师，以劾陈启新，妄得敢言名，实市侩之魁也。康熙六年，疏言西洋历法之弊，遂发大难，逐钦天监监正加通政使汤若望而夺其位。然光先实于历法毫无所解，所言皆谬。如谓戊申岁当闰十二月，光先寻其事败，论大辟。光先刻一书，曰《不得已》，自附于亚圣之辟异端，可谓无忌矣。"

王士禛在写成《池北偶谈》之时，曾在朝廷担任少詹事、都察院左副都御使、经筵讲官等职，这时康熙帝正关注西学，首聘耶稣会士南怀仁，并诏白晋、张诚等为其讲解西学知识；而当时的清初学界也正流行西学之风。处于这个大环境下的王士禛无疑受到了这股西学风尚的影响，他对清初科学家梅文鼎兼通中西之学的赞赏，即是显例。《蚕尾集》中收录了王士禛《招梅定九并题写真》一诗，诗前引文曰："梅精律历，著《中西算学通》，诗云：齐人漫说谈天衍，汉代虚传落下闳；欲向北泉闻绝学，小车花下待先生。"从诗句中可以感受到王士禛对于梅学的仰慕。所以，王士禛倾向西学而贬斥杨光先的态度，并不显得突兀。由于王士禛号为清初士林领袖，"远近士大夫咸归之"，其书又屡经翻刻，且收入《四库全书》中，故其说影响深远。但是，作为一名士林要员，王士禛如此诋毁杨光先的卫道之学，遭到了后人的指责。清中叶，士人程廷祚在致友人张必刚的书中，即对杨光先表示了崇敬之意，而对贬斥杨光先之论极为不满："西人自混迹中华，明之名公巨卿礼之甚于师尊，既而朝廷委以授时大事，天下不复诘其行踪心术，而相安一起固然百数十年于兹矣。中间独一杨公奋臂大呼，振一世之聋聩，几不免于虎口。此孔子所以称管尚仲之仁，而孟子距杨墨者，圣人之徒也。乃一二号称学士、词宗者，著书立说，蔑不轩西而轻杨，是尚为有人心哉？"

如果说程廷祚在此书中对王士禛的指责还比较委婉的话，那么他在《书事》一文中则已直言不讳："名公卿者，殊不问其始末，乃目以市侩之魁，笔之于书，若有余恨者。然非其党翌，动之于其淫，要之以货贿，何至此耶？"不过，程廷祚将王士禛诋诃杨光先归咎于西洋教士及其党羽的引诱和贿赂。然而，直到晚清，仍有人难以相信王士禛这样的大儒，会如此猛烈地抨击杨光先的反教言行，以致生出《池北偶谈》的这段文字是被西洋人有意窜改一说。

尽管如此，杨光先发动"历狱"也获得了相当一部分清初士人的同情与支持。王崇简对杨光先的评价就有着特殊意义。作为一位清朝儒臣，既对西士领袖汤若望作诗贺寿，又给反教先锋杨光先赠诗送别，令人百思不得其解。对王崇简此举是否折射出其西学观的某种变化，我们无法进一步证实，但从他赠别杨诗的语气可以看出，他对杨光先在"历狱"期间捍卫儒学道统的立场是赞同的。在面对天主教和儒学冲突的本质性问题时，即使是与西洋教士交情莫逆的中国士大夫，也坚持原则，捍卫道统。

又如刘献廷。明末清初，随着利玛窦等传教士的东来，在徐光启、李之藻、杨廷筠等士大夫翻译介绍西学书籍的响应和推动下，西学知识逐渐进入中国，士人对西学的了解也从此开始。没有资料表明刘献廷与传教士有过直接交往，其西学知识主要来自交友以及对相关西学书籍的阅读。他与当时精通中西历算的王锡阐和梅文鼎二位大家均有交往。例如，王锡阐就曾经与刘献廷一起谈论过清初徐发所编著的《天元历理》一书，王锡阐"嗤其妄诞"，而且说"曾见有开方者自中心开至四面者乎？此千古未有之奇也"。后来，刘献廷在朱甡庵家中看到了此书，印证了王的说法，"其纰缪实甚，真无知妄作"。[①]又比如梅文鼎，他和刘献廷都曾经受聘于昆山徐元文，一起参与《明史·历志》的纂修。梅文鼎所著《方程论》可能还听取过刘献廷的意见，其《方程论发凡》中称："《论》成后……北上，未遂杀青，续遇无锡顾景范、北直刘继庄二隐君、嘉禾徐敬可先辈、朱竹垞供奉、淮南阎百诗、宁波万季野两征士于京师，并蒙印可……乃重加缮录，以为定本。"[②]刘献廷精于中西算学，对梅文鼎《方程论》提出一些建议，这是很有可能的。刘献廷评价梅氏算学成就"中华算学无有过之者"，所著有《中西算学通》"易泰西横行之术为直行筹，甚简明"。[③]与算学大家梅文鼎的交往，无疑对刘献廷的西学知识产生了很大影响。刘献廷与明末"深有得于西学"的孙元化的孙子孙致弥也有交往。孙元化曾从徐光启学西洋火器，著有《几何体论》《几何用法》《小测全义》等书。孙致弥家中藏有这三部书稿，而且答应借阅，刘献廷得知后"如获异宝"。[④]

对当时传入的人体解剖学知识，刘献廷也有所了解。他说："余忆泰西人身之说，言女变为男，只内肾脱出便是，若男变为女则决无此理矣，说在《脉络图说》中，可检也。"[⑤]此处所谓《脉络图说》，

① ［清］刘献廷，《广阳杂记》卷四，商务印书馆，1937年，第217页。
② ［清］梅文鼎，《历算全书》卷四十《方程论》卷首《方程论发凡》，文渊阁《四库全书》影印本，第795册，第69页。
③ ［清］刘献廷，《广阳杂记》卷三，商务印书馆，1937年，第118页。
④ ［清］刘献廷，《广阳杂记》卷四，商务印书馆，1937年，第217页。
⑤ ［清］刘献廷，《广阳杂记》卷二，商务印书馆，1937年，第67页。

即西人罗雅谷所著《人身图说》。他对西洋自鸣钟机械原理的认识，则得益于一位友人的实物拆解演示。如他所记："通天塔，即自鸣钟也。其式坦然创为之，……予恳坦然拆而示之，大小轮多至二十余，皆以黄铜为之……坦然未经师授，曾于唵答公处见西洋人为之，遂得其窾窾。"[1] 再从刘献廷所述 "天文实用及地球经纬图，皆利氏西来后始出"[2] 一语推知，他也了解西方有关天文、地理学的知识。

可以说，刘献廷对当时传入中国的西学知识大致都有一些了解，不仅如此，他还批评了当时歪曲西学甚至 "灾及泰西之学" 的现象。他曾经在一位好友家中看到题为明初姚广孝（封号 "荣国公"）撰写的《悟书》，包括《星悟》《穴悟》《人悟》三部，其中《人悟》被他人借走，不得其详。至于《星悟》则取《神道大编》天文实用之说，以地平环上星安命宫，杂以中国五行相克之说；《穴悟》一书则完全是风水堪舆之言，利用了地球经纬度之说。根据这些内容，刘献廷立即判断这套所谓《悟书》完全是假托明初姚广孝之名，"乃近时稍知西学者伪为之"。理由是，姚广孝虽然也精通堪舆、五行之说，但他是明初人，不可能运用天文实用、地球经纬图等知识，因为这些都是明末利玛窦等传教士 "西来后始出" 的学说，"姚荣国（即姚广孝）安得有此一副学问耶"？[3] 刘献廷断定所谓《悟书》根本不可能出自姚广孝之手，而完全是当时一些稍微了解西学知识者的附会伪作。可就是这样一本书，还有不少 "读书明理之儒" "从而信之"，而且言之凿凿。

从刘献廷的这些交往以及了解西学知识的途径来看，他对西学的了解主要是发生在他到北京参与《明史》纂修以后。修史期间，他主要参与了《明史·历志》的修改，而这一内容是当时中学与西学交流最多的领域。毫无疑问，通过参与修纂《明史》，促进了刘献廷对西学的了解。另外，他到北京后，由于交游范围的扩大，结交了诸多

---

① ［清］刘献廷，《广阳杂记》卷三，商务印书馆，1937年，第141页。

② ［清］刘献廷，《广阳杂记》卷二，商务印书馆，1937年，第99页。

③ ［清］刘献廷，《广阳杂记》卷二，商务印书馆，1937年，第98—99页。

像王锡阐、梅文鼎这样了解西学知识的人，这也是他了解西学的重要因缘。

当然，刘献廷钻研最深的中西结合领域是数学和语言学。从他在《广阳杂记》中的有关论述可以看出，他对西方数学知识的流播颇为熟悉。例如，欧几里得的《几何原本》有十二卷，前六卷主要讲几何基础、几何与代数、圆以及多边形的有关定理；后六卷主要是算术以及立体几何的理论。明末，这本书由徐光启与利玛窦合作翻译了前六卷，后面则一直没有译出。对此，刘献廷说："《几何原本》有十二卷，徐玄扈（即徐光启）所译者只前六卷耳，线则备矣，体未之及也。《几何原本》推论其理，作用全未之及，即《几何要法》四卷，刻之于《崇祯历书》者，只取有关于历者《大测》二卷，割圆八线之本也。若三角形、锐角、钝角诸测法，未之有也。"[1]从献廷所言来看，他对《几何原本》的知识内容以及翻译状况知之甚悉。

刘献廷还以中国传统的哲学思维来解释西方的计数之学。他认为，作为数学运算的"计算之学"不能"独恃明悟"，完全靠心算不行，如果碰到复杂的大数量运算，就必须"假器以为加减乘除之具"，像古人发明的"六觚之筹""七珠之盘"都是为了解决"繁多之数"，"补记载所不及者"。而天地间万事万物都可以用计数来表示，反之，万事万物也都蕴藏着计数之学的规律，"皆可用以为计数之器"。放眼宇宙，最大的计数器莫过于"苍天"，"彼苍者，特寰宇中一大算器"。他进一步解释说："浑天之形，两极不动，赤道中分，界而为二，是计数之一大盘也。宫次十二，悬象昭然，三百六十五度，井然不紊，是盘中之三百六十五位也。二曜五纬，参伍错综，或入北陆，或出南陆，少者二十七日一周于天，多者二十八年一周于天，则位位皆具算珠，而二曜所以纪总，五纬所以纪零也。于是章蔀气朔定，而百千万世之岁月时分秒，莫不可纪矣。"[2]刘献廷的这种解释无异于对

① ［清］刘献廷，《广阳杂记》卷四，商务印书馆，1937年，第217页。《几何原本》的后半部分，迟至清末才由李善兰等人译为中文。

② ［清］刘献廷，《广阳杂记》卷三，商务印书馆，1937年，第137页。

宇宙数学模型的探讨。根据现代科学，我们知道数的原则统治着宇宙中的一切现象，万物皆数，数是万物的原型，万物不仅反映计数，而且是计数的摹本。刘献廷这种"以苍天为一大算子"的思想不仅将数学上升到哲学的高度，而且直指数学的本质，反映了他探求自然科学规律的倾向。

语言学方面，刘献廷的成就同样体现了会通中西的广阔视野和探求人类语言内在规律的努力。他在总结拉丁语等多种语言规律的基础上编制中文拼音方案的探索，是"唐代守温三十六字母"以后的首创。康熙三十一年（1692），刘献廷在多年积累的基础上，草拟《新韵谱》撰写大纲。《新韵谱》准备在"归山后次第成书"，究竟最后是否完成已不得而知。我们对刘献廷的具体拼音编排方案也不得其详，但从其简单的介绍来看，仍可窥其主旨：其一，声音都是由两个鼻音和四个喉音的基本元素构成；其二，鼻音乃发声之本，有开、合两类，分成阴、阳、上、去、入五调，共十声；其三，喉音是诸韵之宗，好比拉丁语中的"〇、啊、咿、呜、午"，满语中的六个母音，梵语的十二个元音（实际上有十四个）。刘献廷吸收拉丁语的"〇、啊、咿、呜、午"，以"午"即"呜"的横转上声，定"〇、啊、咿、呜"为四个最基本的正喉音，此"四音定而万有一千五百二十之声，举不出其范围"。这四个正喉音与开合两个基本鼻音相配，形成鸯、赣、英、翁等八个韵宗，再加上喉音的半、转、伏、送、变等五个韵，声韵、音调搭配，共形成三十二个韵父（即声母）和二十二个韵母。尽管刘献廷对声母、韵母和声调的划分还不那么细致、规范，但他从拼音角度对语言文字发音规律的总结，完全符合现代语言学的特点。

刘献廷的语言学成就，首先得益于他在等韵学方面的积累。早在少年时代，刘献廷就曾经在北京正阳门外的仁寿寺遇到过一位善唱等韵的蜀僧，"少少为余言其梗概"，只是略知一二，未能进一步深入。迁居江南吴县后，又结识了朱甡庵，"精音律，而于等韵未有传授"。著有《皇极统韵》一书且精于唱韵的南京人陈荩谟，刘献廷也见过一面，但"不及久作盘桓"，留下很多遗憾。为了学习等韵学，他多方寻找精通等韵的高僧，结果"竟无一人矣"①，"求之二十年，吴、楚、燕、齐之僧，无能言其学者"②。等韵是利用字母来表明韵书反切的读音，把各个字音按"等"分列。等韵学起源于佛教僧徒对印度梵文佛经的学习，明人葛中选说："等韵成于僧，故僧多习之，乃谓释子多能言。"③清人梅建于《重订马氏等音内外集·序》也说："按等韵出自佛书，继此者无虑数十家。"因此，等韵学一直在佛门中流传，但到明清时期，精通等韵的僧人也不多见。正因为此，刘献廷每到一地便孜孜不倦地寻访精通等韵的高僧。他说："于等韵必殷殷访问者，则以唐宋元明以来诸书，切脚咸宗等韵，苟于门法稍有龃龉，则不能得字；而未经唱诵，则声韵不真。三四十年以来，此道绝传久矣，间有一二人留心此事者，未经师承口授，终屑模糊，不足学也。"④

真正对刘献廷等韵学产生重大影响的高僧是康熙三十至三十三年（1691—1694）他游历湖南衡州期间所结识的虚谷大师。虚谷大师，本姓秦，无锡人，其祖父曾在明代任湖南长沙太守，以此入清后流寓侨居于衡山。虚谷大师的等韵学则曾学于黄山第二代韵主教授师、真定钜鹿县人语拙大师。与刘献廷结识时，虚谷大师的年龄已经七十有六，但身体很好，"精健如少年，视听尚不稍衰"，为人"直逼前古，好学之诚，出于天性，更能诲人不倦，毫无覆藏，见处亦自超脱"。由于担心自己的等韵学"人琴俱亡"，没有传人，因此"逢人即诏之学韵"，后来在康甲夫家中遇刘献廷，当得知他愿意学习时，更是欣喜异常，当场"唱颂通释一过"，刘献廷顿感"梵音哀雅，令人乐闻，确有指授，非杜撰也"。经过数日学习，刘献廷终于领略了正宗

---

① ［清］刘献廷，《广阳杂记》卷三，商务印书馆，1937年，第144页。

② ［清］刘献廷，《广阳杂记》卷二，商务印书馆，1937年，第65页。

③ ［明］葛中选，《太律》卷十《华严四十二字唱断》，《续修四库全书》经部第114册，第505页。

④ ［清］刘献廷，《广阳杂记》卷三，商务印书馆，1937年，第143页。

的等韵学。①也正是在这之后，刘献廷拟定了撰写《新韵谱》的纲目。

刘献廷的声韵学还继承吸收了林本裕和马自援的研究成果。林本裕（字益长），辽左人，是清初云南巡抚林天擎的第四子，著有《辽载前集》，在声韵学方面著有《声位左编》。林本裕的声韵学又得之于清初云南学者马自援（字盘什），其父为吴三桂手下大将。马自援"聪慧绝人，不假师授，自悟等韵字母之非，更为新韵，雄视宇宙"，著有《等音》一卷，曾自称："假我数年，以尽声音之变，虽鸦鸣雀噪，吾有以通其语言矣。"清平定吴三桂叛乱后，马自援被杀，其著述流传很少，刘献廷曾经求之多年而不可得。林本裕的声韵学继承了马自援，"以开、承、转、纵、合，配宫、商、角、徵、羽，即阴、阳、上、去、入也，竖照华严字母十二位，别立闰位一，共十三摄，横开二十五声，华严字母之二合三合，皆具一焉，别有有音无字一位，为号识之，有字音者，亦止二十二位耳，以一入声收六平三上去入，如公、巩、贡、榖，孤、古、故、榖，句、狗、榖、觳，是也，余不异人，意惟六平收一入声，为创获耳"。②刘献廷撰《新韵谱》，不仅继承了林本裕和马自援的声韵学成果，其会通天下语言的气魄也颇为类似。

对于清初"奇人"吴殳的音韵学，刘献廷也有了解。吴殳，字修龄，又名吴乔，昆山人，明末清初著名武术大师和学者，著有《手臂录》。通过《广阳杂记》的记述来看，他与刘献廷有交往。其于声韵之学"颇为有见"，"深以守温字母、刘鉴门法为非"，主张"以二合翻切收尽诸法，立二十四条，以尽谐声之变"。刘献廷称赞他"论局狭音和二门、二合、翻切之说，暨评论昔人，皆精微确当，有功声韵"，但"以二合为局狭门，乃实不知二合之奥理"，"以谐声通翻切，而立法太多，实无异于刘鉴"。刘献廷认为吴殳的声韵学视野有限，"虽发悟于华严字母，而《金刚顶大海陀罗尼》暨《涅槃十四

---

① ［清］刘献廷，《广阳杂记》卷三，商务印书馆，1937年，第143页。
② ［清］刘献廷，《广阳杂记》卷三，商务印书馆，1937年，第118—119页。

首》，未尝寓目，于五天梵音、半满字学茫如也，二合之中，已不辨其多含，况三合以上乎？盖先生于天竺《陀罗尼》、太西蜡话、小西天梵书，暨天方、蒙古、女直诸书，皆未究心，其所为声韵者，特震旦一隅之学耳"。①可以说，与林本裕、马自援、吴殳等人不同，刘献廷所追求的声韵学规律是涵盖当时他所能了解的所有语言。

除了会通中国各地的民族语言，吸收印度梵语和欧洲拉丁语的发音特点，刘献廷还努力把自己所总结的规律放到其他语言文字中进行检验。例如，他在衡州康甲夫家中曾见到过明朝人刘孔当所著《五经难字》和《五经叶韵》，后附有琉球、红夷字，关于五经中的难字、叶韵，并不是刘献廷所关心的问题，"不关有无"，但后面所附的琉球、红夷字，"闻此不胜惊叹"，"正余所悬金而求、募贼以窃者"。对于"红夷文字"，刘献廷认为"用蜡底诺语（即拉丁语）以合其土音"，结果是"稍有异同"；至于琉球字，他"不知宗何国"，准备"归途当更过清溪以访之"。②

不仅如此，刘献廷还有总结各地方言规律的雄心，"思得谱土音之法，宇宙音韵之变迁，无不可纪"。他甚至计划用《新韵谱》的思路，"以诸方土音填之，各郡自为一本，逢人即可印证"。鉴于一个人的力量有限，他计划"以此法授诸门人子弟，随地可谱"，进行广泛的样本分析，如此"不三四年，九州之音毕矣"。刘献廷甚至为自己的这一伟大计划"思得之不觉狂喜"。③只可惜，他中年早卒，未能完成这一设想。

总之，刘献廷的声韵学是要总结多种语言的共同规律。在实践中，他借鉴了满洲语（女直国书）、蒙语，以及梵语、拉丁语（太西蜡等话）、琉球等多种语言文字，正如全祖望在《刘继庄传》中所言："其生平自谓于声音之道，别有所窥，足穷造化之奥，百世而不惑。尝作《新韵谱》，其悟自华严字母入，而参之以天竺陀罗尼、泰西蜡

---

① ［清］刘献廷，《广阳杂记》卷四，商务印书馆，1937年，第209—211页。
② ［清］刘献廷，《广阳杂记》卷三，商务印书馆，1937年，第149—150页。
③ ［清］刘献廷，《广阳杂记》卷三，商务印书馆，1937年，第150页。

顶话、小西天梵书，暨天方、蒙古、女直等音。"①刘献廷探讨声韵学的目的是希望在各种语言文字基础上找到共同的语言规律，即"四海之音可齐"，最终达到"万有不齐之声，无不可资母以及父，随父而归宗，因宗以归祖，由祖而归元"②的境界。梁启超对刘献廷的语言学评价很高，他说："最重要的是他的《新韵谱》，音韵学在明清之交，不期而到处兴起。但其中亦分两派，一派以韵为主，顾亭林、毛西河、柴虎臣等是；一派以音为主，方密之、吴修龄及继庄等是。以音为主者，目的总在创造新字母，又极注重方言。密之、继庄同走这一条路。继庄自负如此，其书必有可观，——最少也足供现在提倡字母的人参考——今失传，真可惜了。"③

　　刘献廷这种中西会通的研究态度在当时并非独有，从明末徐光启、李之藻，到清初方以智、梅文鼎等人都致力于沟通中西。这种中西会通的群体性努力，既是当时士人正面面对西学冲击的结果，也是士人忧虑古学失坠、力图复兴传统以抗衡西学的表现。刘献廷好友梁份在为袁士龙《乾坤正切》所做的序文中，就充分反映了当时士人的这种心态："近代以来岁差失次，历法往往坏，彼术士家无问矣，吾儒又以为灵台太史一家言无复讲求者。夫羲黄尧舜观天制律，钦若敬授，圣人之用心如此，今几为世之绝学，吾甚为吾儒惧焉。历学若天方、泰西亦各有其法。传曰：礼失而求诸野。今泰西新法为古今所庶见，然利玛窦之《崇祯历书》越十六年而亦改，何耶？学西法如徐、李诸君子著书立说多矣，乃为吾儒所不欲道者耶？昔孔子问官问礼而未尝师郯、聃之学，灼灼明矣。余亦尝欲读其书求其法而未暇也。虽然，九州之大当必有好学深思者求古今法，集其成，殚竭心力，累岁月以著书，而不谬于古圣贤之意，使百世下知今日天官学吾

　　① ［清］全祖望，《鲒埼亭集》卷二十八《刘继庄传》，见《全祖望集汇校集注》上册，第523页。

　　② ［清］刘献廷，《广阳杂记》卷三，商务印书馆，1937年，第152—153页。

　　③ 梁启超，《中国近三百年学术史》，东方出版社，1996年，第212—213页。

儒中尚有其人也。袁子精研西学而不师其教，其亦有见于此哉。"①与刘献廷、梁份都有交往的梅文鼎评论这篇序文时说："历学有中西之分而中西有新旧之法，文能道出原委，可谓推倒一时豪杰，开拓万古之心胸。"更重要的是，梅文鼎推崇袁氏"学其法（即西法），不学其教"，最终维护中学的治学宗旨。②不过，就刘献廷对待西学的态度而言，则颇为中肯，例如他肯定西方算学新式除法，"自下而上，惟记除余而已，颇为简便"③。

以出身科技世家的何国宗为例，他在康熙、雍正、乾隆三朝，以天文历算学受知于朝廷。在《历象考成后编》的纂修中，他对传教士所带来的西方天文算学多有接触。乾隆二年（1737），鉴于第一部《历象考成》中、由西洋传教士戴进贤所制作的日躔、月离二表，"有表无说，亦无推算之法"，"恐久而失传"，协办吏部尚书事顾琮上奏建议增补《历象考成》，乾隆帝遂命梅毂成担任总裁，何国宗任副总裁。乾隆四年（1739），乾隆帝又命侍郎何国宗与顺天府丞梅毂成共同管理算学科。乾隆十年（1745）三月，乾隆帝任命何国宗管理钦天监汉监正事务。后来，他又与传教士戴进贤等人合作，制作天文仪器。此前的乾隆九年（1744）十月，乾隆帝视察观象台和有关仪器，认为浑天最符合中国的测天传统，时度划分则以西法为优。钦天监官员便奉旨奏请设计、制造三辰公晷仪，得到皇帝批准。

三辰公晷仪的模型完成后，何国宗等人在此基础上，首先制作了小型三辰仪。何国宗撰《三辰仪说》，主要介绍该仪器的功能和使用方法。小型三辰仪完成后，经乾隆帝御览钦定，便开始了大型实用仪器的铸造，"制大仪，设台上，以裨测候"。④乾隆十一年（1746）春，戴进贤去世，刘松龄继任监正，但仪器的铸造主要由何国宗负责。经

①　［清］梁份，《怀葛堂文集》不分卷，《乾坤正切序》，第73页。

②　［清］梁份，《怀葛堂文集》不分卷，《乾坤正切序》文后梅文鼎跋文，第73页。

③　［清］刘献廷，《广阳杂记》卷二，商务印书馆，1937年，第68页。

④　［清］刘锦藻编，《清朝文献通考》卷二五八《象纬三》，《十通·清朝文献通考》（2），浙江古籍出版社，2000年，第7178页。

过七八年的时间，至乾隆十九年（1754）一月，大仪铸造终于告成，乾隆帝赐名为"玑衡抚辰仪"。

从三辰公晷仪模型到玑衡抚辰仪的铸造，戴进贤、刘松龄等传教士固然发挥了重要作用，但何国宗作为中方科技专家也至关重要。正是在这个过程中，何国宗作为传统历算学的专家代表对西学知识的接触并不算少，应属当时最有机会了解西学的一批知识分子，但在与西方天文历算学的碰撞中，未能开拓出中西学术交流的新路径。清代钦天监于康熙八年（1669）以西洋传教士充汉监正。雍正三年（1725），以西洋传教士实授监正。钦天监是西洋人在朝廷任职的唯一舞台，这里既是中西文化交流的公开舞台，也是受统治者支持和认可的合理合法的舞台。在乾隆时期玑衡抚辰仪的制作过程中，何国宗与戴进贤、刘松龄等传教士进行了不少合作。在担任内阁学士兼礼部侍郎期间，他还曾为法国传教士蒋友仁所翻译的《地球图说》进行润色。可以说，康、雍、乾时期围绕新旧历法之争、《律历渊源》等钦定书籍的编纂，以及天文观测仪器的制作，以何国宗、梅毂成、明安图为代表的中国科学家与西方传教士在历算学等方面的碰撞交流是频繁的，只可惜，中国传统学术在西学影响下的蜕变并没有发生。何国宗等人的历算学即便吸收了从西方传来的天文、数学知识，其目的也主要是维护中国传统历算学的地位，而没有产生学习西方，以及后来"师夷长技以制夷"的思想。

又如京籍考据学家雷学淇在古代天象学研究中，亦曾比照、利用西方天文学知识。在《古经天象考》中，雷学淇有十余次称引"西法"，用西方天文学知识印证或解释古代天文。比如，讲到日月行度时，雷学淇利用西方天文知识进行说明："七曜在天，《周书》云'右回而行'，此西法所谓自动也。《武顺》曰'日月西移'，此西法所谓带动也。"[1]在解释月食的形成原因时，雷学淇称引西法解释《左

---

① 雷学淇，《古经天象考》卷三《观象下·日月行度》，《四库未收书辑刊》第4辑第26册，北京出版社，2000年，第31页。

传》中占星学家梓慎之言以及张衡《灵宪》所言。他说："《灵宪》曰'当日之冲光常不合者，蔽于地也'即谓此，西法谓'日越六月，即能再食'，此即《左传正义》所云'历法一百七十三日有余一交会'之说也。其法在东汉时宗诚已言之，故曰百三十五月二十三食，可知此是古法推日食之大率，其见于经者止梓慎二语耳。"①可见，雷学淇对明末清初以来传入中国的西方天文知识还算相当了解，而且能够以此来解释《左传》中占星学家梓慎之言以及张衡《灵宪》所言，同时认为，西方解释日月食的理论在东汉的宗诚那里就已经形成了。当然，雷学淇的话不免有夸大中国传统的成分，而这种倾向在当时的学者思维中相当普遍。又如，在解释星象在天空中的移动规律时，雷学淇将其总结为西法中的自转说："在天之曜，斗为之纲，斗摄众星，附天西转，每日必左旋一周而进一度，每月必左旋三十周有奇而徙一辰，每岁三百六十五日四分日之一必左旋三百六十六周而复于故位。是故璇玑之旋不可见，观于斗之运而天行可知，其余经星虽与斗同而或微或伏，不能常著。惟斗在天中，不与众星西没，此所以为天之纲也。然所谓复于故位者，止是大凡，其实每岁不及者亦六十二分度之一，此非璇玑之旋每岁有差，盖凡在天成象者皆有右转东行之度，即西法所谓自动，特迟速各不同耳。"②看得出，深受考据学影响的雷学淇对西学并不排斥，不仅如此，还在传统的经史考证中不时地利用西学知识作为自己立论的依据。这从一个侧面也说明在考据学依然盛行的嘉庆年间，西学的影响依然存在，不过对于其意义我们绝不可过分夸大，从雷学淇对西学知识的运用和反应来看，并未超越清初的水平。

---

① ［清］雷学淇，《古经天象考》卷三《观象下·日月食》，上海书店出版社，第34页。

② ［清］雷学淇，《古经天象考》卷四《循斗·历》，上海书店出版社，第61页。

第四节　清前期中西交流下的"中西比附"

一、传教士的无奈选择

以传统"中学"比附西学，并不是中国传统士大夫的独创。早在明清之际，西方传教士为了减少天主教在中国传播的阻力，就曾经挖空心思地引征儒家经典词句以证其教义"合儒"，从而达到以学证教、借学布道的目的。

中国儒家正统思想讲严夷夏之防、夷夏之辨，即严格区分华夏与外族，把中国视为世界的中心，而将外族视为野蛮、低等的民族，主张"用夏变夷"，而反对"用夷变夏"。正如孟子所言："吾闻用夏变夷者，未闻变于夷者也。"①明朝末年，利玛窦、熊三拔、艾儒略等耶稣会士来到中国传教时，"夷夏之别"也是他们的最大障碍。利玛窦曾记述说："因为他们不知道地球的大小而又夜郎自大，所以中国人认为所有国家中只有中国值得称羡，就国家的伟大、政治制度和学术的名气而论，他们不仅把所有别的民族都看成是野蛮人，而且看成是没有理性的动物。在他们看来，世上没有其他地方的国王、朝代或者文化是值得夸耀的。这种无知使他们越骄傲，则一旦真相大白，他们就越自卑。"②不仅如此，士大夫中的保守派也纷纷攻击西学。后来，徐光启等人合中西历学制成的《崇祯历书》，终明之世未被颁行使用，就是明证。

出于传教和反击中国保守士大夫的需要，传教士采取了灵活策略，与官僚士大夫交接，争取皇帝的支持，因而得以在中国立足。同时，竭力将西教、西学与儒家学说相比附，使基督教教义与儒家思想相通。为此，从利玛窦开始，他们就从中国传统经典中寻章摘句，以

---

① 《孟子·滕文公上》。
② ［意］利玛窦，《利玛窦札记》，何高济等译，中华书局，1990年，第181页。

天主教之"天主"附会先秦儒家经典中的"天"和"上帝"，以此向中国人表明天主教与中国思想相通。利玛窦还通过介绍西方先进的科学技术知识，辅助传教。由于这些科学知识有益于实用，可补中国之不足，因而得以取信于士大夫。在这一方面，他也力图把西方科学知识同中国传统典籍中的科学知识相提并论。可以说，利玛窦等传教士的这种做法开启了后来的"西学中源"论。

二、士大夫的发挥

由于传教士的介绍和讲授，徐光启、李之藻等士大夫开始感触到了中西科学发展的差距，便与传教士合作翻译书籍，引进西学，提出了认同西学的思想观点。而当时世人对于欧洲的文明历史知之甚少，再加上"华夷之辨"观念的障碍，因此要介绍西学，就只能将此与中国传统的知识资源相比附，从自己所熟悉的经典中寻找认知新事物的根据。与利玛窦等传教士一样，那些主张学习和接受西学知识的士大夫也需要沟通中西。如李之藻序利玛窦《天主实义》重刻本说："尝读其书，往往不类近儒，而与上古《黄帝内经·素问》《周髀算经》《考工记》《漆园》诸篇默相勘印。顾粹然不诡于正。……信哉！东海西海，心同理同。"[1]他与利玛窦合作翻译《浑盖通宪图说》，用西法调和中国古宇宙论中的浑天、盖天两说，并以曾子"天圆地方"之说与西方地圆说相互印证。徐光启与利玛窦共同翻译《测量法义》，又自撰《测量异同》，指出西洋测量诸法与《周髀算经》和古《九章算术》中的"句股""测望"等方法略同。[2]他说："是法也与《周髀算经》《九章算术》之句股测望异乎？不异也。不异何贵焉？亦贵其义也。"[3]"三数算法，即《九章算术》中异乘同除法也。"又，"《九章算术》算法《勾股篇》中，故有用表、用矩尺测量数条，与今译

---

① 引自徐宗泽，《明清间耶稣会士译著提要》，中华书局，1989年，第47页。

② 王重民编，《徐光启集》，中华书局，1963年，第82—86页。

③ 徐光启，《题测量法义》，见王重民《徐光启集》卷二，中华书局，1963年，第82页。

《测量法义》相较，其法略同"。①为了理解和接受西学知识，将西学与中学进行比对，求同存异，不失为一个有效的沟通途径。正如徐光启在《历书总目表》中谈到如何对待西学时所说："欲求超胜，必须会通。"②

明末还有一位较早运用"西学中源"论的学人是熊明遇。他在序《表度说》中认为西学是"古神圣蚤有言之者"，并将《黄帝内经》中岐伯的"地在天中，大气举之"之说与西洋地圆说相提并论③。他更在所撰《格致草》一书中利用诸子材料与西学自然科学中的一些概念进行比附。如，在解释"天"的概念时，引《黄帝内经·素问》"积阳为天"，又引《太玄经》中"天浑而搅，故其运不已；地隤而静，故其生不迟"句，作为征信的依据；又引《淮南子》"昔者女娲氏炼五色石以补苍天，断鳌足以立四极"句，以及《列子》"共工氏与颛顼争为帝，怒触不周山，折天柱，绝地维，故天倾西北，日月星辰就焉，地倾东南，百川水潦归焉"句，作为传说材料进行旁证。④论及"天""地"的形成时，熊明遇引《老子》"无名天地之始，有名万物之母"，《关尹子》"天非自天，有为天者；地非自地，有为地者"，《庄子》"生天生地，神鬼神帝"句，认为这三条材料"语意具可参考"。⑤解释"江""河"的形成，引先秦诸子材料为证。《墨子》曰："江河不恶小谷之满己也，故能大。"《老子》曰："江河所以能为百谷王者，以其善下也。"《淮南子》曰："河以逶迤，故能远。"⑥解释"火"这种自然现象的形成，引《列子》《庄子》《淮南子》为证。《列子》曰："羊肝化为地皋，马血之为转燐也，人血之为野火也。"《庄子》曰："水中有火，乃焚大槐。"《淮南子》曰："两木相

---

① 徐光启，《测量异同·绪言》，见《徐光启集》卷二，中华书局，第86页。
② 徐光启，《历书总目表》，见《徐光启集》卷八，中华书局，第374—375页。
③ 徐宗泽，《明清间耶稣会士译著提要》，上海书店出版社，第283—284页。
④ 熊明遇，《格致草》卷一《大象恒论》，见薄树人编《中国科学技术典籍通汇》（天文卷）第6册，河南教育出版社，1998年，第65—66页。
⑤ 熊明遇，《格致草》卷六《大造恒论》，河南教育出版社，第141—142页。
⑥ 熊明遇，《格致草》卷五《江河》，河南教育出版社，第127页。

摩而然，金火相守而流。"①虽然熊明遇在其著作中喜欢将中西之学互加印证，在介绍西说之后往往附上中土类似的"古圣贤之言"，但他除了引述与西说相符者，也引述了一些与西学不合的内容。熊明遇不完全了解西学，却又希望学习西方科学，所以就只有用"西学中源"来解释。这是当时士人初次对异域西学的一种理性反应，客观上表现出一种学习外来进步文化的开放意识和精神。

熊明遇运用大量诸子材料来解释西学中的某些概念，已基本奠定了"西学中源"论的论证模式。"西学中源"说，经熊明遇等人到方以智、方中通父子那里，源于中国的西学不仅是天文学还有数学，甚至一切西学。曾经受到熊明遇启发和影响的方以智说："万历之时，中土化洽，太西儒来，脬豆合图，其理顿显。胶常见者戒以为异，不知其皆为圣人之所已言也。"②方以智以自己的学识劝告那些对西学惊异的人不必奇怪，西人所言都曾为中国圣人所言。他进一步指出："地体实圆，在天之中，喻如脬豆，脬豆者以豆入脬，吹气鼓之，则豆正居其中央。或谓此泰西之说。愚者曰：黄帝问岐伯曰：地为下乎？岐伯曰：地，人之上，天之中也。帝曰：凭乎？曰：大气举之。"③方以智具体举例，"地圆"说并非西人首创，其基本原理在黄帝与岐伯的问答录中早已具备。

刘侗则直接拿出先秦诸子中的墨家之学来比附整个西学，也反映了当时一部分敏锐士人对外来文化的态度。他说："尝得见其徒而审说之，大要近墨尔。尊天，谓无鬼神也；非命，无禨祥也；称天主而父，传教者也；器械精，攻守悉也。墨也，墨乃近禹。近其徒，晷以识日，日以识务，昼分不足，夜分取之，古之人爱日惜寸分，其然

① 熊明遇，《格致草》卷五《野火》，河南教育出版社，第131页。
② 方以智，《浮山文集后编》卷二《游子六〈天经或问〉序》，见《续修四库全书》第1398册，上海古籍出版社，2001年，第389页。
③ 方以智，《物理小识》卷一《历类》，文渊阁《四库全书》第867册，上海古籍出版社，2003年，第765页。

软？"①明末利玛窦等人将天主教和西方科学技术传入中国，他们敬奉天主，重视科技，制作器械。刘侗认为这一点与墨家之学很相似。这种认识固然是将西学与中国古代固有学术进行的比附，但足以表明，在明末西学东渐的现实下，一些敏锐的学者已经开始探讨东西文化的异同，并重新思考中国文化的内涵。

当然，在明清之际，中西比附主要是从儒家典籍中寻找有关"天主即上帝"以及天文学、算学等根源，至于像熊明遇、刘侗那样以诸子比附西学的还比较少。首先，这与当时传入中国的西学知识有关。明清之际，耶稣会士传到中国的西学，主要是天主教教义以及欧几里得几何学和托勒密、第谷天文学等内容。因此，当时学者也主要着眼于这些相关方面从中国传统典籍中寻找根源。其次，与当时诸子学的地位有关。诸子之书与儒家典籍相比，仍是"异端"的身份。西方传教士，如利玛窦等人为传教在中国传统典籍中寻求依据时，自然首选也是当时受中国统治者乃至士人尊崇的儒家经典，而不会选择被斥为"异端"的子书，尽管这些先秦子书中也有大量关于宗教以及历算等自然科学方面的知识。受传教士的影响，无论是熊明遇、方以智，还是王锡阐、梅文鼎等人也主要从儒家典籍中寻找依据。

三、知识界以《周髀算经》《九章算术》等传统历算学对西学的比附

明末清初，无论是主张学习西学者，还是扬中抑西者，都努力寻求证据，证明西方科技在古代中国早已存在，以此来维护国人对"中学"的自信和坚守。清初大儒黄宗羲曾著《西洋历法假如》《授时历法假如》等书。在《叙陈言扬句股述》中，黄宗羲说："句股之学，其精为容圆、测圆、割圆，皆周公、商高之遗术，六艺之一也。自后学者不讲，方伎家遂私之。……珠失深渊，罔象得之，于是西洋改容

---

① 刘侗、于奕正，《帝京景物略》卷五，"利玛窦坟"，古典文学出版社，1957年，第87页。

圆为矩度，测圆为八线，割圆为三角，吾中土人让之为独绝，辟之为违失，皆不知二五之为十者也。……余昔屏穷壑，双瀑当窗，夜半猿啼怅啸，布算籁籁，真为痴绝。及至学成，屠龙之伎，不但无所用，且无可与语者，漫不加理。今因言扬，遂当复完前书，尽以相授，言扬引而伸之，亦使西人归我汶阳之田也。"①黄宗羲断定西学是来自中土"周公、商高之遗术"，只是经过了一番改造。王夫之则认为"西洋历家既能测知七暇远近之实，而又窃张子左旋之说以相杂立论。盖西夷之可取者惟远近测法一术，其他则剽袭中国之绪余，而无通理可守也"②。黄宗羲、王夫之的"西学中源"说表现出一种不屑于西学的心理状态。他们论"西学中源"的目的也不再是传播西学，而是要维护中学，只是黄宗羲在刻苦学成这门"屠龙绝技"后，相当失落地感叹这些知识"不但无所用"，而且英雄落寞，"无可与语者"。遗民学者王锡阐甚至以此说贬低西洋科学，认为西洋天文算学不过是剽窃"中国之绪余"。陆陇其还记述了当时一位钦天监人员的观点，他说："到钦天监，会邵武峰，谈历。邵言：西法不能出古法之范围，而多改头换面以自异。"③吴学颢在为杜知耕《几何论约》作序，评价西方数学时说："古者公输、墨翟之流未尝不究心于此，而特未及勒为一家之言，然不可考矣。"④

"中西比附"反映了这一时期"中学"在面对"西学"时的态度和因应之道，知识界一方面认识和理解了部分西学知识，另一方面也以此维护了对"中学"的自信和坚守。毫无疑问，不迷信"西学"的态度的确令人欣慰，但遗憾的是，并没有因此而换来对"中学"的新发展，反过来却掩盖甚至阻碍了对"西学"知识的转化和利用。可以说，清前期的士人阶层并没有因"西学"来临而产生危机意识，也没有形成"拿来主义"，适时地将"西学"知识转化为继续走中国道

① 沈善洪主编，《黄宗羲全集》第10册，浙江古籍出版社，1993年，第35—36页。
② 王夫之，《思问录》，中华书局，1983年，第41页。
③ 陆陇其，《三鱼堂剩言》卷十，文渊阁《四库全书》本第725册，第609页。
④ 杜知耕，《几何论约》，吴学颢序，文渊阁《四库全书》本第802册，第2页。

路的知识动力。

当然，这并不是完全否定清前期"西学"东渐而引起的"中学"变化。事实上，明末清初方以智的"质测""通几"之学、黄宗羲的历算学，乃至乾嘉时期江永等人的算学，都在一定程度上是"中学"在面对西学时"知耻而后勇"的努力和表现。不仅如此，当时在以"子学"比附"西学"的过程中，还是无意中推动了对长期以来处于"异端"地位先秦诸子学术价值的重新思考，其结果一方面是促成了乾嘉时期考据学家对大量先秦子书的整理和校勘，另一方面也为晚清以后"子学"的真正复活奠定了基础。

第五章

明清时期中国传统文化在欧洲的传播和影响

来华传教士不仅给中国带来了西方文化，同时也在向西方介绍中国传统文化乃至传统科学技术。以利玛窦为代表的传教士，不仅在中国传播天主教，同时也是第一位认真研习中国文学和典籍的西方学者。他所带给西方的中国文化，不再仅仅局限于简单的地理知识和风土人情，同时还包括对中国思想文化更深层次的学习、研究与思考。他们中的有些人甚至非常推崇中国的儒家思想，认为其可为国家的政治、哲学、教育体制以及礼俗规范等提供有力的评价标准。在这些人的努力下，中国传统文化也在大规模向西方传播，大批的中国著作、学术典籍等被翻译后介绍到西方；同时，一些西方学者也相继出版、发表了大量以介绍中国为主的相关作品。

　　中国传统文化不仅是中华民族的文明成果，也是世界文化的重要组成部分。历史上中西方文化的交流与融合，是一个不容忽视的重要文化现象。16—18世纪是中西关系史上一段非常重要的阶段，中国传统文化经来华传教士传到欧洲后，在欧洲掀起了学习和研究中国的热潮，形成了"中国热"的时代，中国传统文化渗透到了欧洲社会生活多个方面，并在一定程度上参与了欧洲的近代转型。

第一节　儒家思想的西传

耶稣会创始人沙勿略很早就注意到中国文化的特点，他在一封写回欧洲的书信中说："中国人聪明好学，尚仁义，重伦常，长于政治，孜孜求知，不怠不倦。"从中我们可以看出，沙勿略虽然没有在信中直接提到儒家思想，但他对中国文化特点的归纳其实就反映了儒家思想的特点。西班牙高母羡翻译的《明心宝鉴》是第一部传到欧洲的中国哲学著作译本，此书收录了孔子、孟子、荀子、老子、庄子诸家之言。高母羡虽然没有深入研究过中国思想，但他的首译之功不应被埋没。继高氏之后来华的众多耶稣会士对中国传统儒释道思想进行了较为深入的研究，也将大量中国典籍翻译成西文传播到欧洲。罗明坚第一个将《大学》的片段翻译成拉丁文并在欧洲公开出版。以后利玛窦、金尼阁都曾翻译四书五经，惜今已无存。

利玛窦、曾德昭、卫匡国、柏应理等人都在自己的书中介绍评论了中国的儒家思想。利玛窦在这方面有开创之功。他在《中国传教史》一书中对儒家进行了介绍，"中国最大的哲学家是孔子，生于公元前551年，活了七十余岁，一生以言以行以文字诲人不倦。大家都把他作为世界上最大的圣人尊敬。实际上，他所说的和他的生活态度，绝不逊于我们古代的哲学家，许多西方哲学家无法与他相提并论。故此，他所说的或所写的，没有一个中国人不奉为金科玉律，直到现在，所有的帝王都尊敬孔子，并感激他留下的遗产。他的后代子孙一直受人尊重，他的后嗣族长享有帝王赐的官衔厚禄及各种特权。除此之外，在每一城市和学宫，都有一座极为壮观的孔庙，庙中置孔子像及封号，每月初、圆及一年的四个节日，文人学子都向他献一种祭祀，向他献香，献太牢，但他们并不认为孔子是神，也不向他求什么恩惠，所以不能说是正式的祭祀"。

在此利玛窦对孔子及儒家的介绍应该说比较符合实际。不过利玛窦为了证明中国人很早就有了上帝信仰，不得不千方百计地在儒家和天主教之间建立联系。例如，他曾指出，"在欧洲所知道的外教民族中，关于宗教问题我不知道有什么民族比古代中国人纯正，错误观念更少"。中国人的错误观念更少，在利玛窦看来，主要原因在于，"儒教没有偶像，只敬拜天地，或皇天上帝，他似乎是掌管和维持世界上一切东西的"。而这位皇天上帝按照利玛窦的说法就是天主教的上帝。

我们可以看到利玛窦对儒家的评价存在着矛盾之处。一方面他认为儒家的祭孔仪式不是宗教性的祭祀，另一方面他又认为儒家与天主教都有着对上帝的信仰。这种矛盾实际上也是一种无奈。一方面，否认祭孔仪式的宗教性主要为了对付反耶稣会势力的攻击。耶稣会的反对者一直认为儒家的祭孔是偶像崇拜。另一方面，利玛窦把儒家的皇天上帝与天主教的上帝进行比附则是为传教创造有利条件。他在《中国传教史》里把这一点说得很清楚，"我们的信仰受到了儒家的保护，原来儒家的道理没有任何与天主教相冲突的地方。否则，如果神父他们必须应付所有的教派，那么四面八方都是敌人，将难以对付"。进而，利玛窦对儒家的伦理及仪式进行了比较详细的描述，"从皇帝到平民，儒教最隆重的事，是在每年的某些季节，给逝去的祖先献供，有肉，有水果……他们认为这是尽孝道，所谓'事死如事生，事亡如事存，教之致也'，他们并非认为死人会来吃上述的东西或需要那些东西；他们说是因为他们不知道有什么别的方法，来表示对祖先的爱情及感恩之情。……订立这些礼法，主要是为活着的人，而非死人；即是说，那是为了教导子孙和无知的人孝敬仍然在世的父母。看到有地位的人，侍奉过世的仍像在世的，自然是一种教训。无论如何，他们并不想逝去的人是神，不向他们祈求什么，祝愿什么，与偶像崇拜无关，或许也能说那不是迷信，虽然最好在成为基督徒后，把这份孝心，改为对穷人施舍，以助亡者之灵"。除了仪式，利玛窦也在自己的书中向欧洲人介绍了儒家的经典及中国的教育、考试制度。利玛窦对四书五经的内容进行了基本的介绍后，指出"这些书里的言论颇为高明，古代的君王便订立了法律，学者都应以这九部书为其学问之基础；……因为每个人不可能把这九部书全部读过，以致能以其中任何

106

一句话为题，立刻写成典雅的文章，就像在考试时所要求的。故此每个人都须精通四书，至于五经，每人可任选一部，以应考试"。

利玛窦之后，耶稣会士曾德昭在他的《大中国志》里也向西方人介绍了孔子及儒家的仁义礼智信以及儒家在处理父子、夫妻、君臣、兄弟、朋友之间关系的基本准则。他对孔子的评价比利玛窦更高，"孔夫子这位伟人受到中国人的崇敬，他撰写的书及他身后留下的格言教导，也极受重视，以至人们不仅把他当作圣人，同时也把他当作先师和博士，他的话被视为神谕圣言，而且在全国所有城镇修建了纪念他的庙宇，人们定期在那里举行隆重仪式以表示对他的尊崇。考试的那一年，有一项主要的典礼是：所有生员都要一同去礼敬他，宣称他是他们的先师"。曾德昭对儒教敬天的传统也很重视，这一点和利玛窦一样，他指出："他们（指中国人）不崇信浮屠即偶像，但承认有一个能奖惩的上天，即神祇。不过他们没有礼拜神祇的教堂，也没有为他做礼拜的神职，或者念唱的祈祷，没有神父、教士为神祇服务。他们在书籍里很崇敬地记述和谈到他们的先师，把他当作神人，对他不可以有丝毫不敬的事，正如我们的祖辈之对待他们的神灵。在他们的礼拜世界中有三样最著名的强有力的东西，他们称之为三才，即天、地、人。只有在北京和南京的宫廷才有祭天、祭地的壮丽庙宇，但这只属于皇帝，也只有皇帝本人才能献祭。"这是卫匡国继罗明坚之后将《大学》的第一段翻译成拉丁文，另外他还第一次将《孟子·梁惠王》部分翻译成拉丁文。

不过，传教士儒家典籍译本的集大成之作应该是《中国哲学家孔子》，此书以拉丁文译本在巴黎正式出版，汉文标题是《西文四书直解》。此书被认为是明末清初来华传教士的集大成之作，共有十七位传教士参与了此项工作：柏应理、殷铎泽、聂伯多、何大化、潘国光、李方西、成纪理、利玛弟、聂仲迁、刘迪我、洪度贞、鲁日满、恩理格等。这部著作是在很多传教士儒家典籍译本的基础上形成的，首次比较系统全面地向欧洲思想文化界介绍了儒家思想的主要内容。该书对孔子思想的评价很高，认为孔子的思想表现了"纯粹和理性的东西"，即使与古代希腊罗马诸思想家相比也毫不逊色，非常崇高而优秀。不过作者也认为孔子的思想在当时的中国并没有得到合理的解释，除了少数有识之士外，大多数读书人把孔子当作宗教式的偶像进行崇拜，以至于实际存在的以孔子为代表的思想体系的主要部分是"一种混合体，是一种混合了印度神话中的异教徒偶像崇拜和充满迷信的寓言"。同时，作者也批评了两种思想倾向：一种认为孔子具有无神论观点，另一种则认为孔子思想中包含了一个完整的上帝观念。作者一方面认为孔子具有无神论思想的这种观点毫无根据，另一方面也认为不能完全肯定孔子承认有一个全知全能的人格神这种说法。柏应理这种解释符合利玛窦的"合儒路线"，一方面否认把孔子思想与无神论画等号，另一方面又认为孔子思想虽然具有某种人格神崇拜的特点，但发展并不充分，没有达到理解一个全知全能的人格神的地步，所以才需要天主教思想去补充提高儒家思想的神学品质，这样一来，耶稣会的对华传教就具有了顺理成章的合理性。耶稣会士编著此书的目的主要在于为传教创造有利条件，所以这部书对孔子及儒家思想的解读必然带有浓重的天主教神学色彩。

综观全书，我们可以清楚地看到作者对中国早期儒家思想的赞扬和对宋、明时期理学的批判。当然，不论是批判，还是赞扬都带有神学化倾向。作者认为中国人在上古时代已经摆脱了迷信思想，过着理性的生活。中国人也是上帝的子民，并且也有信奉上帝的传统。柏应理指出中国人是亚当的儿子闪的后代，跟那些信仰天主教的民族一样都得到过上帝的神启。柏应理甚至认为中国古书中的"上帝"就是天主教的上帝。

《中国哲学家孔子》对《易经》也进行了比较详细的介绍。该书首先列出阴阳两爻，接着列出由阴阳两爻生成的四象，然后四象形成的八卦，最后则列出六十四卦全图。柏应理对《易经》卦图生成演变过程的描述看似简单，但在当时具有开创性意义。在柏应理之前的西方人，如曾德昭、门多萨和卫匡国等人虽然都在自己的著作中介绍过《易经》和卦图，但从未像柏应理那样详细介绍六十四卦的形成过程。

除了此书，传教士研究儒学的著作还有很多。其代表作有李明的《中国现势新志》和龙华民的《关于中国宗教若干点之记录》。李明在书中介绍了三位宋代大儒：周敦颐、邵雍、朱熹。李明认为在宋儒的思想体系中，"理"是最根本的原则，而朱熹则把"太极"作为其本体论的基础，实际上等同于"理"。龙华民则认为儒学本质上是自然主义的，而"理"和"太极"并不是神性的，而是物质性的。除上述著作外，传教士对儒学的介绍及翻译著作还有很多，如安文思《孔子书注》，殷铎泽《孔子遗作全解》，卫方济《中庸》译本、《孟子》译本、《中国哲学简评》、《中国六部古典文学：大学、中庸、论语、孟子、孝经、小学》，刘应《中国"四书"之年代》《中国七子赞》等。

　　对于《易经》，虽属儒家典籍，但传教士们对它给予了特别的关注。最早向欧洲介绍《易经》的是葡萄牙人曾德昭。他在《大中国志》中说："中国儒家典籍中排在第一位的是《易经》，论述自然哲学及事物的盛衰，也谈到命运，即从这样那样的事情做出的预测，还有自然法则：用数字、图像、符号表示哲理，把这些用于德行和善政。"除曾德昭外，意大利人卫匡国也在其著作《中国上古史》中介绍了《易经》。他认为："中国古代的哲学家大都认为所有的事物都是从混沌开始的，精神的现象是从属于物质的东西的。《易经》就是这一过程的典型化。"卫匡国在他的书中简单介绍了《易经》的内容，如"阴"和"阳"分别代表隐蔽、不完全和公开、完全。"阴"和"阳"两种符号结合后构成了八个三重符号，分别代表天、地、雷、风、水、火、山、泽。

　　法国人雷孝思曾经出版了两卷本的《易经》拉丁文译本，该书在冯秉正、汤尚贤翻译的基础上完成。该书分三卷，第一卷讨论《易经》之作者、《易经》之价值及其内容，伏羲所创之卦及五经之价值。第二卷为《易经》原文及注疏之翻译。第三卷为《易经》之批评。

　　梵蒂冈图书馆中还藏有耶稣会士研究《易经》的一些文稿，如：《易学外篇》《易考》《总论布列类洛书等方图法》《天象不均齐考古经籍解》《释先天未变》等。

北京宫廷的传教士中，白晋和马若瑟对《易经》都有比较深入的研究。1656年7月18日白晋生于法国勒芒。他在很年轻的时候就被送到耶稣会主办的学校学习语文学、哲学、神学等课程。1673年他加入耶稣会。1686年白晋随法国国王路易十四组织的传教团到达宁波。不久后，他就来到北京并进入宫廷担任康熙帝的西学老师。白晋对中国古代经书很感兴趣，写了很多有关中国古籍的研究著作，尤其对《易经》下过很大功夫。在白晋研究《易经》的过程中，康熙帝经常对此表示关注，表现出异乎寻常的热心。如"七月初五日，上问：'白晋所释《易经》如何了？钦此。'王道化回奏：'今现在解《算法统宗》之攒九图、聚六图等因具奏。'上谕：'朕这几个月不曾讲《易经》，无有闲着；因查律吕根源，今将黄钟等阴阳十二律之尺寸积数，整音、半音，三分损益之理，俱已了然全明。即如箫笛、琵琶、弦子等类，虽是玩戏之小乐器，即损益之理也，查其根源，亦无不本于黄钟所出。白晋释《易经》，必将诸书俱看，方可以考验。若以为不同道，则不看，自出己意敷衍，恐正书不能完，即如邵康节，乃深明易理者，其所占验，耐门人所记，非康节本旨，若不即其数之精微以考查，则无所倚何以为凭据？尔可对白晋说："必将古书细心较阅，不可因其不同道则不看，所释之书何时能完？必当完了才是。钦此"。'对于康熙帝的关注，白晋及时给予了回应，'臣蒙旨问及，但臣系外国愚儒，不通中国文义。凡中国文章，理微深奥，难以洞彻，况《易经》又系中国书内更为深奥者。臣等来中国，因不通中国言语，学习汉字文义，欲知中国言语之意，今蒙皇上问及所学《易经》如何了，臣等愚昧无知，倘圣恩不弃鄙陋，假以年月，容臣白晋同傅圣泽细加考究，倘有所得，再呈御览，求圣恩教导，谨此奏闻'。臣白晋前进呈御览《易学总旨》即《易经之内意》与天教大有相同，故臣前奉旨，初作《易经》稿，内有与天主教相关之语。后臣傅圣泽一至即与臣同修前稿，又增几端，臣等会长得知，五月内有旨意，令在京众西洋人同敬谨商议《易经》所引之经书。因寄字与臣二人云，尔等所备预览书内，凡有关天教处，未进呈之前，先当请求旨请皇上俞允其先查详悉。臣二人日久专究《易经》等书奥义，与西土古学相考，故将己所见，以作《易经》稿，无不合与天教，然不得不尊会长命，俯伏祈请圣旨。"康熙帝让白晋研究《易经》与他的西学中源说观点有密切的联系。康熙帝认为算法之理出于《易经》，而且西洋算法虽然较中国算法精密，其实也来自《易经》。康熙帝曾对白晋研究《易经》的文章做过许多御批。

马若瑟对《易经》研究主要体现在《易经理解》一书。此书专门对阴阳两个卦象进行介绍与研究。马若瑟认为《易经》中的阴阳符号象征着救世主，即上帝。他进一步把《易经》的整个内容理解为耶稣形象在世人面前的展现。他声称："我们盼望着他的到来，3000年后他将来到此世。他的母亲处女生子。他出身寒微，为世人漠视。他降临此世后将会给世界带来最美好的和平。他将会给受伤的人治病，将暴君从宝座上驱逐。他将会忍受巨大的痛苦，用三年的努力将魔鬼建立的王国彻底摧毁。最后他将献出自己的生命，但他最终还会得到重生。他所制定的规定将永远流传。他是和平之君，光荣的获胜者，既伟大又渺小，既强壮又弱小，既谦逊又高贵；他是君主也是臣民，是上天也是大地，是丈夫也是妻子。《易经》中所有这些象征性的词句都告诉我们他就是'天主'。"

康熙之后的雍正、乾隆年间，法国耶稣会士在翻译中国古代典籍方面占有非常重要的地位。1770年宋君荣神父翻译的《尚书》经汉学家德经整理后在巴黎出版。宋君荣的译本文字古雅，用字也颇为讲究，深受德经的赞赏。该书卷首有宋君荣的《序言》。在这篇序言中，宋君荣对尚书形成的历史做了一番叙述，并在序言后附有伏生及孔安国的今古文。耶稣会士孙璋曾译《诗经》与《礼记》，颇得汉学家毕瓯与理雅各的赞赏。

对于道教及佛教，来华传教士也进行了很多介绍与研究工作。较早向欧洲读者介绍它们的就是来华的耶稣会士。

利玛窦在《中国传教史》中介绍了佛教传入中国的情况："中国

的第二个宗教是释迦牟尼或阿弥陀佛的宗教，即佛教。这个宗教是由西方的'天竺'或'身毒'传入中国的；天竺位于印度河和恒河之间。在公元65年佛教传入中国；据说后汉明帝在梦中见一金人，身高十六尺，全身发光，醒后乃派人去西方取经。佛经取来后，译成中文。释迦牟尼并未亲身来到中国，因为那时已经去世。"利玛窦认为中国人信佛是由于某种原因错过了基督信仰，"佛教传到中国的时代，正是福音开始传播的时代。圣巴尔多禄茂是在印度北部传教，是印度本境或其相邻的地区；而圣多默是在印度南部传教，因此可以想到，中国人听到福音之消息，故此派人到西方求道；但是派去的人或是因为错误，或是受了当地人的欺骗，带回来的是佛典，而不是福音"。

利玛窦对佛教的思想和理论也进行了介绍。他指出："佛教的创始人似乎对西方的哲学有所认识，因此他们讲四大，说下界的一切东西，人和动物、植物、矿物，都是由四大合成的，这是中国人从来没有听说过的学问。""佛教把轮回说传遍了中国，为使这学说更易使人接受，佛教在毕达哥拉斯学说中附加了许多故事。""佛教似乎对基督教教义也有相当清楚的认识，因为他们也讲一种三位一体的道理。他们劝说善人升天堂，坏人下地狱；他们教人忍耐痛苦，行苦功；他们推崇独身生活，而且似乎禁止婚姻；他们离开家庭，到处朝圣，路上只靠乞求维持生活。在许多情形下，他们举行仪式与我们的相似。"

对于道教，利玛窦在《中国传教史》中提道："第三个教派是道教，其创始人是老子。老子是与孔子同时代的哲学家。传说他在出生前在母亲胎中活了八十年，因此才有了老子之称。道教的经典不是他留下来的，他似乎也未想创立新的教派。在他死后，一些教士尊他为教主，编写了与其他教派不同的经典，其中载有许多传奇故事。"利玛窦对道教的理论也进行了介绍，"道教也讲天堂，是教徒们受赏的地方，坏人则到地狱里去。但是道教的天堂与佛教的不一样：道教说人死后，肉体与灵魂一起升天，在他们的道观里，就有活人升天的图画。为了能够得道升天，道士们教人练各种功夫，怎样打坐，念什么经文，也喝某些药。他们说在神仙的帮助下，如此能到天上永生，或至少能在世上延年益寿。虽然很容易看出，这些都是荒诞不经之谈，是骗人的，但因中国人极欲长久享受现世的幸福，许多人便想那是可能的，一直到死，执迷不悟，练了各种功夫后，有的比常人死得还早"。

另一位耶稣会士曾德昭在其所著《大中国志》里也提到了道教信徒，"他们把最终的幸福寄托在肉体上，以求得安宁、平静的生活而无辛劳、烦恼。这一教派相信一位大神及别的小神都是肉身的。他们相信荣光和地狱；荣光不仅在来世，也在今世和肉体相结合"。曾德昭的《大中国志》也对佛教信仰进行了介绍，"和尚的教派都指望在今世做忏悔，以求得来世的好报应。他们相信毕达哥拉斯的转世说，而且灵魂要堕入地狱。他们认为，地狱共有九层，在经历所有这些地狱后，那些行善的人再转世为人，而另一些德行一般的人，则投胎为类似人的动物。但那些转生为禽鸟的情况最快，没有希望在来世投生为人，而是立刻转为另一类生物，首先要经历另一生物之劫"。

此后，卫匡国和柏应理等人也在自己的著述中提到过佛教和道教。不过效力于清廷的法国传教士刘应对中国的佛教和道教最为关注。他在这方面留下了很多著作，如《婆罗门教简介》《论中国婆罗门教徒》《中国哲学家之宗教史》。对于道教，刘应介绍说："我于其中提到的第三个教派是道士们的教派，因为该派起源于中国，一般自称为道教。他们的伦理与伊壁鸠鲁派非常吻合。他们把一切都归咎于懒散，更确切地说是一种温和的冷漠，因为他们远没有和尚们那样严格。他们似乎在灵魂也会死亡这一观点上与哲学家们相吻合。道士们由此得出结论，认为大家只应该支持无声无息和无忧无虑地度过一生。为了实现这一目的，则必须摆脱俗世的喧哗，而这种喧哗始终伴有厌烦和乏味。但他们认为结婚的好处比坏处要多，婚姻并不与他们的誓愿相矛盾。道士们的极乐在于变成神仙，也就是长生不老的人。因为他们认为技巧可以弥补天生的不足。他们为此制定了成百种不同的炼丹术秘诀以及多种饮食制度。这些人在这一方面特别吹嘘他们所说的运气术，主要在于使身体处于某种姿态并使其思想和视力集中于某一目标。他们的身体似乎与另外两个教派的人并没有多大不同，除非是一些名称问题。"不论是道教还是佛教，刘应的评价都不高。他把这两种宗教称为毒恶之源。他认为："这两种毒恶之源分成了无数恶臭的小溪，它们以一种甚至比大禹以前把中国从中解放出来的那种有害的洪水更大的水灾淹没了这一辽阔的帝国。它们除了淹没整个大地之外再没有其他原则了。这类令人生畏的祸患每天还在制造很多能够使偶像崇拜骗人信仰构成新错误的骗子，除此之外，还在增加一系列的术士、巫师和职业骗子。他们在这里是依靠民众的轻信而生活，这些人都有权创建附属于两个主要派别的新教派。由此可以得出结论，你们认为中国已陷入了恐怖的深渊，唯有耶稣基督无限的恩惠才可以把他们从中挽救出来。一点智慧的火花便会使哲学家一派看到这一大堆荒谬的观点在民众中的混乱。哲学家派别徒劳地用其教理的全部诱人之处来对抗这种思潮以阻止发展。自命不凡的无神论没有相当强大的武器去破坏偶像崇拜，它自己也被牵涉进去了。由于上帝的正确判断，它也往往发展到崇拜所有的神，而它过去却以不崇拜任何神而感到自豪。"

法国耶稣会士杜赫德根据来华耶稣会士的书信编纂过一部介绍中国的专著《中华帝国全志》，这部书也对佛教和道教进行了介绍，基本代表了大多数耶稣会士对佛道二教的看法。对于佛教，作者首先回顾了释迦牟尼的生平以及他成佛及传播自己学说的过程，然后作者也向欧洲读者叙述了佛教传入中国的过程。对于佛教的教义，作者认为"佛教基本思想是所有事物的原则是空和无，万物产生于空，又归于空"。对于道教，作者认为追求尘世的永生，即长生不死是道教的终极目标，因此历代帝王为追求长生往往给道教很高的地位。

综观来华耶稣会士对佛道二教的介绍及看法，可以得出：耶稣会士们对二教基本教义的叙述在事实上大体相同，基本反映了佛教和道教的大致。

第二节　中国语言文字与艺术在欧洲的传播

早期来华传教士为传教方便编纂了一些汉语词典，如西班牙奥斯丁会的拉达编著的《华语韵编》，罗明坚、利玛窦合编的《葡汉词典》及利玛窦、郭居静合编的《西文拼音华语字典》。不过，这些词典并未在欧洲出版，没有产生什么影响。西班牙人门多萨在他的名著《中华大帝国史》中第一次将汉字介绍到欧洲。此后，对中国语言文字进行过介绍的著作还有安文思的《中国新史》、曾德昭的《大中国志》、卫匡国的《中国上古史》和基歇尔的《中国图说》，其中基歇尔的《中国图说》在欧洲影响最大。此书不仅将《大秦景教流行中国碑》的碑文全文刊登出来，而且对每个汉字的发音及字义都详细注明。

在编纂词典之外，来华传教士也开始对汉语语法进行研究。目前第一部有关汉语语法的研究著作是西班牙多明我会传教士万济国的《华语官话语法》。此书刊刻于1703年，主要采用印欧语法结构解释汉语。不过此书有关汉语语法的部分只有二十几页，对汉语语法结构的讨论过于简略，在欧洲的实际影响不大。

真正对汉语语法进行过深入研究的是长期在清廷服务的法国耶稣会士马若瑟。他写了一部比较全面的汉语语法研究专著《汉语札记》。首先此书介绍了1445个常用汉字，然后分别对汉语口语和书面语的语法特征进行了研究分析，特别对古汉语的虚词和修辞方法进行了介绍。马若瑟的这部《汉语札记》引用了大量中国文献中的例句，资料极为丰富。作者力求对这些资料进行独立研究，希望能够发现中国语法自身的特有规律而不是完全用印欧语法范畴来分析中国语法。同时，该书第一次将汉语分成白话和文言进行研究，显示了作者的卓识，在汉语语法研究领域具有开创性的意义。不过此书最大的价值在于对此后的汉语语法研究产生过重要的影响。在欧洲汉学界，傅尔蒙的《中华官话和文字的双重语法》和雷慕沙的《汉语语法基础知识》

都受过《汉语札记》的影响。中国第一部现代意义上的语法书《马氏文通》在组织结构方面与《汉语札记》颇为相似，而马建忠在上海徐汇公学也读到过《汉语札记》一书。显然，《马氏文通》的写作也受到过马若瑟《汉语札记》的影响。

在来华传教士之外，德国学者米勒和巴耶分别编纂过《汉语入门》和《汉语语法》。米勒的《汉语入门》一书也引起了德国著名思想家莱布尼茨的关注。莱布尼茨由此对汉语产生了兴趣，并就自己的思考提出了一些相关问题，"众所周知，由于中国的文字不是表示话语，而是表示'东西''事物'的，因此我想知道，'汉字'是否总是按照事物的性质创造的；是否所有文字都可以回溯到一些确定的元素和基本的字母，是否从组合中还能形成其他的汉字。中国人的语言是否像一些人认为的那样，也是通过人创造的，以至人们可以找到理解这种语言的某种确定的秘诀；表示如动物、野草、岩石这些天然事物的汉字，是否同这些事物的特征有关，以便某个字同其他字能有所区别；人们是否能够以及在多大程度上从汉字学习到它的含义；拥有解释中国文字的词典并借助它工作的人是否可以懂得用汉字可以写成的关于某些主题内容的全部文字；拥有这部词典的人是否也能用中国文字写点什么，并且使有文化的中国人能读懂和理解。如果人们想根据这本词典向不同的中国人告诉一些用我们的语言写成，用汉字逐字注音的事情，那么人们是否可以充分了解所涉及的相同内容"。就以上莱布尼茨所提问题，我们可以发现他对人类语言文字的共性非常关注，希望能够总结归纳出人类语言文字的一些普遍性规律。

1711年，《好逑传》被翻译成英文，应是第一部译为西文的中国文学作品。1732年，马若瑟将元代纪君祥的《赵氏孤儿大报仇》译为法文，收入杜赫德所编《中华帝国全志》一书。以后，《赵氏孤儿》又曾被译为英文、德文和俄文。1753年，伏尔泰将其改编为《中国孤儿》，1755年，此剧在巴黎正式公演。

中国园林艺术首次为欧洲人所知要追溯到李明的《中国现势新志》，此后，杜赫德的《中华帝国全志》也曾提及中国的造园技艺。

在这方面不能不提到郎世宁。郎世宁以绘画出名，但他在建筑方面亦有极高的造诣。圆明园内的西洋楼即是在他主持下修建的。西洋楼其实是一组建筑，包括储水楼、万花阵、方外观、海晏堂、远瀛观、大水法等。西洋楼的整体风格为中西合璧，其西式特点主要是盛期巴洛克式，具有追求奇幻多变、灵巧奇异的特点，现圆明园内的远瀛观花雕双柱就颇有此特点。此柱形同垂下的花环，下窄而上宽，顶部拼接以环扣，柱身则是花叶联络之形。其建筑原型与郎世宁精神导师波卓壁画中的建筑结构颇为相似。这种风格除了受波卓影响外，也很有可能受到中国传统造园艺术的影响。

不管怎样，这种中西合璧的造园艺术后来又传回欧洲，进而在欧洲掀起了一股建筑领域的中国风。其始作俑者应该是乾隆时期的宫廷建筑师王致诚写的有关圆明园的一封信。这封信在英国引起了很大的轰动。王致诚在信中说："水池的砌法完全是自然的，不像我们那样，要在四周砌上用墨线切割成的整齐石块。它们错落有致地排放着，其艺术造诣之高，使人误以为那就是大自然的杰作。河流或宽或窄，迂回曲折，如同被天然的丘石所萦绕。"王致诚又说："欧洲建筑总要讲究对称，北京城内的宫殿差不多也是这样。但是御花园的情况不同，在那里风物之美，不是在于对称，而是恰恰在于不对称。"

对于中国园林的特点，蒋友仁也指出："所有的花园被蜿蜒于假山间的溪流所分开，溪流时而从岩石上流过，形成瀑布，时而汇入低谷，形成一些水池，根据它们的大小，取名为'湖'或'海'。溪岸不很规则，水池边有傍岸的石头，但与我们刻意平整的石块全然不同，那样的石块已失去天然情趣。……在小溪边上，这些石块铺设成如此模样，以至于在若干个地方形成了非常适宜登船的阶梯，人们可以由此下船去泛舟。在假山上，人们时而将石头磨光成一眼望不到边的岸石，时而将石头有意放置成要掉下来砸在行人头上的样子，而这里石头是安置得非常牢靠的。有时石头也垒成山洞，山洞在山下蜿蜒穿行，将你带到一座座美丽的宫殿。"

英国的皇家建筑师钱伯斯受此影响在伦敦西郊建了一座中国式园

林——丘园。据说此园垒石为假山，小涧曲折绕其下，茂林浓荫。湖畔矗立十六丈高之塔，凡九层，塔檐有龙为饰。塔侧有类似小亭之孔子庙，类以其他国家及其宗教之装饰，唯雕栏与窗棂为中国式。

　　除了英国的丘园，德国波茨坦的逍遥宫和腓特烈大帝的威廉夏因花园也是当时欧洲中国式园林的典范。

第三节 传教士对中国文化的介绍及中国文化的西传

康熙二十七年（1688），葡萄牙来华传教士安文思的新作《中国新史》在法国巴黎出版。《中国新史》对中国进行了更为系统和全面的介绍。从中国的名称、地理位置、历史、语言、风俗，到中国的物质生活、矿产、航运、船舶及政治制度、国家结构等，安文思一一做了介绍，给西方人呈现出一幅全景式的中国图案。安文思写这本书时，在中国已经生活了20多年，对中国已经有较为深入的认识。《中国新史》中还介绍了北京的皇城以及王府街、白塔寺、铁狮子胡同、鲜鱼口等街道。

《中国新史》书影

安文思是葡萄牙耶稣会传教士。崇祯十三年（1640）前往中国传教，长期与利类思合作，初期在成都建立教堂，后为张献忠服务。张献忠败亡后被豪格虏往北京。豪格死后，利类思和安文思被释放，建立了北京东堂。康熙十六年（1677），安文思病逝于北京，葬于阜成门外滕公栅栏墓地。

康熙二十八年（1689）八月，德国著名哲学家、数学家莱布尼茨在罗马遇见从中国归来的天主教传教士闵明我。他从闵明我那里得知中国的许多情况后，对中国产生了极大兴趣。他交给闵明我一份30个条目的提纲，希望了解中国的天文、数学、地理、医学、历史、哲学、伦理、火药、冶金、造纸、纺织等技术。

康熙三十二年（1693）六月，受康熙帝之命回到法国的白晋读到了莱布尼茨问世不久的《中国近事》，十分敬佩，遂寄函莱氏，并附赠所著《康熙皇帝》一书。当年12月2日，莱布尼茨在汉诺威复函感谢白晋，希望白晋继续向他提供一些有关中国语言、历史等方面的资料，并请他允许在《中国近事》第二版时将《康熙皇帝》收入其中。以后两人多有书信往返。

除上述两人外，莱布尼茨还与赴华传教士张诚、苏霖、安多、南怀仁、汤若望、李明、龙华民、杜德美和栗安当等人保持着联系，并阅读了大量有关中国的书籍。利玛窦的《中国传教史》、柏应理的《中国哲学家孔子》、李明的《中国现形势志》等著作，对莱布尼茨中国观的形成都产生了很大的影响。

康熙三十六年（1697），莱布尼茨用拉丁文出版了他主编出版的《中国近事》一书。在该书的绪论中，莱布尼茨写道："全人类最伟大的文化和最发达的文明仿佛今天汇集在我们大陆的两端，即汇集在欧洲和位于地球另一端的东方的欧洲——中国。""中国这一文明古国与欧洲相比，面积相当，但人口数量则已超过。""在日常生活以及经验地应付自然的技能方面，我们是不分伯仲的。我们双方各自都具备通过相互交流使对方受益的技能。在思考的缜密和理性的思辨方面，显然我们要略胜一筹。"莱布尼茨不仅为中西文化双向交流描绘了宏伟的蓝图，而且极力推动这种交流向纵深发展。

康熙二十八年（1689）十二月初七日，传教士张诚专门为康熙帝讲解几何原理。张诚在日记中说："皇上与我们谈了约一个小时，和我们一起用仪器测量，边走动边指画。他还表示想要认识欧洲文字和数码。"

康熙三十八年（1699），在六年前奉康熙帝之命返回欧洲的法国传教士白晋再次回到北京。白晋是法国国王路易十四选派第一批六名来华耶稣会士之一，于康熙二十七年（1688）初抵达北京。白晋和张诚两位神父当即被康熙帝留京供职。他们不仅进献了当时欧洲先进的天文仪器，后来又系统地向康熙帝讲授过几何学和算术，还翻译了《几何原本》。康熙三十二年（1693），康熙帝为招徕更多的法国耶稣会士，任命白晋为特使出使法国。白晋再次回到中国，随同来到中国的法国传教士还有雷孝思等人。

康熙四十六年（1707），为处理传教士在华礼仪问题，康熙帝委派艾若瑟赴欧洲，与教皇交涉，其中山西人樊守义随行。樊守义到达欧洲后，初学于意大利的都灵，继后学于罗马，于康熙五十八年（1719）偕艾若瑟东还。舟行至好望角附近，艾若瑟病故，樊守义为之成殓。樊守义回国后，康熙帝召见，详细垂询。康熙六十年（1721）夏，他将自己亲身经历，写成游记，即《身见录》。这是国人写的最早的一部欧洲游记，不论其内容如何，都具有特殊意义。

康熙四十五年（1706），中国人黄嘉略经法国人梁弘仁引见，拜会法王路易十四，并被聘为中文翻译。康熙三十六年（1697），黄嘉略出生于福建莆田一个天主教家庭。后在传教士梁弘仁的影响下入教，并学习拉丁文和基督教教义。康熙四十年（1701），黄嘉略在外游历时巧遇法国传教士梁弘仁。梁弘仁正准备前往罗马教廷就"中国礼仪之争"表达在华传教士的意见，他问黄嘉略是否愿意作为其秘书一同前往欧洲时，黄嘉略欣然答应。康熙四十一年（1702）正月，梁弘仁和黄嘉略从厦门起航，经过8个月的海上颠簸后，到达了法国首都巴黎，随即他俩便赴罗马办理教廷事务。

在罗马，黄嘉略陪同梁弘仁就"中国礼仪之争"进行多次辩论，历时3年才完成任务。康熙四十五年（1706），梁弘仁和黄嘉略返回巴黎，等待教廷公布中国礼仪之争的最后裁决。法国王家学术总监让·保罗·比尼昂获悉黄嘉略滞留巴黎后，就设法将黄嘉略推荐给了路易十四，不久黄嘉略便被正式任命为法国国王的中文翻译，负责为路易十四翻译中文文件，并协助管理王家图书馆的中文书籍。同时，还编纂了《汉语语法》，现存于巴黎国立图书馆。为了使黄嘉略安心地留在法国，比尼昂还特意给他安排了一门婚事。康熙五十二年（1713）三月，黄嘉略在巴黎和一法国女子雷尼埃成婚，生有一个女儿。

黄嘉略还与众多法国学者进行了文化上的交流和探讨，连18世纪法国著名的启蒙思想家、被人称为"中国通"的孟德斯鸠也曾多次上门拜访他。从黄嘉略身上，年轻的孟德斯鸠进一步产生了对中国文化的浓厚兴趣。据研究，孟德斯鸠后来写成的《波斯人信札》一书的主人公郁斯贝克的原型就是黄嘉略。

雍正元年（1723）十二月十七日，朝廷发文，严禁天主教，规定西洋人不得擅自修建天主教堂，传教士除了愿意效力宫廷以外，一律安插在澳门。雍正二年（1724）六月，雍正帝召见在京传教士，阐述了中国禁教理由。如果一味听任传教，用不了多久，中国就会沦为异族，一旦边境有事，百姓唯教会首领是从，虽现在不必顾虑及此，但假如有一天千万战舰来我海岸，则祸患大矣！

康熙五十八年（1719），英国人笛福（Daniel Defoe）出版了新作《鲁滨孙漂流记》。在这本小说中，他批评中国和中国人。在他眼中，中国除了长城和瓷器别无长物。他说北京是个非常糟糕的城市，中国人的实际生活比美洲土人更差。在《鲁滨孙漂流记》续集中，他这样写道："当我把这些国家的可怜的人们同我们国家的相比时，他们的衣着、生活方式，他们的政府、宗教，他们的财产和有些人所说的荣耀，我必须承认我几乎不认为在这里值得提起。我对这些人的排场、富裕、浮华、典礼、政府、手工业、商业以及行为感到惊讶；并非真有任何值得惊讶之事，而是因为对那些盛行粗鲁和无知的国家的野蛮有了一个真实观念之后，我们并不指望远离粗鲁和无知。否则，他们的建筑拿什么同欧洲宫殿和皇家建筑相比？他们拿什么同英国、荷兰、法国和西班牙进行普遍贸易？他们的城市在财富、坚固、外观的艳丽、富足的设施和无穷的样式上有什么可与我们的城市相比？他们那停泊了几艘帆船和小艇的港口如何同我们的航运、我们的商船、我们巨大而有力的海军相比？"笛福虽然没有到过中国，但他借鲁滨孙之口把中国此前欧洲对中国的想象彻底推翻了，从中透露着欧洲人对东方中华文化的不屑与鄙视。

乾隆十三年（1748），英国海军上将安逊出版了他的环球行纪——《环球航海记》。该著详细记述了他此前在中国东南沿海时的所见所闻，对中国社会生活和科技文化进行了严厉的批判和否定。据书中所言，安逊在和中国人打交道的时候，尽遭刁难和欺诈。中国人办事效率低下，索取贿赂却很积极，商人贪婪而狡猾，全然不讲信誉，百姓好逸恶劳，欺软怕硬，动辄斗嘴打架，相互之间表面彬彬有礼，实际上却总在算计对方。在此之前，欧洲上流社会对中国很热衷，不仅喜爱中国工艺品，修建中国式的宫殿和园林，模仿中国人的衣着和习惯。甚至，不少欧洲人对中国颇为向往，充满了"乌托邦"式的想象。而自安逊的《环球航海记》出版问世后，欧洲人对中国不再是热捧，而是质疑与贬低。

乾隆二十一年（1756），法国著名思想家伏尔泰完成了《风俗论》。在该书中，伏尔泰详细介绍了中国。他说："中国人的历史书中没有任何虚构，没有任何奇迹，没有任何得到神启的自称半神的人物。这个民族从一开始写历史，便写得合情合理。"另外，他在《哲学词典》中写了一篇《中国教理问答》，多次谈到中国伦理，认为中国可以作为欧洲的榜样，孔子可以作为欧洲的思想导师。在伏尔泰眼中，中华民族的道德风尚是高于西方人的道德的，像热情好客、谦虚这些美德都很值得赞扬。伏尔泰甚至认为中国是一个开明的君主制国家。他赞扬科举制度提供了这样一种保障，即政府以个人的才能为基础，而非欧洲那样，为世袭权力所支配，认为科举制不失为一种民主和平等的制度。这说明，当下的欧洲正努力汲取中国文化的有益营养以推动思想启蒙，而反观眼下的中国却一味沉迷于康乾盛世的陶醉中，东西方的距离似乎正在拉大。

中国封建一统局面达到鼎盛之时，欧洲启蒙运动则达到了高潮。其代表人物有法国思想家伏尔泰、孟德斯鸠和卢梭。这是继文艺复兴以来的欧洲第二次思想解放运动，他们批判专制，反对教权，呼唤理性，追求民主、平等和自由。

中外文化交流是双向的。传教士在向欧洲介绍中国时，也将中国文化传向了西方并产生了影响。当他们在自觉地承担西学东渐职责的同时，也自觉或不自觉地承担了中学西渐的传媒。他们或写信，或著述，把自己所知道的有关中国的一切，传回了西方。在他们所写的文章、书简和专著中，几乎都无一例外地提到了中国的科举制。正是通过这些传教士对中国科举制的介绍，西方人才惊讶地发现，"中国是一个大国，它在版图上不次于文明的欧洲，并且在人数上和国家的治理上远胜于文明的欧洲"。

　　一般史著认为，最早向西方介绍中国科举制的是意大利传教士利玛窦。欧洲人知道这种考试制度大约是16世纪末，传教士利玛窦向教会送去的报告书中已详细地记录了科举制度，对这种考试原则，当时欧洲人根本不知道。研究表明，在利玛窦来到中国之前（利玛窦首次来华是1582年），葡萄牙传教士加斯帕德·达·克鲁兹就于1570年在其《来自中国行省的报告》中介绍中国的科举制了。此人于1556年来华，是第一个在中国传教的传教士。1569年，他回到葡萄牙，于1570年用葡萄牙文写成的中国游记在威尼斯以意大利文首次出版。后来，该游记被英国人理查德·艾登收入《东西印度群岛及其他国家游行记》一书，并以英文译成《来自中国行省的报道》。在该游记中，简要地提到了考举人（硕士）、考进士（博士）的情况。

　　继之，向西方介绍中国科举制的是西班牙传教士贡萨莱斯·德·门多萨。他在1585年出版的著作中，比较详细地介绍了中国的科举制。该书后来译成英文，题为《幅员辽阔的伟大王国中国的历史和现状》。在该书中，他用了整整一章的篇幅介绍中国的"乡试"状况，比较详尽地记述了科举的竞争性和科举的程式以及如何授官封职等事项。他在该书中写道："在当今世界上为人所知的国家中，这个庞大的王国是治理最佳的一个。""其所以如此，中国传统的哲学和甚有成效的教育制度、科举制度的积极作用是不容忽视的。"①

　　耶稣会士杜阿尔德的《中国概况》一书（该书又名《中华帝国及中国鞑靼全志》），是13世纪西方介绍中国的最有权威的一部书。该书所用资料主要是耶稣会士的报告和笔记，被译成英文、德文在西方广为流传。该书在若干章节中，都较详细地介绍了中国的教育制度、

---

① 邓嗣禹.中国科举制在西方的影响[A].稗中国·第一卷[C].上海：上海文艺出版社，1998.554—556。

科举制度和政治制度，成为伏尔泰、孟德斯鸠、狄德罗等人了解中华文明的重要参考资料。1817年，英国新教传教士马礼逊来到北京，他后来在广州、澳门长期传教。在他的名著《汉英字典》中，有相当多的词条是在介绍中国科举制度。

这些传教士对中国科举制的介绍，尽管是零星、表面、片断的，但是，正是这些浮光掠影、走马观花式的文字记载，激起了广大西方人士对神秘而古老的中华文明的好奇和向往。这种好奇和向往，恰恰成了西学东渐、中学西渐的催化剂和动力。

意大利传教士利玛窦虽不是最早向西方介绍中国科举制的传教士，但是，他为发展中西文化交流，向中国传播西学，向欧洲介绍中国，做出了历史性的贡献。1582年8月，30岁的利玛窦来到中国澳门，开始了他在中国的传教生涯，足迹遍及中国东南部，晚年定居北京，1610年5月在北京逝世。利玛窦晚年开始撰写的《中国札记》(后被译成拉丁文，定名为《基督教远征中国史》)把有关中国的知识及其历史文化向西方人做了比较全面的介绍。在该书中，利玛窦详尽地介绍了考取秀才、举人、进士的三级考试制度。他不但谈到了考试内容、考期、考场、考官、科考规则，还对防弊手段、录取方式、授职仪式等许多具体问题都做了准确、详尽的描述。

利玛窦对中国科举制的研究和介绍，是一个有较高学术底蕴的又在中国扎下根来的西方学者对中西教育体制和官僚体制的比较分析。他的分析、研究和介绍，不仅比那些在中国作为匆匆过客的西方传教士走马观花式的介绍远为深刻和全面，而且为西方的思想家和学者在反思欧洲的政治、社会、教育、宗教问题的时候，提供了一个异域文化的参照体系，对西方人了解中国、认识中国产生了深远的影响。

继利玛窦之后，又一位在向西方人介绍中国科举方面有过卓越贡献的传教士是曾德昭。

曾德昭在《大中国志》中，对中国的科举制度，不惜以三个整章的篇幅予以叙述。曾德昭对中国科举制的介绍，首先从中国的少儿教育写起。"中国人从小就得入学。""儿童从五六岁起，就要学习《三字经》《百家姓》几本小书。""过一段时间后，开始读《经》《书》"，"课文和生词都要用心背下，有如我们读祈祷文"。"中国学生，除了读书识字、背书写作外，还得下功夫练习书法"。"因为，在考试中他们写的文章，如在阅读前发现哪怕仅一个写坏的字，就足以否定文章的质量"。"中国学生学习异常艰苦，没有假期，技师督促也格外严厉，他们很重视如下教条：艰苦学习很重要，不勤勉学习的人，不能达到有学识的荣誉。"[①]接着，曾德昭便用大量的篇幅，详细地记叙了从院试到乡试，再到会试、殿试的考试程序、方式、规制等情形，内容非常具体、生动。例如考场搜检，他写道：为了减少搜查遇到的麻烦，考生们"都得披着散发，光腿，穿麻绳鞋；穿的衣服没有里子，也没有折叠；脖子挂着墨盒和毛笔"[②]。如此详尽的描述，就是在中国人写的文献资料中也不多见。

大体来说，16—18世纪这一时期的传教士向西方人介绍的中国科举制情况。尽管有些介绍难免肤浅和感性，但大多能做到客观、公正。他们出于对当时欧洲各国普遍通行的选官制度——君主恩赐制的不满，都对这种含有竞争原则的通过公开考试来选拔人才的选官制度给予了充分的肯定和赞扬。正是通过他们对中国科举制的介绍、肯定和赞扬，才为后来的西方思想家、政治家建立公开考试来选拔行政性公职人员的西方现代文官考试制度提供了一个新的可资借鉴的异域文化参照物。西方现代文官考试制度尽管在内涵和实质上都和中国科举制迥异，但二者在形式上毕竟有很多形类相通之处。我们绝不能因为西方文官考试制度和中国科举制仅仅在形式上的形类相通，就低估中国科举制对西方文官考试制度的建立所产生的巨大影响，对此，西方人早有明确认识。

例如1853年底，当英国正式完成《关于建立英国常任文官制度的报告》（即《诺斯科特——屈维廉报告》）时，美国的舆论界就指

---

① 曾德昭.大中国志[M].上海：上海古籍出版社，1998.44—45。
② 曾德昭.大中国志[M].上海：上海古籍出版社，1998.51。

出："事实上，生活中没有什么能比这与中国所实行的制度更相似的了。"[①]"尊敬的先生，……引进了一种在我国闻所未闻的原则，但这一原则据说盛行于中国，因此，它应该被称为中国原则。"[②]美国学者卜德在评论法国的文官考试制度时说："法国人对中国的热情在1789年大革命后逐渐消失了，但科举制仍然是他们从中国学来的一项重要遗产。"[③]正因为如此，孙中山先生才很自信地指出："现在各国的考试制度，差不多都是学英国的。迫根溯源，英国的考试制度，原来还是从中国学过去的。"可见，西方现代文官考试制度的产生，显然是中国科举制西渐的重要结果。在中西文化的交流上，在近代处于文化弱势的中华民族，在接受西方文化的同时，也向西方人提供过促进社会进步的文化资源。

①　中外关系史学会，复旦大学历史系.中外关系史译丛（四）[C].上海：上海译文出版社，1998.216。

②　中外关系史学会，复旦大学历史系.中外关系史译丛（四）[C].上海：上海译文出版社，1998.216。

③　DerkBudde.Chinese Ideas in the west, Weshingtun 1972, P.25。

第四节　中国传统思想与法国启蒙运动

　　法国学者培尔是启蒙运动的重要先驱，他对中国传统思想，尤其是儒学产生了兴趣。培尔原本信仰天主教，但不久就成为新教的信徒，以后又逐渐变成了一个无神论者。他很早就注意到耶稣会士在中国的活动。培尔生活的时代，法国的天主教与新教之间矛盾极为尖锐。16世纪爆发的宗教战争虽然已经结束，但双方的紧张状态依旧。作为一个新教徒，培尔最初关注新教信仰能否在法国获得合法地位。路易十四虽然曾颁布《南特敕令》，允许法国的新教徒保持他们的信仰，但是法国国内保守的天主教势力一直希望废除国王这一法令，并强迫新教徒改信天主教。培尔在耶稣会士的书信和论著中发现他们在中国受到皇帝的礼遇，并能合法地在中国传教。这使培尔非常惊奇，因为在当时许多介绍东方国家的欧洲论著中，非基督教文明都是野蛮而残忍的。然而，在耶稣会士笔下，中国富庶而文明，虽然中国人不信仰基督教，但中国的皇帝却容忍耶稣会士传播这一信仰。

　　培尔在《历史批判辞典》中说："古代的中国人承认万物之灵中，天为最灵，天能支配自然，即自然界中其他之灵非天不可。然诸灵有相当之力，能以自力活动，形成和他灵不同的自相。此无数的小小非创造物，为大哲学家德谟克利特和伊壁鸠鲁所认为真理者，在东方这种思想却极其普遍发达。"他还介绍了中国儒学："儒学尊重古说，认苍天之灵，而其他万物之灵，均为缺乏智力之一种动的物质，而将人类行动之唯一判断者归于盲目的命运，命运有如全知全能的法官，天网恢恢，福祸自召，而其结果自然合于天理天则。"

　　除了培尔，另一位启蒙时期的著名学者马勒伯郎士也对中国的儒学发生了兴趣，并专门完成了一部《一个基督教哲学家和一个中国哲学家的对话——论上帝的存在和本性》。在这本书中，马勒伯郎士谈到了"理""气"及其相互关系。他认为："（1）有两个存在，一个是理，或者至上的理性、法则、智慧、正义；另一个是气（物质）。

（2）理和气是永恒的存在体。（3）理本身不能自存，不能独立于气。他们显然是把理看作一个形式，或者分布在气里的一种性质。（4）理既不明智，也无智慧，虽然它是至上的明智与智慧。（5）理本身并无自由，它之所以行动，只是由于它的本性的必然性，既不知道而且对它所做的一切也毫无意愿。（6）使适合于接受智慧、明智、正义的部分物质成为有智慧的、有明智的、有正义的。"

伏尔泰是法国启蒙运动的重要人物之一，他对法国天主教的专权极为不满，因此他非常希望能够从异域文化中找到解决法国社会问题的药方。来华耶稣会士对中国的介绍激发了他对中国的兴趣。通过阅读传教士们介绍中国的信件，伏尔泰认为中国是法国学习的榜样。伏尔泰有关中国的著述主要有两部，分别是《风俗论》和《哲学词典》。在《风俗论》中，伏尔泰肯定了中国文明悠久的历史，否定了基督教会的《圣经》历史观。他明确表示中国的历史在大洪水以前已经存在，"中国这个民族，以它真实可靠的历史，以它所经历的、根据推算相继出现过36次日食这样漫长的岁月，根源可以上溯到我们通常认为发生过普世洪水的时代以前"。在肯定中国悠久历史的基础上，伏尔泰对中国的伦理道德给予了很高的评价："中国人最深刻了解、最精心培育、最致力完善的东西是道德和法律。儿子孝敬父亲是国家的基础……一省一县的文官被称为父母官，而帝王则是一国的君父。这种思想在人们心中根深蒂固，把这个幅员辽阔的国家组成了一个大家庭。"

伏尔泰在这里把耶稣会士对中国的描述当成了中国的现实，而忽略了国家与家庭之间的根本区别：家庭以血缘为基础，而国家则以某种特定的制度为基础。伏尔泰对中国的伦理道德评价很高，甚至认为孔子可以当欧洲人的思想导师，而中国则是欧洲各国的榜样。伏尔泰之所以会得出这一结论，主要原因在于他的中国著述醉翁之意不在酒，而在批判欧洲，特别是法国的现实。虽然伏尔泰对中国的评价往往不符合中国的实际，但他的中国著述却激起了启蒙运动的浪潮，在欧洲许多国家产生了深远的影响。

魁奈的《中华帝国的专制制度》对中国的各个方面都进行了比较详尽的论述。魁奈肯定了中国的强大与繁荣。他写道："不论在哪一个时代，都没有人能够否认这是世界上最美丽的国家，是已知的人口最稠密而又最繁荣的王国。像中国这样一个帝国，其大小与整个欧洲相同，宛如整个欧洲联合起来，置于一个君主的统治之下。""中国人是管理得很好的，没有战争，也不侵犯别的国家，他们的人口增长超过了耕种得很好的广大国土所能供给的生活资料。不过促使人口过分增长的这一情况，在别的国家是没有的。"魁奈对中国的教育与科举制度评价很高。他认为中国政府对教育十分重视："教育人们是官吏们的一项主要职责。每月的初一和十五，所有地方官吏都聚集在一起举行仪式，由其中一人向百姓发表演说，演说的内容总无外乎父慈子孝，服从地方官吏以及一切有利于安宁与和谐的事项。"

魁奈对儒家的代表人物孔子评价很高。他认为："中国人把孔子看作是所有学者中最伟大的人物，是他们国家从其光辉的古代所流传下来的各种法律、道德和宗教的最伟大的革新者。这位著名哲学家坚贞不渝，忍受着各种非难和压制……这位贤明大师具有崇高威望，曾被推选出任鲁国大夫。他以明智的立法，使全国面貌为之一新，他革除积弊，重新树立商业信誉。他教育青年人尊重老年人，敬奉父母，即使在父母死后，仍旧敬奉如常；他劝导女子要端正淑贤，保持贞操；他要求在人们中间树立起公正、坦诚和一切文明风尚。"

在法国启蒙运动思想家中，孟德斯鸠的影响最为深远。他对中国的评价与伏尔泰和魁奈不同，在他看来，"中国是一个专制国家，它的原则是恐怖"，"中国的法律规定，任何人对皇帝不敬就要处以死刑。因为法律没有明确规定什么叫不敬，所以任何事情都可拿来作借口剥夺任何人的生命，去灭绝任何家族。有两个编辑邸报的人，因为关于某一事件所述情况失实，人们便说在朝廷的邸报上撒谎就是对朝廷的不敬，两人就被处死。有一个亲王由于疏忽，在有朱批的上谕上面记上几个字，人们便断定这是对皇帝的不敬，这就使他们的家族受到史无前例的恐怖的迫害"。无疑，这样的国家是令人恐怖的，"中国并不是欧洲的榜样，在一般意义上它对任何国家都不应是榜样"。

孟德斯鸠对中国的政教关系有一个很有见地的看法，他说："他们把宗教、法律、风俗、社论都混在一起，所有这些东西都是道德，所有这些东西都是品德。这四者的箴规，就是所谓礼教。中国统治者就是因为严格遵守这种礼教而获得了成功。中国人把整个青年时代用在学习这种礼教上，并把整个一生用在实践这种礼教上。文人用之以施教，官吏用之以宣传；生活上的一切细微的行动都包罗在这些礼教之内。所以当人们找到使他们获得严格遵守的方法的时候，中国便治理得很好了。"所以，孟德斯鸠看到了要害，"表面上似乎是最无关紧要的东西却可能和中国的基本政制有关系。这个帝国的结构，是以治家的思想为基础的，如果你消灭宗权，甚至只是删除对亲权表示尊重的礼仪的话，那么就等于削减人们对于视同父母的官吏的尊敬了"。

第五节　中国传统思想与德国近代哲学

　　莱布尼茨是17—18世纪欧洲伟大的科学家与哲学家，在数学、哲学、逻辑学等很多领域取得了惊人的成就。莱布尼茨很早就对中国文化产生了兴趣，曾读过耶稣会士基歇尔编纂的《中国图说》，从中了解到很多关于中国的知识。由于对中国的兴趣与日俱增，莱布尼茨开始与来华传教士联系以便获取更多有关中国的信息。目前从保留下来的著作和书信来看，与他保持通信联系的传教士有闵明我、汤若望、龙华民、邓玉函、白晋、南怀仁、安多、张诚、李明、苏霖等。

　　在这些来华传教士中，莱布尼茨与闵明我和白晋的来往最紧密。闵明我在华期间因办事勤勉，成绩卓著，深受康熙帝信赖。后来因中俄关系紧张，康熙帝派闵明我到欧洲一些国家活动，希望能够了解更多有关俄国的信息。闵明我在罗马教廷逗留期间与莱布尼茨不期而遇，两人多次交谈，建立了密切的关系。莱布尼茨从闵明我那里了解到很多关于康熙帝的情况，对这位简朴贤明的帝王颇为钦佩。此后，两人书信往来不断。

　　莱布尼茨有关中国的著述很多，但在生前公开发表的著作只有《中国近事》一书。此书包括了7篇文章，分别是：《北京教区主教苏霖关于允许在中国传播基督教的报告》《比利时传教士南怀仁在中国出版的天文学著作提要——关于现今中国政府统治者对天文学的研究状况》《意大利传教士闵明我1693年12月6日从果阿寄出的致莱布尼茨的信》《比利时传教士安多1695年11月12日发自北京的信》《通向中国的道路的简要描述，俄国传教团于1693年、1694年、1695年曾途经此路》《附录》。

　　对于中国人的灵魂观，莱布尼茨也提出了与耶稣会士很不一样的观点。龙华民和利安当都对中国人的灵魂观做过介绍。利安当认为："关于灵魂，中国人犯了几种不同的错误。有人认为灵魂不死而仅仅是转移，再生于各种不同的人或动物的身体之中给予它们生命；有人认为灵魂下入地狱，在那里过一段时间之后又出来。有人认为灵魂是不死的，它们在荒无人烟的山林中游荡，人们称之为神仙，给他们修庙。儒家和最有学问的人认为他们的灵魂来源于天，是天的最稀薄之气，或者天的天气；灵魂离开肉体时就复归于天。他们以天为归宿，由天而出，又混合于天。"莱布尼茨不认为中国人的灵魂观与基督教神学的观点完全不同，他甚至认为两者之间存在着很大的相似性。

莱布尼茨的《论尊孔民俗》一文充分体现了他对中国尊孔这一仪式的看法，"在中国人用以祭孔子和其他功德卓著的亡者，尤其是用以祭自己先辈的礼仪中，在有些人看来似乎用了宗教的礼仪。可是在这许多表达方式中，如叩拜在某种场合下是政治礼仪，基督教的皇帝也袭用过神灵的名号……例如，他们摆上亡人的肖像，在其所谓灵位前献上供品，完全可以理解为是用一种拟人法或诗歌中的颂歌方式，赋予亡者以不朽的光荣，倒不是真以为亡灵会前来享用供品"。

康德对中国宗教有所介绍，"这里，佛教教派为数最多。他们理解佛为神的化身，神灵附在居住于西藏布达拉宫的那位受人顶礼膜拜的大喇嘛身上，当他死后，神灵又转世到了另外一个喇嘛。鞑靼人的佛教僧人叫作喇嘛，就是中国的和尚。从天主教传教士所描述的中国佛教的神祇来看，佛教实际上是一种由基督教变种而生的异教。大喇嘛据说也主持用面饼和酒进行祝祷这样的圣事。中国人崇拜孔子，他是中国的苏格拉底。这里也居住着一些犹太人，他们就像马拉巴尔海岸的犹太人一样，公元前就迁居到这里，对犹太教已经知之甚少了"。

沃尔夫对中国思想的了解主要来源于柏应理等人翻译的《中国哲学家孔子》和卫方济翻译的中国典籍《论语》《大学》《中庸》《孟子》《孝经》《小学》。沃尔夫认为中国思想的创造者是伏羲，他认为，"中国哲学的创造者，在这光荣的谱系上的第一位国王，被尊为国家的创造者与文化之父的，是伏羲。继承他的是神农、黄帝、尧、舜。他们都对伏羲开创的事业做过贡献。最后，夏商周三代的统治者也将政府与法则带到更进一步的完善境界内"。而夏商周三代创造的这种良好秩序在春秋时期遭到了破坏，不论是君主，还是普通臣民都不再遵守自己的本分，丧失道德而疯狂作恶。在这种危急时刻，孔子应运而生。沃尔夫指出："上天为照顾世人而使孔子兴起，以他这位德高望重的博学者来从败坏中救他的国家。他并非出身于贵族显爵之家，又无权编纂与公布好的法律，或者使人民服从。他只是个老师，但是在自己本分内的事总是全力以赴。他既然不能行其所欲行，但至少行其所能行，他又尽其天赋之责，不但履行教职，并将之发扬光大。"

赫尔德是德国近代历史学家、思想家。对于孔子与儒家思想，赫尔德的评价不高，"孔子是一个伟大的名字，尽管我马上得承认它是一副枷锁，它不仅仅套在了孔子自己的头上，而且他怀着最美好的愿望，通过他的政治道德说教把这副枷锁永远地加给了那些最愚昧迷信的下层民众和中国的整个国家机构。在这副枷锁的束缚之下，中国人以及世界上受孔子思想教育的其他民族仿佛一直停留在幼儿期。因为这种道德学说呆板机械，永远禁锢着人们的思想，使其不能自由地发展，使得专制帝国中产生不出第二个孔子"。在另一篇谈到中国思想的文章中，赫尔德指出，"中国的一切事理都源于孩子般的顺服，上至皇帝的社会各阶层，甚至那些早已作古了的列祖先宗都在传播这种礼俗。他们所有的文字、格言警句，所有的经书典籍、所有家庭内部的和社会公共的风俗习惯以及他们所有的生活方式和治国方法统统都建立在这个原则的基础之上，并受其制约"。

第六节　英国对中国传统文化的态度

　　1592年，英国舰队在亚速尔群岛附近截获一艘葡萄牙船只"圣母号"，并在船上发现了一本用拉丁文书写讲述东方国家的书籍。有人将此书送给地理学家哈克鲁特。哈克鲁特请人将此书中有关中国的部分翻译成英文收入《英国航海、旅行和地理发现全书》。从此书的摘译部分来看，作者对中国的风土人情、政治、经济、教育等方面都有所介绍。罗伯特·伯顿可能是第一位在书中介绍中国文明的英国学者。他在自己的《忧郁症的解剖》一书中提到了中国人，说中国人敬天奉上，聪明，和平而安静。人们整洁，有礼而不晓舌，并且安居乐业。在中国有德有才的人才做官，并不取决于贵族的身份。

　　英国学者哥尔德史密斯写过一部名为《世界公民》的书。此书由一系列虚构书信组成。作者是一位假托的中国人李安吉。书信的内容是这位假托的中国人对中国及英国的社会评论。此书以《世界公民》为名，蕴含着作者独特的哲学观：他虚构的这位李安吉虽然是中国人，有着中国人的视角，可他又摆脱了一般意义上的乡土观念和民族偏见的束缚，所以可称世界公民。哥尔德史密斯写作此书参考了不少来华传教士的著作，主要有柏应理的《中国哲学家孔子》、李明的《中国现势新志》、杜赫德编纂的《中华帝国全志》等。哥尔德史密斯总体来说对中国文化评价较高，如作者假托的李安吉说："一个帝国换了多少朝代，还是这个样子，最后虽给鞑靼人征服，但仍保持古代的法典、古代的学术。因此，与其说屈服于外国的侵略者，倒不如说它兼并了鞑靼。一个国家，论幅员可抵欧洲全部，但只服从一种法律，只听命于一个君主，四千年来只经过一次长期革命，这是它的特别伟大之处。因此，别的国家跟它相比，真是微不足道了。在他们这里宗教迫害是不存在的，人们的不同主张也没有引起战争。老子的信徒，崇拜偶像的佛门弟子以及继承孔子的哲学家，只是通过各自的活动来尽力表达其学说的真实而已。"当然，他对中国也有批评意见，

"中国本身在不知不觉中也不像古代那么伟大了：……它的商人也比以前狡诈，它的艺术和科学走向衰落。有一个时期中国接受一切外来人，欢迎来帮助工作或者观光上国的人，但现在对外国关上了大门"。

威廉·沃顿认为："孔子的书谈来谈去无非是一些道德问题，而在这些问题上，凡是通情达理而又有一点儿人世经验的人未尝不可以说出同样的话来。"托马斯·布劳顿在《基督教不同于自然神论》中说："基督教重现神的启示，这是孔子学说里所没有的。难道因为孔子不谈启示，英国人就不要启示吗？启示原是一种恩典，不是人人都能得到的，中国人就没有得到，因为他们不是选民。难道因为中国人不是选民而得不到上帝的恩典，英国人就不当选民，而拒绝上帝的恩典吗？"贝克莱则声称："用欧洲人的科学观点来看，他们并非如此博学和如此敏锐。如果我们相信金尼阁和其他作者的记叙，中国人总的特点是注意细枝末节和轻信新奇事物，他们沉迷于寻找金石与长生不老药的徒劳中，沉迷于星象、算命与各种各样的预兆。很明显，他们缺乏自然科学与数学方面的知识，是耶稣会传教士们给他们传授了大科学家的知识。"

休谟在《论艺术和科学的兴起和进步》中讲到了中国："任何导师，像孔夫子那样的先生，他们的威望和教诲很容易从这个帝国的某一角落传播到全国各地。没有人敢于抵制流行看法的洪流，后辈也没有足够的勇气敢于对祖宗制定、世代相传、大家公认的成规提出异议。这似乎是一个非常自然的理由，能说明为什么在这个巨大帝国里科学的进步如此缓慢。"

笛福的《鲁滨孙漂流记》对中国进行了很不客气的批评："被人们认为天赋伟大的中国人，我们很容易发现他们深陷于偶像崇拜的污泥中无法自拔。他们顶礼膜拜的偶像人狰狞可怕，形态怪诞，面无耳目，既不能行走、站立、飞翔，也不能视听、言说。这些丑陋狰狞的偶像的唯一作用，就是将一大堆乌七八糟、可怕而又可恶的观念装到偶像崇拜者愚蠢的脑子里。"同时，笛福还认为中国的对外贸易、建筑、手工业都没有什么值得称赞的，即使是中国的首都北京也是个建设得很糟糕的城市。

第七节　中国文化对俄罗斯的影响

中俄之间最早的交往可追溯到明万历四十六年（1618）。当年，俄国哥萨克彼特林曾奉托波尔斯克总督之命出使北京，回国时曾带回万历帝的诏书。诏书称："尔等既为通商而来，则通商可也。归去时仍可再来。在此世上，尔为大国君主，朕亦为大国皇帝也。愿两国之间道路畅通无阻，尔等可常相往来。尔若进贡珍品，朕亦以优质绸缎赏赐尔等。而今，尔等即将归去，如再来，或大君主派人前来，应携带大君主之国书。届时，朕亦将以国书作答。尔等如携有国书前来，朕即命以上宾相待。"

1655年和1660年，俄国沙皇两次派使臣出访中国，顺治帝均曾以国书回复。不过，这一时期双方的交往只是单向的，清朝官方并未派使节出访俄国。1689年，中俄双方才正式派遣使臣在中俄边境尼布楚谈判，并缔结《尼布楚条约》。1692年，沙皇派遣伊台斯出访北京。清朝官方对使团十分礼遇。通州的地方官员亲自率员迎接。该使团随员之一亚当·勃兰德曾把在北京的经历写成笔记予以发表。宏伟壮丽的北京城给他留下了深刻的印象，"北京是中国历代皇帝的名都，异常美丽，位于北纬39度59分，在直隶省最北边，离著名的长城不远。城南有两道又厚又高的城墙防护……市民的房子漂亮而轩敞，达官贵人们的私邸装饰华丽，牌楼富丽堂皇，到处高耸着美丽的寺庙和塔"。对于北京的道路，勃兰德则表示了不满，"街道没有使用鹅卵石和砖铺设，因此，无论晴天或雨天，特别是当北风呼啸的日子，给行人带来许多不愉快和不方便。在艳霞酷暑和久旱不雨的时候，含有大量硝和其他轻物质的土壤往往变成微尘，即使微风轻拂也能把尘土刮得满城飞扬。浓云似的尘土眯住眼睛，钻进人的嘴、鼻和衣服，落满房屋的各个角落，弄得哪里都很脏"。

中俄《尼布楚条约》签订后，归降中国的俄国人被清政府送到北京罗家圈胡同附近居住，并编入镶黄旗中。因这些人信仰东正教，清政府将一座关帝庙划归他们做祈祷之用。这座庙被当地一位俄国司祭改为教堂，成为中国最早的一座东正教堂，称为北馆。此后不久，俄国沙皇决定成立东正教北京传教团。特命托波尔斯克教区负责此事。1715年，俄国派出第一批北京传教团，嗣后，每隔若干年，俄国都会派新团代替旧团。第一批北京传教团的待遇甚为优厚，清朝官方发给传教团负责人修士大司祭白银800两，传教团的修士司祭和辅祭每人白银600两，一般人员每人200两，用以购置房屋居住，另外给他们许多银两购买奴仆。此外，传教团人员还能按照一定时间获得清政府的各种赏赐。除北馆外，清政府还将今天东郊民巷附近的一块地划为俄国贸易使臣及商队驻地，并在此地也建造了一座教堂，称为南馆。

中俄建立正式关系以后，经常有学习汉语的学生随传教团来京，大量的俄国外交人员及汉学学者就产生在这些传教团人员及学生之中。其中最有成绩的有罗索欣、阿列克谢·列昂季诺夫、雅金甫·比丘林、帕拉季·卡法罗夫和瓦西里耶夫。罗索欣学成归国后在俄国科学院教汉语和满语，翻译了图里琛的《异域录》、《八旗通志》以及《资治通鉴纲目前编》。列昂季诺夫在俄国外交部工作，工作之余，他曾翻译了《大学》《中庸》《易经》《大清会典》《历代名臣奏议》等书。卡法罗夫的成就不限于翻译，还亲自撰写了很多研究中国的论著，如《元朝秘史译注》《长春真人西游记译著》《古代佛教史纲》《乌苏里边区历史概述》《古代佛教史纲》。

19世纪俄国最有名的汉学家是雅金甫·比丘林。此人曾任东正教驻京第九届传教团团长。他在京时间长达14年，学习了汉满蒙藏等语言，并认真调查研究中国各方面情况。回国之后，比丘林先在俄国外交部亚洲司任翻译，后来在恰克图开设了一所汉语学校。为教学需要还专门编写了《汉语语法》一书。比丘林有关中国历史的著作很多，如《中国的行政制度和风俗概要》《中国及其居民、风俗、习惯和教育》《成吉思汗家系前四汗史》《中华帝国统计纲要》《蒙古纪事》《西藏青海史》等。最为难能可贵的是，比丘林还写有关于北京的专著《京畿志》和《北京记述：附1817年绘制的京师地图》。

1849年，耶戈尔·彼得洛维奇·克瓦列夫斯基随东正教传教团抵达北京。他在《窥视北京城》一书中对19世纪40年代的北京社会百态进行了非常细致的描写。他对北京的商业店铺的观察很仔细，"许多店铺非常漂亮，造型奇特。药店和杂货铺的装饰尤其精美夺目，金光闪亮，色彩夺目，特别华丽妩媚，像巨大的玩具，点缀在首都街头"。对于普通北京人，克瓦列夫斯基认为，"北京的大街上，看热闹的人比其他任何地方都多。它与意大利、法国的首都相比也毫不逊色。日常事务都是在家中或店铺中进行。这些房子全都深藏在迷宫般的小院子里，你从街上根本看不到，没有一扇向外的窗户。这才是真正的东方人生活，他们的内心世界永远对外人关闭着"。

第八节　欧洲的北京书写

这方面比较有代表性的西人著述是西班牙人拉达的《记大明的中国事情》。这部书直接参考了中国古代的许多历史文献。拉达对明朝的政区进行了比较详细的介绍，特别对省府州县的数量及具体情况都有具体描述。在拉达之后，门多萨的《中华大帝国史》也对中国历史的整体脉络进行了系统介绍。

耶稣会士来华后，有关中国的历史，特别是有关北京的情况介绍得更为丰富。其中利玛窦《中国札记》、曾德昭《大中国志》、安文思《中国新史》、卫匡国《中国上古史》和冯秉正《中国通史》是其中代表。利玛窦《中国札记》对北京城的各个方面都有细致描述。例如他在谈到北京城的结构、皇宫及街道时指出，"北京城的规模、城中房屋的规划、公共建筑的结构及城防沟垒，都远逊于南京……皇宫也不如南京皇宫宽阔，但它建筑的雅致和优美却由于它的细长的线条而显得突出……北京很少有街道是用砖或石铺路的，冬季的泥和夏季的灰尘令人厌烦"。利玛窦还提到北京因风沙大而产生的一个独特民俗，"这里在多灰尘的季节，任何阶层的人要想外出时，不管是步行或乘交通工具，都要戴一条长纱……一个人只有在他愿意被认出时才能被人认出。他避免了无数的招呼和问候，并可以根据他喜欢的任何方式和任何价钱出行"。

曾德昭的《大中国志》相比门多萨的《中华大帝国史》对中国各个省份的介绍更为详细，尤其是每省的气候、物产、地理都有所涉及。在社会风俗方面，该书对中国人的相貌、性格、各个社会阶层的状况、各类游戏、节日、婚丧嫁娶礼仪都一一进行了介绍。在政治方面，该书对中国的政治制度，如六部、九卿、通正司、都察院以及地方政府官员的执掌也记述甚详。在宗教方面，该书对佛道儒的发展状况、算命、看相均有所涉及。在教育方面该书对中国的科举考试制度及四书五经的内容都有详细介绍。

卫匡国的《中国上古史》则是一部关于中国早期历史的专著。此书共分十章，从伏羲开始一直讲到西汉的末代君主哀帝。卫匡国将公元前2952年自伏羲以来的中国历史均当作信史，如此则将中国历史置于诺亚大洪水之前几百年，由此造成了教会内部的各种争议。长期在北京宫廷服务的安文思所写《中国新志》为解决这一问题，提出了一个新的解决办法，即在《圣经》年代方面采用所谓《七十子本圣经》代替《通俗拉丁文本圣经》。根据这版《圣经》，上帝创世在公元前5200年，诺亚洪水时代为公元前2957年，则伏羲仍然在诺亚大洪水之后。除了对中国上古历史的介绍，《中国新史》相比《大中国志》，内容更为丰富，尤其是在中国上古历史和政府机构方面远超《大中国志》。此书最有价值的部分在于用了大量的篇幅详尽描写了北京城内的建筑，包括各类皇宫、寺院、官衙和民宅。同时，也对北京的自然景观做了一定介绍。安文思指出北京城有9座城门，而不是卫匡国所说12座。

安文思对北京的内外城进行了区别，他称内城为"满城"，外城为"汉城"，并正确地指出在内城中还有皇城和紫禁城。此书更为难能可贵的地方在于，一方面对中国文明颇为赞赏，另一方面又不是无原则的吹捧，表明了他实事求是的态度。比如安文思在对清朝政府机构设置及运行机制进行赞扬后，笔锋一转，开始抨击那些实际任职的官员，"如果官员们在司法程序中的行为能与法律的规定和君主的意图相一致，那么中国将是天底下统治的最好的国家。但是这些外表看来如此严谨庄重的官吏，内心深处却充满了虚伪、残忍和刻薄。他们的罪恶简直不可计数"。

对于清代的皇宫，李明和王致诚都有详细的描述。李明在《中国现势新志》中讲到皇帝的住处，"这里确实有庄严的圆柱所支撑的门廊，白色的大理石阶引你升入内殿，镀金屋顶，雕工画饰，光彩夺人，室内地面用大理石或瓷砖铺成……看起来确实伟大，适合于一位如此之伟大的君主的庄严"。长期在乾隆宫廷服务的宫廷画师王致诚从建筑艺术的角度评论了紫禁城的布局，"它基本上是由一大批主体建筑物组成，彼此之间互相脱离，但却设计成了一种相当漂亮的对称布局，由宽敞的院落、花园和花坛分隔开来。所有这些主体建筑的门面都由于镀金、涂漆和绘画而金碧辉煌。其内部装满了中国、印度、欧洲所有的最精美的和最珍贵的艺术品和家具"。

长期在清朝宫廷的耶稣会士冯秉正所著《中国通史》共分12卷，详细记载了自上古以至乾隆朝的历史。此书实际上是朱熹《通鉴纲目》的法文译本。该书出版以后，据说有530人订购了此书，据此可了解此书在法国的影响。在中国古代史的研究方面，宋君荣贡献较大，他翻译了《尚书》，曾撰写了《唐代史》和《成吉思汗与蒙古史》。

以儒学为核心的中国传统文化传入欧洲之后，使欧洲中世纪神学权威受到冲击，继而掀起一个学习研究中国文化的热潮。在这样一个过程中，法国、德国、英国等国家的一些重要思想家对于中国传统文化在欧洲的传播中扮演了重要角色。传教士们带回到欧洲的有关中国的数量众多的著作、书信和译著构成了"中国热"出现的最初媒介。这一时期，各种关于中国的资料风行于欧洲各国。同时，"中国热"也体现在社会生活、艺术、文学等领域。中国传统出口商品丝绸、瓷器、茶叶、漆器等在欧洲仍有非常旺盛的生命力。

16世纪到18世纪正是欧洲由中世纪封建社会向近代资本主义社会转变的关键时期。中国传统文化传入欧洲，经思想家们的取舍加工后融入新的文化体系，成为欧洲近代民主思想的来源，在一定程度上参与了欧洲社会转型的历史过程。在很多传教士和启蒙思想家的认识中，中国政府合理而有效，皇帝开明而睿智。孔子的教育思想，以科举考试来选拔官吏的办法也都受到称赞。中国的这些制度与欧洲的官位世袭、强大的贵族特权等都形成了鲜明的对比，因此成为欧洲启蒙者改革的思想武器。

在此之前，基督教长期占据思想统治地位，社会习俗乃至私人生活都由宗教教规来规范。基督教宣扬上帝的启示是道德的唯一源泉，只有信仰上帝，人们才能获得真理得到拯救。东方文化在欧洲开始传播的过程中，欧洲正处于以反对宗教神权、提倡理性为主要特征的启蒙运动兴起之时。中国是一个没有基督教信仰的国家，其悠久的历史、伟大的成就和良好的社会秩序，在一定程度上冲击了《圣经》和天主教的权威，儒家尚"仁义""德治"，重现实、重伦理的理性精神和自然法则与欧洲启蒙思想不谋而合。伏尔泰、莱布尼茨等许多著名思想家都是受到中国经验的启发而极力推崇开明专制统治模式的，中国传统文化也因此成为启蒙思想家手中反基督教神学的思想武器。

第六章

明清北京与东亚诸国的文化交流

在 19 世纪中叶以前的漫长的古代时期，东亚地区的国际关系格局，是以中国为中心所构筑起来的"华夷秩序"或"朝贡（藩属）体系"。这一格局，起自中国的秦汉，历经唐宋，明初至清代前中期达于全盛和顶峰；中国与其周边的朝鲜、琉球、越南三国的关系，堪称其典型；古代日本也曾一度加入过这个格局。从 19 世纪中期开始，随着西方器物制度思想的传入，近代中国的民族意识、国家意识出现了明显变化，民族国家构建亦渐次拉开序幕。而属国问题是近代中国民族国家构建时不可逾越的议程。中国与朝鲜、越南、缅甸等国的文化交流方式也发生了新的变化。

第一节　与朝鲜的文化交流

明代建立之后，太祖朱元璋就曾派使者到高丽，后高丽使者也到南京回访。李成桂推翻王氏高丽建立李氏朝鲜后，与大明王朝的交往渐趋频繁。一方面是双方使节来往不断，另一方面由于朝鲜也以儒学为国家科举考试的基础，因此四书五经等典籍深受一般朝鲜人欢迎。来华的朝鲜人在北京等地大量收购中国书籍。明代官方也曾多次向朝鲜政府赠书，1426年赠给朝鲜四书五经、《性理大全》及《通鉴纲目》，1454年赠给朝鲜《宋史》《大统历》《明会典》等。16世纪以后，朝鲜很多儒学人士在程朱理学的基础上纷纷提出自己的理论体系。徐敬德针对理气二元论，提出"气外无理"的"气一元论"。李彦迪则提出"有理而后有气"的"理气不可分"理论。这两派思想经过数百年发展形成了带有唯物主义色彩的畿湖学派和带有客观唯心主义色彩的岭南学派。

清代定都北京以后，双方使节每年往来不断。朝鲜方面，每年除有贺冬至、贺正朔、贺圣节、纳岁币的四次固定朝贡使节外，还有多种不定期使节来华。从记载看，朝鲜李朝政府每年都派使团来中国进行礼节性的聘问，使团非常庞大，平常人数多达300人，除正使及随员外，还有商人和杂工等随行。而且从记载亦可清楚地看出，在中朝文化交流过程中，朝鲜使团也确实起到了传导体的作用。大约从17世纪到18世纪，清代的考证学和文艺以及西洋的天文学、历法、地理学、医学、音乐、数学、火器等各方面的科学技术知识，多是通过朝鲜来华的使者介绍到朝鲜的。

清代以后有许多朝鲜学者来北京，留下了很多著述。这些人中较著名的有洪大容、朴趾源和朴齐家。洪大容在京与很多中国学者进行了交流，留下了两部书记录这些谈话和信件，即《杭传尺牍》和《干净同笔谈》。朴趾源和朴齐家也写有《热河日记》和《北学议》介绍他们在中国的所见所闻及自己的观点。除了学术思想，中国的绘画、农业、医药等方面也对朝鲜有很大影响。朝鲜李朝早期的画家其画风与宋代的院画相似，如安坚、姜希颜。16世纪之后则受到明代画风的影响，出现了李成吉的《武夷九曲图》等名作。

中朝两国文人学者在交往中虽有时语言不通，却可以用汉文进行笔谈。例如，1780年来华的朝鲜最杰出的思想家朴趾源在热河与中国开明知识分子王民等的接触中，就是用的笔谈方式。据朴趾源《热河日记·鹄汀笔谈》记载，由于受到当时文字狱的钳制和恐吓，造成中国知识分子忌讳之风，所以王民等人一面与朴趾源笔谈，一面又把自己写的纸揉成一团，装进口袋里。再如，朝鲜著名学者朴齐家、柳得恭曾于1778年、1795年和1801年三次访华。他们在与中国文人学士陈鳣、钱既勤等一起切磋学问时，也因彼此语言不通而采用以笔书写汉字的方式来交流，"四人者赏奇析义，舐墨濡纸，顷刻尽数纸"。还譬如，1887年，清光绪帝亲政，朝鲜派其学者李承五为进贺兼谢恩正使，率团赴华。由于文字相通，所以使团无论在往返途中，还是在北京期间，他们与中国文人学者交往中都未曾发生什么太大的困难，因为凡遇到语言不通时，他们便用笔写汉字来交流。

朝鲜人酷爱中国书籍的热情始终很高，自唐以来各代史书都有这方面的记载。例如明代，每次朝鲜使节来北京，皆"日出市中，各写书目，逢人便问，不惜重金购归"。清朝则更是如此。每次朝鲜使团来华，其随行人员都要购回许多书籍。乾隆四十一年（1776），朝鲜诗人李德懋来到北京，别的事还没办，就跑到书店集中的琉璃厂去寻找朝鲜所需要的书籍。那里有300多家书店，他一口气跑了12家，总共发现他们所需要的书有130多种，并将其全部采购回国。

琉璃厂是朝鲜使者购书的重要之所。早在康熙年间，这里便成了有名的文化街。中外学者文士多到此处访书购书。18世纪朝鲜著名的自然科学家和哲学家洪大容在《燕记》中描写了所亲见的琉璃厂书店说："壁周设悬架，有十数层，牙签整帙，每套有标纸，量一肆之书已不下数万卷，仰面良久，不能遍看其标号，而目已眩昏矣。"可见书籍之丰富，令人目不暇接。朝鲜学人到中国采购书籍，主要是访求朝鲜没有或少见的书籍，特别留意所谓"禁书"。此外，他们还大力搜购近人著作。据说朴齐家就曾以重价购求袁枚的《小仓山房集》及刘震棠诗竟不可得，怏怏而去。

朝鲜人搜求购买中国书籍，回国后多加以刊行。例如，清初人吴兆骞因科场事谪戍宁古塔，行箧携有当时三大词人徐轨的《菊庄词》、纳兰成德的《侧帽词》、顾贞观的《弹指词》共三册。朝鲜使臣仇元吉、徐良崎见到后，即以一金饼购去，并且回国后加以刊行。在朝鲜传诵一时，成为佳话。同时孙松坪出使朝鲜，在馆伴使案上即看到过这些被刊行的书。再如，晚清梁启超所著的不少著作均被朝鲜大量刊行，形成"梁启超热"等。

交流总是相互的。中国历代文人也收录、刊行过不少朝鲜的各种著作，使它们得以在中国流传。清代中国文人搜求朝鲜各种著作并为之作序刊行的事情，就更是不胜枚举了。尤其是朝鲜的诗，在明清之际我国相当重视，常常派人随使团到朝鲜去收集，并为之刊行，广为传播。朝鲜诗记载在中国诗集的数钱汉山《列朝诗集》和朱彝尊《明诗综》为最多，两书所记合为50余首。两书的诗都是取材于吴明济的《朝鲜诗选》和孙致弥的《朝鲜采风录》。明末朝鲜诗人金尚宪曾奉使来过中国，写了不少好诗，有一首题为《登舟次吴秀才韵》的诗说："淡云微雨小姑祠，菊秀兰衰八月时。无限旅愁消不得，因君好句重相思。"我国清初诗人王士禛（号渔洋）在《渔洋感旧集》中就吸收了他的一些诗，还作诗赞扬他说："淡云微雨小姑词，菊秀兰衰八月时。记得朝鲜使臣语，果然东国解声诗。"1736年，金尚宪的傍孙金在行随使节来京，结识了钱塘潘庭筠和严诚。当他们得知金在行就是金尚宪的后代时，感叹良久。临别，潘庭筠便把箧中所携《渔洋感旧集》送给了金在行。

清代中朝文化交流的内容是比较广泛的，除文学外，还有其他许多方面。例如在实学方面的相互交流就很突出。所谓实学，就是讲求实利和实用的经世致用之学。它由清初我国著名思想家顾炎武等倡导，曾由于乾嘉汉学的盛行而地位不显，直到鸦片战争前后，再度兴起，龚自珍、魏源就是其中的佼佼者。中国的实学通过李朝出使中国的使节和汉文书籍，给李朝进步的知识分子以极大启迪。朝鲜有些实学家本身就曾为使节。譬如主张学习中国文化以及通过中国传入的西方文化而学习的北学派人物中，就有洪大容、朴趾源、朴齐家、柳得恭、李德懋、金正喜等不少人先后参加过使团来中国访问，在中朝实学及其他文化交流方面，做出了不可否认的贡献。

这些朝鲜使节甚至与不少清朝学者结下了深厚的友谊。例如，翁方纲晚年与朝鲜学者金正喜等人的交往。朝鲜是清朝的朝贡国，双方之间每年都有不定期的使臣活动。出使清朝的朝鲜使团，比出使朝鲜的清朝使团人数多、次数频繁、滞留期限长。出使清朝的朝鲜使臣大部分由文官担任，而且在北京的驻留时间一般可在60天左右。朝鲜使团人员在北京有比较多的行动自由，可以以私人身份与中国官员、学者甚至西方传教士进行接触，并可游览书肆以及名胜古迹。在整个乾隆时期，著名学者纪昀、李调元、潘庭筠、罗聘、陈鳣等人与朝鲜学者都有密切的交往，翁方纲与朝鲜学者的交往即是在这种背景下进行的。

据沈津先生《翁方纲年谱》，嘉庆十五年（1810）正月，翁方纲为朝鲜金正喜进士所藏的《大禹治水图》题字，又为金正喜题"酉堂"隶书两大字。嘉庆十七年（1812）翁方纲又为金正喜题"诗盦"。这一年翁方纲80岁，金正喜写佛经寄祝。9月28日，翁方纲与来访的朝鲜书状官、宏文学士申纬以及举人柳最宽同观宋椠《施顾注苏诗》残本。同年冬，朝鲜申紫霞学士拜访翁方纲。嘉庆十八年（1813）正月二十三日，朝鲜使臣、经筵讲官、内阁提学、原任三馆大提学、判中枢府事斗室沉象奎与其客茨山朴善性同观宋椠《施顾注苏诗》残本于苏斋。可见，翁方纲晚年与朝鲜学者的交往是相当频密的。

在与朝鲜学者的交往中，翁方纲与金正喜的关系最为密切。金正喜（1786—1856），字元春，号秋史、阮堂、礼堂。嘉庆十四年（1809），24岁的金正喜随父来到北京，次年正月在翁氏门人李心庵的带领下，拜访了住在保安寺街的翁方纲。当时翁方纲已经78岁，两人相见后，相谈甚欢。翁方纲非常欣赏金正喜，并书"经术文章，海东第一"八字赠之，又开启石墨书楼，请他参观自己的收藏。金正喜归国后，经常以书信致翁方纲，翁亦对其经学研究给予指导，对金正喜的经学和金石学产生了很大影响。

在短短数年的时间里，翁方纲与金正喜之间的论学不断，从目前仅存两封信中我们可以对当时的情形窥见一二。

其中一封收录于《复初斋文集》中，主要内容是翁方纲对金正喜研治《仪礼》问题方面的一些回答。翁氏明确说研治《礼经》的关键在于"当纂言而不当纂礼"，即要着力于"经语之诂训"，而不是考辨"宫室衣服诸制"，并批评张惠言《仪礼图》以明堂为路寝的观点。他又告诫金正喜："凡读传注，必以经为主，慎无舍经以从传。"①

金正喜像

另一封是原件现藏于韩国汉城大学奎章阁图书馆的"苏斋寄第二封"②。这封信写于嘉庆二十一年（1816）正月二十五日，其主要内容是翁方纲应金正喜询问有关治学方法的答复。

首先，翁方纲提出治学要以程朱为尊，他说："千万世仰瞻孔、孟心传，自必恪守程、朱，为指南之定程。士人束发受读，习程、朱大儒之论，及其后博涉群籍，见闻日广，遂有薄视宋儒者，甚且有倍畔程、朱者，士林

---

① 《复初斋文集》卷十一《答金秋史》。

② 翁氏此札写于嘉庆二十一年正月二十五日，《集录》"手札"部分著录全文，见该书542—543页；又，张伯伟编《域外汉籍研究集刊》第一辑"稀见资料介绍"，著录有该信札影印本及全文，见该书425—446页，北京，中华书局，2005年。

之蠹弊也。"接着，翁方纲指出宋儒治学的弊端是"自持见理之明，往往或蔑视古之训诂"，不仅不研讨《尔雅》《说文解字》等音韵训诂之书，而且喜欢以"后人习用之文义以改古训"。同时，告诫金正喜不可空谈义理。他说："惟义理之学，不可空作议论，处今日经学大备、《六经》如日中天之际，断不可只管讲性理道德之虚辞，况此皆前人所已讲明者，不须今再讲也。"在这封信中，翁方纲还重点批评了宋儒疑经甚至删改经书的弊端。他举陈澔《礼记集说》为例，批评陈氏妄自删改经书。又批评欧阳修怀疑《易传》贻害后世。强调《毛诗序》《尚书序》"皆古师训义"，不可轻易推翻。

对于乾嘉时期盛行的汉学，翁方纲也指出了其优缺点。他认为"今日文教昌明大备之际，考证为最要"，提出了"古时师承之原委必不可废"的观点，就是对乾嘉汉学取向的肯定。他又说："经传中有一说、二说相歧出者，则必当剖析之。"这又是对考证方法的肯定。与此同时，翁方纲也指出了当时汉学家的一些弊端，认为"古时经师相承，或又有各遵其师说，未尽能画一之处"，并以三《礼》进行了说明。他说："江南张惠言撰《礼图》，竟谓明堂即是路寝矣。即如今日偶见汉建初铜尺，用以审定古器款识则可矣。江南沈彤竟欲执此尺以断定周时分田制禄之成算，竟若身到周庭，目觐其时事者，此必不能之事也。况圣人已言礼度文上焉者无征不信，以吾夫子生于周时，尚且慨杞宋之无征，而今考古者必欲如身到古时，若目睹其事其制者，非愚则妄也。"又批评凌廷堪所著《仪礼释例》迂腐，"此等撰述，意欲何为？有此光阴，又不如考定同异矣"[1]。翁氏告诫金正喜，治学不能重蹈汉学过于征实而流于穿凿附会的弊端。

---

① 见《翁方纲题跋手札集录》，致金正喜，542—543页。

第二节　与日本的文化交流

1392年，足利义满统一南北朝后，日本国内政治渐趋稳定，1401年他派使臣到南京出访，成祖朱棣封其为日本国王。三年之后两国签订贸易条约。条约规定：日本可以每十年派船朝贡一次，人数限制在200人之内，同时必须持有明政府颁发的勘合符才可上岸进行贸易。中日政府间的勘合贸易持续了150年左右，其间明朝输往日本的各类货物种类众多，包括：马匹、武器、丝织品、贵金属、毛皮、笔墨纸砚及各类工艺品。由于中国大量工艺品传入日本，激发了日本人鉴赏、研究这些中国物品的兴趣，进而在吸收、借鉴的基础上促进了日本本国文化的发展。1401年到1551年，一共有19批日本遣明使来华，人数最多的一次高达1200人。

遣明使团一般在宁波港上岸，其中高层人物要专门到北京觐见明朝皇帝。这些人员到京后一般住在会同馆，在奉天殿拜见皇帝，上表纳贡，接受皇帝的赐宴。随后他们离京从宁波回国。遣明使的正使基本上都是日本国内的名僧。据载，来华的遣明使僧人达到114人。其中作为正使较为著名的有京都天龙寺僧人龙室道渊和东福寺僧人了庵桂悟。前者于1423年（日本永亨四年）作为第二次遣明使的正使来到北京，受到明宣宗的接见，并赐其僧录司右觉仪。后者于1511年（日本永正五年）入华，武宗特敕其居住宁波广利寺。他在华六年，与很多中国文人都有交往。回国时，著名学者王阳明曾为之践行，并作《送了庵和尚序》。这些遣明僧人在华期间广泛与明朝官员及文人墨客交往，留下了众多的唱和诗。同时通过赐书和购买，他们将众多的中国古代典籍带回日本，促进了汉文化在日本的传播与发展。

除上述两名担任正使的僧人，遣明使中还有许多人为中日文化交流做出了卓越的贡献，其中策彦周良和雪舟等杨最为著名。策彦周良号谦斋，是日本临济宗僧人。1539年，策彦奉足利义晴之名，作为贸易使团副使出访明朝。他将自己的经历记录下来，写成了《谦斋初渡集》一书。当年5月，策彦一行抵达宁波，驻留三月之久。在宁波期间，他遍访当地名胜，顺便也购买了一些中国的古籍。1539年8月初，策彦等人获准赴京朝贺。使团一行50人从宁波出发，经慈溪、余姚到杭州，停留数日后又抵达苏州。策彦在苏州游览了寒山寺后，启程经镇江、扬州、宿迁、济宁、德州到达通州张家湾。进入北京后，策彦等人入住玉河馆。1540年3月18日，日本使团出席明政府举办的盛大招待宴会，在宴会上受到明世宗的欢迎。

雪舟等杨原是禅宗大寺相国寺的僧人，对绘画艺术十分用心，尤其在水墨画上有很深的造诣。但他不满足于仅仅在日本学画，还想到中国去学习南宋宫廷画的构成笔意。当时周防的大名大内氏垄断了日本遣明使的组团权，为了到明代学习绘画，他得知此事后便离开相国寺，来到周防的云谷庵以求获得大内氏的支持获得参加遣明使团的机会。1467年，雪舟等杨跟随日本遣明使团来到宁波，后进京参加了明宪宗的元旦赐宴。在北京逗留期间，他还受委托专门绘制礼部院壁画。因其画艺精湛，颇受当时中国绘画界赞赏。雪舟等杨在华期间一边与中国画家交流画艺，一边参访名山大川，对于宋代山水画的精义"师法自然"颇有领悟。

除了绘画技艺，中国的书籍也在这一时期大量流入日本。中国典籍进入日本的方式多种多样，主要有两种途径：通过遣明使带回日本，通过来华其他人士带回日本。遣明使的主要任务虽然在商贸方面，但是也趁来华这一机会将许多中国书籍带回国内。

由于明代政府有向外国使节赠送图书的礼仪，遣明使来华前常常自拟书单，到中国后就请明代政府照此赠予图书。1464年，建仁寺住持天与清启等人来华，列出的书单种类繁杂，如《北堂书钞》《宾退录》《挥尘录》《石虎集》《三宝感应录》《百川学海》《史韵》《教乘法规》等。明代政府照单全收，满足了日本使节的要求。日本来华人士除遣明使节外，还有一些学者，其中嘉靖时期来华的吉田宗桂曾替明世宗治病。世宗为表答谢，赠予他许多医学书籍。

明清之际，台湾东北方的琉球还是一个独立国家，当时与中国有着比较频繁的往来。明代统治时期，琉球国每两年派使者来华进贡，贡物种类繁杂，包括：玛瑙、乌木、硫黄、胡椒、红铜、降香等物，明政府的回赐往往更为丰厚。清朝建立后，除朝贡关系外，琉球国王还经常派遣国内子弟到中国学习。1693年，琉球国内官学生郑秉钧、蔡文博等人曾专程到北京国子监学习中国典籍。

近代中日文化交流表现出与古代不同的特征。其主要特点表现为中日双方角色的变化，即自进入近代以来从古代的日本"以中国为师"转变为中国"以日为师"的文化交流趋向。这种趋向的改变，具体表现为中国不同阶级、阶层及各种政治力量为救亡图存而"以强敌为师"学习日本，成为近代中日文化交流的主流趋势。日本借鉴于中国近代数度败于列强之教训，使中国成为其前车之鉴，推动了日本近代的进步与发展。同时，中日文化交流趋向的变化，在一定程度上反映着中日两国在进入近代社会过程中的民族心态所带来的截然不同的后果。

第三节　与缅甸、越南的文化交流

关于缅甸，永乐五年（1408）三月，明代正式成立四夷馆，其中设缅甸馆。正统年间，缅甸人云清等在缅甸馆任教，专门教授缅甸语文。弘治年间应明政府之请，缅甸政府又曾专派数名缅语教师到北京任教。缅甸馆的主要作用是培养译夷字以通朝贡的人才，主要课程是翻译杂字、译写来文、回答敕谕。当时还编写了缅甸译语，这也是我国最早的缅汉字典。清代中期缅王孟云曾两次派使节出访北京。第一次在乾隆五十二年（1787），据载："孟云遣大头目率从役百余人金叶表文，金塔及驯象八、宝石、金箔、檀香、大呢、象牙、漆盒诸物，绒毡、洋布四种。"两年之后的乾隆五十四年（1789），孟云再次遣使到京以祝贺乾隆帝八十寿辰。这次出访，除祝寿外，孟云还有个目的就是希望乾隆帝开放中缅通商。乾隆帝同意了孟云的要求，并正式封孟云为缅甸国王，同时又令专人拿着专门的文书印信前往缅甸国都曼德勒宣布此决定。自此以后，缅甸基本上十年向清代朝贡一次，而清代也多次遣使出访缅甸，两国建立了稳定的友好关系。

关于越南，元朝定都北京后，虽与越南发生过战争，但战争结束后，双方仍然时有使节往来。至元二十五年（1288），越南陈朝圣宗皇帝曾专门派使节到元大都希望世祖皇帝赐予《大藏经》。世祖忽必烈同意了这一请求。后这部大藏经藏于越南的天长府，即今南定。元统二年（1334），元廷派吏部尚书帕住、礼部郎中智熙善去越南，两人专门把郭守敬编制的《授时历》赠予越南皇室。《授时历》在越南一直沿用到元末。除了典籍与历法的传入，在1299年越南使臣邓汝霖出使大都时对当时大都的宫苑园林极感兴趣，曾经秘密绘制了图纸带回国内。此后的河内及顺化城的建筑格局都参考了大都的建筑样式。尤其是顺化皇城基本上模仿北京故宫而建，帝后陵墓的建筑形制与格局也与明清诸陵非常相似。

明代定都北京后，越南基本上每三年遣使到北京朝贡，明代也多次派使节出使越南，双方的经济文化交往十分频繁。越南黎朝时，双方的往来甚多。1454年，黎朝国王黎浚的使臣阮乔访华，曾获大量赏赐。除了朝贡贸易，天文历法、典籍人员的往来也很频繁。明代曾仿元朝赠送《授时历》，也向越南陈朝赠送了明朝历法《大统历》。洪熙年间，越南各府州县曾派出80余名学生到北京学习。为此，仁宗曾下诏专门关注此事，要求礼部对这些越南学子的衣服、岁赐标准等同云南。越南与明代文化交流最为辉煌的成果就是明北京城及皇城的兴建工程。这一工程的总设计师就是越南人阮安。明世祖朱棣曾专门下诏在越南征求人才，阮安就是这次从越南征求的人才之一。据史料记载："阮安，交趾人，清介善谋，尤长于工作之事，北京城市九门两宫三殿五府六部及塞杨村驿诸河凡诸役一受成算而已。"不论是成祖时初修前三殿、后三殿，还是英宗时重修三大殿，阮安都主持设计，做出了重要的贡献。成祖兴建紫禁城时，阮安为此专门绘制了图纸。阮安设计的紫禁城东西宽约七百六十米，南北长达九百六十米，还包括前三殿和后三殿。这项宏伟的工程仅用四年就得以完工。

清代建都北京后，双方仍然保持着宗藩关系。按照规定，越南每三年入京朝贡一次。在文化方面，《历象考成》一书传入越南是标志性事件。清代康熙六十一年（1722）钦天监修订《西洋新法历书》，编成《历象考成》。嘉隆八年（1743），越南阮朝使臣阮有顺在北京购得一部《历象考成》。他回国后，向国王上书称："我国万全历与大清辰宪书，从前皆用明大统历法，三百余年未有改正，愈久愈差。清康熙间，始参西洋历法汇成是编，其书步测精详，比之大统愈密，而三角八线之法，又极其妙。请付钦天监，令天文生考求其法，则天度齐而节候正矣。"后来越南参照这部历法书编成了本国的历法《协纪历》。

第七章

晚清中西碰撞与国人对中西文化的再认识

晚清的北京处于古代与近现代文化、东方与西方文明的汇集交锋之地，色彩斑斓。它既是对中国传统文化的总结与浓缩，又处于激变的动荡期与裂变期。它维护着一套绵延两千年的价值体系，又在巨大西潮的冲击之下，孕育着众多崭新的文化因子。从文化交流的角度考察，这一时期的北京经历了一个从碰撞、冲突到融合、互通的过程。中国人对待西方文化的态度也经历了一个从傲慢到自卑，从抵制到吸收，再到拿来主义取舍的转变。

第一节 "鸦片战争"与"西学东渐"

　　鸦片战争之前，思想界的主流长期处在空言心性的理学和烦琐考证的汉学束缚之下，缺乏新文化元素的注入。嘉庆、道光年间，一些关注国计民生且以"治国平天下"为己任的思想家和开明官绅，极力提倡重振清初曾经盛极一时的"经世之学"，以求纾解民困、匡时济世和安定民心的良策。鸦片战争之后，中国社会的剧烈变化促使一部分开明官员和学者开始认识到时代变了，已向他们提出认识西方、学习西方和抵御外侮的新课题。从这个意义上说，此时中国官绅士庶的反应检讨，并非完全麻木停滞。事实上，国人对外之认识，当时曾有若干程度的警觉，并有具体可见的进展。

　　虽然后来的许多政治家和历史学家有充分理由认为道光二十年（1840）发生的鸦片战争是划时代的大事件，但当时的许多人并未有如此认识。第一次鸦片战争以及中英《南京条约》的签订，对于远离战场的北京城而言，实际上并未产生强烈的冲击，战争之后的十几年中，许多中国人并未从浑浑噩噩的天朝旧梦中醒来，京师之地仍然一派歌舞升平。由林则徐辑录京中来信所编《软尘私议》中有这样一段话，极尽京城士大夫的文化心态："议和之后，都门仍复恬嬉，大有雨过忘雷之意。海疆之事，转喉触讳，绝口不提，即茶坊、酒肆之中，亦大书'免谈时事'四字，俨有诗书偶语之禁。"左宗棠在魏源的《海国图志》重刻本《叙》中也说："自林文忠公被革后二十余载，事局如故！"

　　如果说第一次鸦片战争主要冲击了沿海地区的话，那么持续了四年之久的第二次鸦片战争则把沉重的震撼带到了中国社会的中枢。咸丰十年（1860）八月，蓄意挑起更大规模侵华战争的英法联军攻占天津，九月初开始向北京进犯，北京城此时开始面临真正的危机。九月二十一日，联军在通州八里桥大败清军。咸丰帝大为震惊，授其六弟恭亲王奕䜣为钦差大臣与英法谈判，自己则逃往热河（即今日承德）。

这年十月初，英法联军兵临这座千年帝都的城下。根据俄国外交官伊格纳提耶夫提供的情报：清朝守军集中在东城，北城是最薄弱的地方，应先攻取；并听说中国清朝皇帝正在西北郊的圆明园。于是，英法联军转攻安定门、德胜门。

十月六日，英法联军闯进举世无双的圆明园，园内中国守军因弱小寡不敌众，总管大臣文丰投福海自尽，住在园内的常嫔受到惊吓身亡。七日，英法联军开始抢劫，据随行的英军书记官记载：每个士兵都满载而归，"遇珍贵可携者则攫而争夺，遇珍贵不可携者则以棒击毁，以至粉碎而后快"，一些珍贵的抄本被当作废纸点燃烟斗，其中就包括《四库全书》。被劫掠的大量珍贵文物或在英法博物馆中，或在他们这些侵略者子孙及亲属手中。英法军队洗劫两天后，向城内开进。十月十八日，3500名英军再次冲入圆明园，三天之内，他们将这座经营150余年、聚集人类古今艺术珍品和综合中西建筑艺术成就的壮丽宫殿和园林抢掠一空，毁坏殆尽并付之一炬。圆明园上空，浓烟滚滚，附近的清漪园、静明园、静宜园、畅春园及海淀镇等均被烧成一片废墟。安佑宫中，近300名太监、宫女、工匠葬身火海。

圆明园被毁不仅是中华文明的一场巨大劫难，也是世界近代文明史的一出惨剧。圆明园的兴衰，是中华帝国的缩影。它的兴起是和"康乾盛世"相连的，这是一颗人类文化遗产的明珠，被称为一个绝无仅有、举世无双的杰作，而且堪称建筑艺术的典范，传教士称其为"人间天堂"。当年英国随军牧师称，必须有一位身兼诗人、画家、美术鉴赏家、中国学者和其他别种天才的人物，才能写尽园景，形容尽致，刻画入微的概念。法国文豪雨果痛斥英法的强盗行径，他在咸丰十一年（1861）十一月二十五日致巴特雷上尉的信中说："一天，两个强盗走进了圆明园，一个抢掠，一个放火。可以说，胜利是偷盗者的胜利。两个胜利者一齐彻底毁灭了圆明园。人们仿佛又看到了因将帕特农拆运回英国而臭名远扬的额尔金的名字。"又说："我们教堂的所有财富加起来，也无法和这一东方巨大的且又漂亮的博物馆相比较……在历史的审判台上，一个强盗叫法兰西，另一个则叫英吉利。……法兰西帝国将一半战利品装入了自己的腰包，而且现在还依然以主人自居，炫耀从圆明园抢来的精美绝伦的古董。"

与此同时，英法联军从安定门侵入北京城。一个目睹了此种场面的京官记录了当时的情形：西人自入安定门之后，"立时恃悍登城，猱升望杆，悬起彼国五色旗帜，尽逐我城上防兵，将我大小炮位，掀落城下，纳诸沟中"，另设夷炮四十六尊，炮口皆指南向。"北面城垣，东西长十里，尽被占踞，支搭帐房数百座，城门听其启闭，反禁止中国人不得出入，唯巴（夏礼）酋号令是听而已。"当和议未成之际，"群丑罔知顾忌，性且畏寒，城上不耐牺止，擅入人家住宿"。城北居人，因受辱而纷纷南迁，街市累见扶老携幼，背负褓被，仓皇逃难之群。而王公大臣汉官富户之未及迁徙者则多"门首摘去科第匾额，官衔门封"以自晦匿。在战胜者对于战败者的军事统制之下，华夷秩序已经完全颠倒过来。昔日京华景象正如洪水过地，荡然无存。叙其事者辛酸地说："夜敲夷鼓，通宵达旦，枕上闻声，魂梦为之不安。"国破山河在，追抚旧时旧事，其感触无疑会刻骨铭心。经历第二次鸦片战争英法联军侵略以后，士大夫们痛苦地称之为"庚申之变"。

鸦片战争引起的民族危机和政治危机，使中国的政界、知识界受到巨大震动。在强烈的社会责任感驱使下，越来越多的文人、士子开始对中国庞杂的传统文化进行反思，力求从中寻找解救危机的出路。与此同时，他们所面对的社会，已不是传统文化的一统天下。西方近代文化凭借着侵略势力的强权，以坚船利炮和廉价的机器产品为物质载体，通过大批来华的西方人，尤其是传教士作为媒介，拥入中国社会，为这个古老、封闭的社会注入了外来的新文化因素。明清以来崇尚"实学"和"经世致用"的士风以及日益开放的外部世界，使得这一批士大夫具有浓重的务实精神和较广阔的知识视野，他们不再严格地受旧式正统教育的约束，对八股辞章、科举正途淡漠，他们博览群书，广涉诸学，表现出极为广泛的兴趣。

概而言之，中国士大夫开始在两种知识方面发展出新的动向。第一是对西方兵船火器的认识，由此认识进而形成的对自然科学知识的追求。另一个则是对于异国人物风土的接触，进而增长的对域外地理知识的探究。

西方近代文化是以高度发展的自然科学技术为显现标志的，而在中国，长期停滞的农业文明，使科学技术发展相对缓慢得多。自然科学技术在中国的传统文化中属于外围文化，极受轻视，这就使它在中西文化的交汇中具有摩擦较小、易于沟通的特点。这种态势造成自然科学技术成为中西文化沟通的突破口，而具有一定自然科学知识素养的文化人，便成为中西文化最早的一批沟通者。

就域外地理知识的探究而言，表面上是向外方考察未知的西方世界，乃至更宽广的地球知识。而对中国自身需要来说，则是充实本身的见识能力，是进一步求知的动力。换言之，此时中国有少数官绅已存蓄一种积极的信念，是要认识西方、认识世界。其所形成的客观因素是：中国遭遇鸦片战争，敌人来自西方。此敌人之情况究竟如何？欧洲是何等地方？当急于求正确解答。在这种动力驱使之下，遂形成世界地理学研究的同时代潮流。

鸦片战争之后，中国官绅逐渐开始更多注意世界地理问题。魏源的《海国图志》是一部首创的综合性著作，该书起源于林则徐。林则徐将搜集到的外国资料于道光二十一年（1841）交给魏源，魏源于道光二十二年（1842）将它们编成一部五十卷的巨著，并于次年出版。这是关于西方的第一部重要的中文著作。居京的姚莹对世界地理同样感兴趣，他的《康輶纪行》也是此一时期关于世界地理的名著。这一时期许多中国人是从地理学开始去了解西方的政治、社会、历史的。地理学中寄托了他们经世匡时的苦心，并标示了中国文化近代化的开端。先投身洋务运动，后又成为早期维新思想家的王韬曾指出，当时所谈海外掌故者，多以《海国图志》为嚆矢，"后有作者弗可及也"。

鸦片战争对国人的冲击，还可从当时学术风气的转换中加以考察。其实，风气的转换早已开始，只是战争加剧了这种趋势而已。

嘉庆、道光时期学术风气的新取向是经世之学的兴起。当时居京而强调经世之学的士人们已经形成一个相对固定的群体。如龚自珍、魏源、姚莹、黄爵滋、汤鹏、张亨甫等，都以究心时务显名于时。鸦片战争后，姚莹和魏源等开始把他们的视野从时务扩展到"夷务"，致力探求西方的知识。如同上文所言，这些留心时务的经世之士的议论，不单纯是个人主张，而且表现了带有群体性的活动。《水窗春呓》记载："自来处士横议，不独战国为然。道光十五、十六年（1835、1836）后，都门以诗文提倡者，陈石士、程春海、姚伯昂三侍郎，谏垣中则徐廉峰、黄树斋、朱伯韩、苏赓堂、陈颂南，翰林则何子贞、吴子序，中书则梅伯言、宗涤楼，公车中则孔宥涵、潘四农、藏牧庵、江龙门、张亨甫。一时文章议论，掉鞅京洛，宰执亦畏其锋。"嘉庆、道光年间，京师一些士大夫时常以文会友，诗酒唱酬。他们一般隶籍南方，有志用世，但或官位不高，或尚未一第，怀才不遇，愤世嫉俗，一般不满意时政腐败，心怀忧虑。他们在一起聚会，不纯粹是文人风雅，而往往带着"处士横议"性质。这种思想学术上风气的变化实际上是时代取向的反映，表明清代高度集权的中央专制已经削弱，在政权结构中一种离心力量在抬头，以往那种万马齐喑的禁锢窒息在一定程度上已被冲破。

在第一次鸦片战争期间，京师之地远离前沿战场，对危机的感受并不直接，但其特殊的政治环境、丰富的学术资源对当世士人的启发作用是其他任何一个地方皆无可比拟的。当时经世之学的代表人物魏源在追叙其《圣武记》的写作缘起时，就描述了京师元素对他思想变化产生的重要影响："京师，掌故海也。得借观史馆秘阁官书，及士大夫私家著述、故老传说。于是我生以后数大事，及我生以前上讫国初数十大事，磊落乎耳目，磅礴乎胸臆。因以溯洄于民力物力之盛衰，人材风俗进退消息之本末。"同时，正如上文所言，京师之地会聚了一大批当时国家最优秀的学人，他们之间相互砥砺切磋，形成了群体效应，从而也激发了各自学问的发展空间，引领学界风潮并放大声势，对时代的影响是非常巨大的。

在鸦片战争的整个过程中，中国以中世纪的武器、中世纪的政府、中世纪的社会对付近代化的敌人。战争以严酷的事实暴露了差距，促使一批新知识分子在比较中思考，开始深刻地自我反省。

尤其重要的是，清政府开始调整与外国的关系，加快向西方开放的程度，西方文化在北京开始加速扩张。咸丰十一年（1861）初，主持中央朝政的奕䜣、文祥会衔向朝廷上了以"自强"为基调的《统计全局折》，总理各国事务衙门正式设立。以此为标志，中外关系进入新的历史阶段。

第二次鸦片战争之后出现暂时的"中外和好"局面。总理各国事务衙门设立后，清朝传统的外交格局开始改变，中国与外部世界的联系日益加深。同治五年（1866）二月，时任总税务司的英国人赫德向总理各国事务衙门请假半年前往欧洲做一次旅行，并希望带一两名同文馆学生协同前往，一览欧洲风土人情。奕䜣同意赫德的建议，但认为同文馆学生都是少年，"必须由老成可靠之人率同前去，庶沿途可资照料。而行抵该国以后，得其指示，亦不致因少不更事，贻笑外邦"。于是选定久有浮海之心的斌椿担当这一重任。斌椿当时的主要工作是为赫德办理文案，此间结识了同文馆总教习丁韪良、美国驻京使馆参赞威廉臣等人，对西洋事情有所了解，对西方世界略知一二。三月初，斌椿偕其子广英以及同文馆学生凤仪、德彝、彦慧一行5人随赫德前往欧洲各国游历，其主要的出访任务是"沿途留心，将该国一切山川形势、风土人情随时记载，带回中国，以资印证"。

这次出访并不是正式派出使节，主要是考察访问性质。整个考察为期4个月，他们先后访问游历了英国、荷兰、丹麦、瑞典、芬兰、俄国、普鲁士、比利时、法国等国。拜晤了所访各国的一些女王、首相、总理等政要人物，参观了一些议会、教堂、工厂、学校、剧院，接触了许多新事物。斌椿将这次出访游历的见闻逐日记录下来，写成《乘槎笔记》。

在这本笔记里，可以看到斌椿对西方资本主义文明的羡慕、好奇

斌椿使团及翻译官于巴黎下榻之饭店（来源于《泰晤士报》）

和慨叹，例如有关火车、高楼、宾馆、电梯、传话机、自行车、繁华的城市、繁星般的灯火、盛大的宴会、风情民俗等的描述，真实记录了西方文明的方方面面。这是清政府官方第一次有意识为加强对西方文化的了解而派出的考察团。与19世纪早期那批开眼看世界的忧国忧民者不同，他们是近代中国第一批实地考察西方文明的探路者，对于东西方发展程度的差异有着切身的感受，对于两种文化之间的冲突也有着深刻的体验。

根据《天津条约》《北京条约》的相关规定，西方一些国家相继派出公使常驻北京。公使进京进一步扩展了西方势力在北京的影响力。同时，清政府也开始向西方派出自己的使团。19世纪70年代，清廷也在英国设立使馆，郭嵩焘成为中国第一个驻外公使。随后，清政府开始在其他国家相继设立使馆，中外交流的渠道日益广阔。

鸦片战争以后，中国处于"数千年未有之大变局"之中，被迫打开国门，中外文化的交流与碰撞也出现了新形势。这种交流既有西学东渐，也有东学西传。来华的外国传教士、学者、外交官以及少数中国学者，充当了向域外传播中华文化的媒介。中国古代典籍、文学作品以及中国人的风俗习惯，通过各种不同的文化传播方式被介绍到欧美及日本等地，使中华文化的外播出现了新局面。

第二节 "洋务运动"与传统文化的矛盾

如果没有外来文化的冲击，中国传统文化也许依然会沿着原来的轨迹按部就班地延续下去，但是鸦片战争带来的外部挑战迫使这艘巨轮在历史转折的路口不得不做出新的选择。英法军队第一次侵入了北京城，又经历了"北京政变"，此种冲击远非第一次鸦片战争可比。清廷内部一部分有识之士终于认识到问题的严重性。他们认为必须改变一些传统做法，学习西洋的先进技术，国家才能富强。这部分力量逐渐汇集成为一股潮流，洋务派走向历史的前台，开始了轰轰烈烈的洋务运动。其在中央以总理各国事务衙门大臣恭亲王奕䜣、军机大臣文祥等人为代表；在地方督抚中以曾国藩、左宗棠、李鸿章、沈葆桢、丁日昌以及稍后崛起的张之洞等人为代表。

洋务运动的主要实践者是地方大员，尤以东南为主，但北京方面的决策对于洋务运动的整体走向有着至关重要的影响。通常意义上，洋务运动以咸丰十一年（1861）一月总理各国事务衙门成立为起点，这一机构总揽外交以及同外国发生干系的财政、军事、教育、制造、矿物、交通、海防、边务等各方面的大权，成为一切洋务的包办者。

此一时期，由于特殊的政治地位，京师之地一直是朝野舆论汇集与辐射的中心，保守的风气使得洋务派与保守派的争论一直没有停息。当然，争论的背后不仅是思想观念的分歧，更有实际利益的争夺。以倭仁为代表的保守派对洋务派那种"师事夷人"的行为十分恼怒，后者每一件带有创新意义的举措都招来他们的责难，激成争论，新措施常常在反对声中艰难出世，其中一部分又在反对声中夭折。那些守护夷夏大防的人们容不得这些东西。在他们那里，即使"西用"依附于"中体"，其入门之途仍然处处障碍难逾。他们鄙视西方的政教风俗，拒不承认西方有任何值得中国效法之处。他们以中国文化为中心的文化意识根深蒂固，蔑视西方文化，视西方为"夷人"。同时，由于仇视西方列强的入侵进而仇视西洋文化。因此，"洋务于京，较之外省尤难"。

同治六年（1867），同文馆内增设算学馆，并招收30岁以下的正途士人（秀才、举人、进士、翰林）的举措引发洋务派与保守派之间激烈的思想和政治争执。在浸润于传统观念中的人们看来，洋务毕竟是"用夷变夏"，是一种有悖正道的东西。要把正途子弟拖入洋务，则事关名教之能否继往开来，一脉相传，实不可等闲视之。大学士倭仁言论最具代表性，他坚信中国的礼仪具有战无不胜的力量："窃闻立国之道，尚礼仪不尚权谋；根本之图，在人心不在技艺。"他断言，西方技艺实际上华而不实，中国没有必要模仿、学习西方，而且中国文化博大精深，完全可以自己解决问题。模仿西方并无益于战胜敌人，反而会降低民众支持政府的热情，"正气为之不伸，邪氛因而弥炽"。夷人害怕中国的不是它的大炮和兵舰，而是它的民心。因此他建议，基本方案应该是振兴民众志气，而不是模仿夷人技术。倭仁还认为，夷人诡谲狡黠，绝对不能相信他们会真心实意把军事技术教给中国。出于同样原因，西方也不会把它最好的武器卖给中国。倭仁坚定地认为，历史经验表明，纯粹学习技术不能使一个积弱的国家强盛起来。

同年十二月，奕䜣《奏请开设算学馆折》中批驳了保守派的观点。他指出，自中西交通以来，士大夫不是袖手旁观，就是"徒以道义空谈，纷争不已"。目前，和局虽成，但中国的危机并没消失，为筹思长久之策，只有富国强兵，兴办洋务，而绝不能沉迷于"空言无补"之局。他还指出："开办算学馆并非出于好奇，而是在于如果不学习西方科技，发展机器、轮船等制造业，富国强兵就无从谈起。要想雪耻，必须先向对方学习先进的科学技术，然后为我所用。以王公贵族之身，而有如此务实精神和民族危机的忧虑感，不能不令人感佩。但传统的惯性是异常深厚的。在沉重的惰力压迫之下，一些本来有意入馆学习的科甲人员退缩了。"

保守派鄙视西方的声光化电，以为"彼之实学，皆杂技之小者"。这些士大夫相信中国几千年的圣教文明，圣人辈出，这是西方远远不能相比的，圣人"言理之深，有过于外洋数倍者"；"外洋以富为富，中国以不贪为富；外洋以强为强，中国以不好胜为强"。他们大胆断言，现代技术没有用。在他们看来，中国古代术数已经发展得十分高超和精微了，远比西方国家先进，因而向西方学习更是贻笑大方。他们以蒸汽机为例指出，蒸汽动力的军舰完全依靠煤的能量，如果切断煤的供应，军舰也就无用了。此外，它们在内河不大灵活，在陆战中完全无用。同样，火炮必须轻巧和机动才能有用。但是西式火炮太笨重，难于移动。他们说，在昌明盛世，中国出于好奇心，可以玩玩这些无用的新奇之物，但是在财政拮据时，则千万不能为此浪费金钱。

保守派还声称，引进采矿、铁路、电报线路和教堂建筑等西方事物，会违反包括"风水"在内的宇宙常态，而这些对五谷生长和人们的幸福都会起副作用。因此，他们常常引证异常的天文现象（例如彗星），认为这是上天对人世的某种不祥示警。他们还断言，自然灾害如旱灾、水灾、地震和火灾，是上天具体暗示有条理的风水力量受到妨碍和干扰。

两次鸦片战争后，清朝统治者面对的是一个"千古未有之强敌"。面对这个威胁，一些头脑稍清醒些、接受经世致用精神指导的士大夫主张"力破成见而讲求实际"。因为，"洋人论势不论理，彼以兵势相压，我第欲以笔舌胜之，此必不得以之数也"。这段话很显然是对那些不愿承认实际、不讲求实际的顽固派而言的。这种讲求实际、力求切合实际的主张，对保守势力"论理不论势"的"成见"是一个唾弃和棒喝。实际上，洋务派与保守派互为对立的思想主张，已经揭示出两种互不相同的价值观：是以社稷和伦理道德为唯一的价值取向，还是以"富国强兵"为第一价值取向。从一定意义上说，保守派的价值观的确有着"远见卓识"。因为在当时，一味讲求富强，必然会挖掉社稷根基。但就当时国家而言，洋务派的价值观更符合实际，因为，排斥富国强兵，又如何能支撑已是风雨飘摇的社稷？

洋务运动在学习西方先进技术的同时，在更新自身文化方面也有了众多新举措，包括兴办新式学堂、派遣学生分赴欧美和日本留学等等。他们是在传统的封建文教体制边上生发出来的新元素。虽然他们没有直接取消后者，但由于他们的出现，保守封闭圈子毕竟出现了缺口。与军事和民用工业相比，这些活动为中国带来的影响也更加深远。中国真正意义上的近代教育事业是从洋务派举办培养翻译和外交人才的外国语学校开始的。为了加强清朝与西方国家的联系与沟通，清廷开始注意对外交人员和翻译人员的培养。实际上，早在咸丰九年（1859）二月二十六日，郭嵩焘就奏请设立通译学堂，着重教授西方语言。咸丰十一年（1861），冯桂芬也强调学习西方语言的迫切性。但是这些建议直到同治元年（1862）才付诸实施。主持外交的奕诉对培养翻译人才的重要性深有体会，他说："欲悉各国情形，必先谙其语言文字，方不受人欺蒙。各国均以重赁请中国人讲解中文，而中国迄无熟悉外国语言文字之人，恐无以悉其底蕴。"因此，他与桂良、文祥三人联名上书，奏请设立专门学馆以培养谙练外国语言文字的翻译人才。

同治元年（1862）三月，京师同文馆正式成立，附设于总理衙门，以培养外语翻译和外交人才为宗旨，延请包尔腾充任教习，教授英语等课程。学生是从八旗子弟中挑选出来的，第一届共10名，大都是天资聪颖、年仅十三四岁的儿童。第二年，该馆内又相继设立法文馆、俄文馆、德文馆以及东文馆。同文馆不仅外语语种的设置较为齐全，还在同治五年（1866）增设了以培养自然科学技术人才为宗旨的天文算学馆，讲授天文、地质、化学、资生学（富学）、算学等近代自然科学等课程，招收年在20岁以上的满汉举人、贡生入馆学习，并准令正途出身五品以下满汉京外各官中年少聪慧者志愿入馆肄业。是年，派老成持重、对西学有较多了解与研究的徐继畲为同文馆总管大臣。后又

北京总理各国事务衙门　旧照

请美国传教士丁韪良为总教习，总管校务。

外国教习带给同文馆，除了西学知识，当然还有绝不同于中国传统教育的方法、风格与模式。丁韪良作为一名洋教官，在实践中真切地看到中国教育制度的种种弊端，并给予尖锐批评。在被聘为同文馆总教习之后，丁韪良按照西方的模式对这所洋学堂进行了改造，制订合理的课程计划，实行一整套较为严格的考试制度等。在此影响下，该馆师生人数逐渐增多，所设课程大加扩充，制度渐趋健全。这所外语学堂逐渐演变成为一所近代化多学科的外语和自然科学兼备的新式学校。

同文馆不仅培养了大批外语人才，还翻译了大批西方科技、法律和文史等方面的书籍，在社会上流传颇广，促进了中国士人对西方科学文化和技术知识的了解。京师同文馆在30年中翻译西书近200部，尤以外交和史地政法一类为多。根据《同文馆题名录》记载，现将同文馆翻译的重要书籍列举如下：《万国公法》（总教习丁韪良译）、《格物入门》（总教习丁韪良著）、《化学指南》（化学教习毕利干译）、《法国律例》（化学教习毕利干译）、《星轺指掌》（副教习联芳、庆常译）、《公法便览》（副教习汪凤藻、凤仪等译）、《英文举隅》（副教习汪凤藻译）、《富国策》（副教习汪凤藻译）、《化学阐原》（化学教习毕利干译）、《全体通考》（医学教习德贞译）、《公法会通》（总教习丁韪良译）、《算学课艺》（副教习席淦、贵荣编辑）、《中国古世公法论略》（总教习丁韪良著）、《星学发轫》（副教习熙璋、左庚等译）、《新加坡刑律》（副教习汪凤藻译，待刊）、《坤象究原》（副教习文祐译）、《药材通考》（医学教习德贞著）。

由于同文馆是培养外交人员的重要基地，所以翻译西方国际法、外国历史是其特色之一。其中根据惠顿的《国际法原理》译成的《万国公法》，印行于1864年，是同文馆出版的第一部西学著作。该书第一次较为完整地介绍了当时西方资本主义国家之间通行的国际关系准则，对于长期处于封建统治之下的中国人来说，自然是闻所未闻。它的问世，从理论上打破了清王朝以"天朝上国"自居的传统观念，引发知识界关注，很快成为中国各通商口岸官员和一切涉外人员的必读之书。第二年，该书还东传日本，由日本的出版商翻刻印行，影响广泛。

在这些书籍中，关于语言问题的《英文举隅》是我国近代第一本由中国人编写的英语语法教材，编写者为上海同文馆选送至京师同文馆学习科学的汪凤藻。汪凤藻曾参与翻译多部书籍，这本《英文举隅》是根据柯尔的《文法》第21次刊本编译而成。作为最早的汉文版英语语法书，《英文举隅》在英语语法词汇术语的创造、语法书籍的编写结构方面，对后来的英语语法教科书产生很大影响。

京师同文馆这种由政府组织、有目标、较系统和颇具规模的译书活动，是中国人对近代文明由被动接受转为主动引进的开始。这些西书，不仅给国人带来了全新的价值观念，同时也极大丰富了国人的思想世界，甚至重新塑造了读者的知识体系与知识结构，可以说对中国人观念世界的冲击是非常深远的，其影响力则远不是译书数量所能表达的。

以西文和西学教育为主的京师同文馆，先后培养出许多优秀人才。在他们之中，有相当一部分人从事外交工作，也有人从政、从军、搞实业，仅在清末民初担任出使大臣或驻外公使的，就有王广圻、刘镜人、汪凤藻、庆常、荫昌、杨兆鉴、张德彝、戴陈霖等15人。在外务部任职的有侍郎联芳，左丞周自齐，右丞刘玉麟，参议杨枢、吴宗廉等。民国以后，则有任外交总长的陆徵祥、颜惠庆、胡惟德，外交次长刘式训，代理次长刘恩原、周自齐等。光绪二十四年（1898），京师大学堂成立，光绪二十八年（1902），同文馆并入京师大学堂。

作为中国近代化运动的第一个高潮，洋务运动的成就有目共睹：传统观念的坚冰开始融化，中国人的知识结构开始重新构建。社会出现了新的分化，一些官僚、士绅纷纷加入资本家的行列，一些士人在完成知识和观念更新后转化成近代知识分子。洋务运动创办了一批新式文化事业，向国人传播了声、光、化、电和西方的史地风情。近代文化教育事业开始起步，打开了传统文化之外的另一个天地，影响了一代知识分子，尤其是那些在这一阶段正好处于求知、求学年龄段的年轻思想家——如康有为、梁启超、严复等人，正是在这一时期接受了新知识、新观念的启蒙，并且逐渐背离旧营垒，构筑更新的哲学思想、政治理想、伦理准则。这一运动虽然没有激昂的呐喊呼叫，但新的观念却借助于具体的事物和实例改变着国人世代沿袭的成见和信念。

海关的建立是洋务运动的一项重要成果。19世纪六七十年代，清政府处于一个前所未有的特殊境地，中国与世界的交往日益频繁。处于工业革命和殖民主义热潮中的西方国家纷纷把目光投向中国，邀请中国参加世界博览会。继参加1851年伦敦和1867年巴黎世界博览会后，1870年底，总理各国事务衙门收到奥匈帝国驻华公使邀请中国参加1873年维也纳世博会的照会。晚清政府把这项事务委托给了海关，而总税务司赫德成为理想人选。

维也纳世界博览会是中国第一次有组织地准备博览会事务的结果，也是海关参与筹划和安排展览的结果。海关的工作分为两个阶段：同治十一年（1872）八月到十二月，赫德及其属下的主要工作是筹备海关展览；同治十一年（1872）十二月到同治十二年（1873）二月，各海关验收社会各界人士的展品。在整个筹备、组织展品过程中，海关发挥其组织完备、办事快速有效的优点，各海关洋员配合赫德的指令，使烦琐而庞大的工作得以顺利地在短时间内完成，显示了海关的实力。海关作为负责博览会的专门机构显然是成功的，前期筹备工作为维也纳的成功展出奠定了基础。

维也纳世界博览会从1873年5月1日开幕持续到该年10月31日结束，历时6个月，参展国超过30个，参观者约700万人。展览会由机器宫、艺术宫、农业宫、工业宫等部分组成，其中以工业宫为主要展区，这些展区四周围绕着各参展国自建的展览馆。在博览会参展的中国展品有数量庞大、种类繁多的十年中国通商口岸贸易统计里包含的各类样品和标本与来自民间的各类展品。各式各样展品与广泛分发的中国展品目录书等相配合，展示和介绍了各种展品在中国的用途、价值和各种风俗文化等。中国人的衣食住行和中华悠久文化通过展品及展品说明展现在世界面前。尽管部分中国展品在博览会上获得好评，但是在工业革命以来西方世界所提倡和着力创新的工业展品中，中国展品是以其极具东方色彩的传统文化、工艺为特色并赢得观众的心的。

维也纳世界博览会中国展区的成功具有十分深远的意义。以洋员为主体的晚清海关筹划经办参加维也纳世界博览会，是中国第一次由官方组织和派代表出席的世博会。海关洋员的安排和组织使中国展区获得成功，促进了中华文化的传播与交流。由于在维也纳世界博览会上举办展览的成功，中国政府陆续参加以后的世博会，通过博览会展现自我，走向世界，发现世界。中国在世界博览会上第一次展示如此丰富多彩的展品和中华文化。这次大规模的中西文化交流，其意义不止于世界博览会所蕴含的商业竞争和世界和平意义。世界博览会不但把中国推向世界，让世界了解中国，而且让中国人在世界各国的盛会中看到各国的发展和自己的位置。

第三节　清后期的"西学中源"论与中西会通

经历两次鸦片战争后，中国士大夫面对"西学"的情势再次发生变化，此时已不再单纯是传教士为传教而带来的西学知识以及由此而引起的文化隔阂，士大夫们已经开始目睹或领教西方坚船利炮的冷酷，一些有识之士开始意识到以西学知识为支撑的坚船利炮足以让大清亡国，进而主张如果中国效法西法，也可以自强自立。于是，部分士大夫为学习西方，并消除国人对西学的排斥心理，为论证学习"西法"的合理性，便重新开始论证西学与中学的关系，于是，"西学中源"说再度勃兴。当时冯桂芬《校邠庐抗议》，袁祖志的《谈瀛录》，张自牧的《蠡测卮言》《瀛海论》，郑观应的《盛世危言》，汤寿潜的《危言》，陈炽的《庸书》，薛福成的《庸庵文集》，王之春的《国朝柔远记》，黄遵宪的《日本国志》以及郭嵩焘、曾纪泽等人的出使日记，都鼓吹"西学中源"说，他们把西方的天文、数学、物理、化学、机器等都说成是中国人首先发明。例如，冯桂芬说："一切西学皆从算学出。"[1]王韬说："铜壶沙漏，浚机玉衡，中国已有之于唐虞之世；钟表之法，亦由中国往，火器之制，宋时已有，其由中国传入可知也。"[2]郑观应也说："自《大学》亡《格致》一篇，《周礼》阙《冬官》一册，古人名物象教之学，流徙而入于泰西，其工艺之精，遂远非中国所及。"[3]又："夫星气之占始于臾区，句股之学始于隶首，地图之学始于牌盖，九章之术始于《周礼》，地圆之说创自管子。"[4]即便是议会制席也是由中国古代国人议事制度发展而来。汤寿潜说：

---

① 冯桂芬，《校邠庐抗议》卷下《采西学议》，上海书店出版社，2002年。

② 王韬，《弢园文录外编》卷三，上海书店出版社，2002年。

③ 郑观应，《盛世危言·道器》，见夏东元编，《郑观应集》上册，上海人民出版社，1982年，第241页。

④ 郑观应，《盛世危言·西学》，见夏东元编，《郑观应集》上册，上海人民出版社，1982年，第274页。

"大抵西人政教，泰半取之《周官》，西人艺术，泰半本之诸子。试取《管》《墨》《关》《列》《淮南》等书，以类求之，根原具在。"①在洋务运动和戊戌维新时期，凡提倡西方科学技术者几乎无不道"西学中源"。从朝廷重臣到民间学者，如曾国藩、李鸿章、奕䜣、刘坤一、张之洞、薛福成、黄遵宪、王韬、冯桂芬、郑观应等，异口同声，无不道"西学原本中国"。他们与早年的梅文鼎一样，试图借此消除人们对西学的敌视、强化学习西法的正当性，进而促成中西学的会通。与此同时，反对学习西方的顽固守旧者为维护"中学"的地位也大肆发挥"西学中源"论，认为"西学"既然源出"中学"，就不必舍近求远，学习西方。

在这两种潮流的推动下，"西学中源"论大行其道，论者发扬考据学广征博引的精神和方法，搜集史料的范围大大扩展，已不再局限于儒家经典，而是开阔视野，杂引以前不受关注的诸子材料，如《墨子》《管子》《淮南子》等，从点点滴滴以证明西学源于中国。与乾嘉以前相比，子书成为这一时期以中学比附西学的主要来源。他们以西学为镜，不断发现子学与西学的相通之处，或为减少封建顽固派的阻力以宣传西学，宣传学习"西学"就是弘扬久已失传的"中学"，或者编造出许多亦真亦幻、荒诞不经的神话，以此满足国人面对西学侵凌时的自尊心，表现出自我文化中心主义倾向的偏执心态。可以说，在洋务、维新时期，主张"西学中用"者，还基本都认为中国自身的文物制度、纲常名教、封建制度比西方优越，所缺少的只是器物层面的技艺，而且这些技艺的源流都来自中国的传统。

一、以子学沟通中西，为学习"西法"提供理论依据

在洋务运动和戊戌维新时期，凡提倡西方科学技术者，几乎都试图通过子学沟通中西，以此消除人们对西学的敌视、强化学习西法的

---

① 汤寿潜，《危言·中学》，见浙江萧山市委员会文史工作委员会编，《汤寿潜史料专辑》，1993年，第25页。

正当性，进而促成中西学的会通。

1. 张自牧以子学比附西学，认为"儒者当以不知为耻"

张自牧著《瀛海论》《蠡测卮言》，前者刊行于光绪二年（1876），后者刊行于光绪五年（1879）。在这两部书中，张氏穷举经纬子史典籍，论证西学与中学相通，证明西方各学分别源自中国某书。如谓《大戴礼记》《周髀算经》《尚书考灵曜》《春秋元命苞》《河图括地象》中有地动说，《墨子》为化学、光学、力学之祖，《亢仓子》有蒸汽机原理，《礼记·孔子闲居》篇、《关尹子》、《淮南子》中讲电学最先，《墨子》《韩非子》《吕氏春秋》记载机械技术，等等。

张氏以诸子论证中学与西学相通，首先从科学技术层面着手，认为西学多出于《墨子》等先秦子书。他说："今西国格致会分十五家，……其源多出于《墨子》及《关尹》《淮南》《亢仓》《论衡》诸书。"[1]在《瀛海论》《蠡测卮言》两书中，他详细论证了这一观点。例如，张氏认为先秦墨子是"化学之祖"。他认为《墨子》中《经上下》篇所说的"化徵易若鼃为鹑"是"动物之化"；"五合水火土，离然铄金，腐水离木"是"金石草木之化"；"同，重体合类"；"异，二体不合不类"，也是化学的知识。张氏又认为墨子是力学之祖，举出《墨子》中词句进行比附。他说："均发均县，轻重而发绝，（发）不均也，均其绝也，莫绝；一少于二而多于五；说在重，非半弗斲；倍，二尺与尺，去其一。此重学之祖也。"[2]张氏又论证墨子是光学之祖。他说："临鉴立景，二光夹一光，足被下光，故成景于上，首被上光，故成景于下；鉴者近中，则所鉴大景亦大，远中则所鉴小景亦小。此光学之祖也。"[3]张自牧根据《墨子·经下》及《经说下》篇有关于光影关系和小孔成像等光学知识的记述，认为墨子已经精通光

① 张自牧：《蠡测卮言》，见王锡祺编，《小方壶斋舆地丛钞》，第11帙第8册，清光绪十七年（1891）上海著易堂铅印本。下同。

② 《瀛海论》。

③ 《瀛海论》。

学知识。他又在《墨子》中发现了很多数学知识,认为《墨子》所言"圆,一中同长""方柱隅四谨",即是数学中的割圆;"方柱见股""重其前,弦其钮"和"法,意规员三",则都是三角函数。

张自牧不仅对墨子推崇备至,而且在《韩非子》《吕氏春秋》等书中又发现了很多与西方机械技术相通的知识。他说:"《墨》言理气与《管》《关》《庄》《列》诸子互相出入,《韩非子》《吕氏春秋》诸书备言墨翟之技,削鹊能飞,巧輗拙鸢,斑斑可考。"认为《亢仓子》"蜕地之谓水,蜕水之谓气"中已包含蒸汽机的原理,是"汽学之祖"。《关尹子》"石击石生光,雷电缘气以生可以为之",则是"中国之言电气者详矣"。①关于西方地理学,他又以《庄子》书中所谓"北溟""南溟",认为这就是北极的"北冰海"和南极的"南冰海",进而断定西学中关于地理的记载在古代典籍中早已有之。②

甚至,西方的练兵之法在中国也是早已有之。张氏认为西方治军的方法在《管子》《孙子》等书中已有明确说明,而且不出《管子》的范围。在张自牧看来,如今清军打不过外国军队,不能自叹不如外国,而是要自责为何不如古人。可见,张氏的目的是要将西学知识"中学"化,消除人们对西学的隔阂或者异化感。正如张自牧所言:"泰西智士从而推衍其绪,其精理名言、奇技淫巧本不能出中国载籍之外,儒生于百家之书、历代之事未能博考深思,乍见异物,诧为新奇,几欲舍所学而从之,亦可晒已。"③不能将"西学"知识视为洪水猛兽,这是张自牧面对中西学术时的理性自觉。

张自牧不仅从科学技术层面将先秦子书中的知识与西学比附,而且已经开始从宗教、政治社会制度等内容上进行比附。首先他将基督教之博爱与墨子之兼爱等思想进行对比,认为在这一点上西洋耶稣教与墨子相比,不过是小巫见大巫,并无新奇之处。

张自牧认为,基督教与墨家的明鬼、兼爱思想一致,"其教以

---

① 《瀛海论》。
② 《蠡测卮言》。
③ 《瀛海论》。

煦煦为仁，颇得墨氏之道。耶稣二大诫，一曰全灵魂爱尔主神，即明鬼之旨也；二曰爱尔邻如己，即兼爱之旨也"。通过比较，张氏认为《墨子》不仅是西方科技知识的"先祖"，而且是西方社会制度的老师，"凡欧罗艺术文字，皆著于经上之篇，以此知墨为西学之鼻祖也"。①

按照张氏的逻辑，他希望人们在看待西学时，应参照先秦诸子书，在了解西学本原是来自中国的前提下，对西学加以利用。他不仅反对一概将西学视为异类而摈弃，也反对完全放弃中国传统而学习西学。他说："士大夫于读书明理、通经致用，行有余力，取周秦诸子之书，博考而深思之，知西学之本原，而采用其所长，于制器利用皆有所益正，足以见中国之大，乃或者恶其异类而摈弃之，直以能通其艺者为大辱，何其隘也！又或者震其新奇而欣慕之，直以能精其术者为奇才，甚且欲舍中国圣人之学而师之，何其陋也！"②张自牧推崇以墨子为代表的先秦诸子圣贤"其巧思皆出西人之上"。既然，西学根源于中国，而且中国古代圣贤的"巧思"高于西方，那为何后来又落后了呢？张自牧解释说："自畴人子弟西游，中国之法器亡矣。"完全照搬了康熙时期梅文鼎的说辞。

可以说，当时一些士大夫之所以如此迫切地从中国传统典籍中寻找"西学中源"的依据，关键还在于此时的士大夫们不仅强烈感受到了西学的优越性，而且是有感于当时的"大变局"。张自牧在《瀛海论》卷首即言："今夫数千年未经见之事，数万里不相知之人，一旦盘踞于腹心之地，往来于堂阃之间，此古今运会一大变局也。"③对于当时社会正处于巨变之中的情势，张氏有清醒的认识。

在以张自牧内心中，从中国传统典籍中寻找西学根据的这种做法，不是为了排斥西学，而是主张在"中学"的基础上利用"西学"。他担心的是，如果将化、气、电、火这些科技知识简单地等同

---

① 《瀛海论》。

② 《蠡测卮言》。

③ 《瀛海论》。

于"西学"，那么对于那些固守传统，坚决反对西学的人来说，一旦反对"西学"，便也一股脑将化、气、电、火这些中国传统中本来就有的东西也拒之门外了。既然化、气、电、火这些科技知识本来就是老祖宗就有的东西，我们不仅不能将其等同于"西学"加以拒斥，反而要努力学习掌握它，要以不知为耻。张自牧这种从先秦典籍中苦苦寻求"西学中源"依据的良苦用心于此可见！光绪十八年（1892），"湖南通省公议"攻击讲洋务自强的巡抚吴大澂勾结夷鬼，狼狈为奸，还把具有较先进思想的郭嵩焘、曾纪泽、朱克敬、张自牧称为"四鬼"。可见，张自牧在当时确实是开风气之先的人，而不是反对学习西方的顽固守旧派。

2. 黄遵宪认为西方立教源于诸子

黄遵宪（1848—1905），字公度，别号人境庐主人，广东省梅州人。光绪二年（1876）中举人。光绪三年（1877）随驻日大使何如璋出使日本。出使日本期间，黄遵宪在目睹了日本明治维新之下其政治之变化，经济之发展，军事力量之渐强，反观清朝不求变革，于是撰写了《日本国志》（1887年成书），以为中国人学习西方之借鉴。他说："泰西诸国以互相师法而臻于日盛，固无论矣。日本蕞尔国耳，年来发愤自强，观其学校分门别类，亦骎骎乎有富强之势，则即谓格致之学，非我所固有，尚当降心以相从，况古人之说明明具在，不耻术之失其传，他人之能发明吾术者，反恶而拒之，指为他人之学，以效之法之为可耻，既不达事变之甚，抑亦数典而古人实学、本朝之掌故也已。"[1]可惜时人未给予相当的重视，数年后，中国竟惨败于日本。

黄遵宪在《日本杂事诗》中详细论证西方学术皆出自中国："余考泰西之学，墨翟之学也。尚同、兼爱、明鬼、事天，即耶稣十诫所谓敬事天主、爱人如己。此外，化学、重学、算学、光学均出自

---

① 黄遵宪，《日本国志》卷三十二《学术志一》末按语，见陈铮编，《黄遵宪全集》下册，中华书局，2005年，第1415页。

《墨子》,《韩非子》《吕氏春秋》备言墨翟之技，削鸢能飞，非机器攻战所自来乎？古以儒、墨并称，或称孔、墨，孟子且言天下之言归于墨，其纵横可知。后传于泰西，泰西之贤智者衍共绪馀，遂盛行其道矣。"在《日本国志》中，黄遵宪进一步论述了西学源于墨学的观点，认为西方政治、宗教、科技无不出自墨学："其谓人人有自主权利，则《墨子》之尚同也；其谓爱汝邻如己，则《墨子》兼爱也；其谓独尊上帝保汝灵魂，则《墨子》之尊天名鬼也；至于机器之精，攻守之能，则《墨子》备攻、备突、削鸢能飞之馀绪也；而格致之学，无不引其端于《墨子》经上下篇。"

黄遵宪尤其强调西方科技与墨学的关系，他说："仆向读《墨子》，以谓泰西术艺，尽出其中。"[①]他又援引《周髀算经》《素问》《亢仓子》《关尹子》《淮南子》等子书，认为"一切格致之学，散见于周秦诸子"中。

不仅如此，黄遵宪还认为西方社会能够技术发达、经济繁荣、政治制度合理，皆在于"用墨之效"。黄遵宪将西方如此发达强盛的原因归结为"用墨之功"，其最终目的是希望国人学习西学。他说："凡彼之精微，皆不能出吾书。第我引其端，彼竟其委，正可师其长技。"[②]因此，采用西学并不是什么"以夷变夏"，而是"譬之家有秘方，再传而失之于邻人，久而迹所在，或不惮千金以购还之"。黄遵宪批评那些"恶西学如仇"的守旧思想者，认为他们对西学西法"不考夫所由来，恶其异类而摈弃之，反以通其艺为辱，效其法为耻，何其隘也"！可以看出，黄遵宪之所以对"西学中源"津津乐道，目的在于廓清当时反对学习西学之风，主张向西方学习，参照西法变革维新。

当然，黄遵宪还有一层目的，就是警醒那些趋新之士，批评他

---

① 黄遵宪，《复中村敬宇函》(1881年9月17日)，见陈铮编，《黄遵宪全集》上册，中华书局，2005年，第332页。

② 黄遵宪，《日本杂诗》卷一，见陈铮编，《黄遵宪全集》上册，中华书局，2005年，第23页。

们一味追逐西方文化，对传统文化弃之如敝屣的态度："今东方慕西学者，乃欲舍己从之，竟言汉学无用，故详引之，以塞蚍蜉撼树之口。"[①]既然西学是中国古学的余绪，国人不应对本民族文化妄自菲薄，"不究其异同，动则剿袭西人知新之语，概以古人所见，斥为刍狗，鄙为糟粕"[②]的态度是不可取的。

3. 薛福成利用子书论证"西学"非"西人"所专有

薛福成（1838—1894），字叔耘，号庸盦，早年即主张学习西方军事技术，入曾国藩幕，并参与镇压捻军。光绪元年（1875），应诏上改革内政外交万言书。被李鸿章延为重要幕僚，协理外交事务达10年之久，曾为李起草不少有关洋务的奏稿、书牍。光绪十五年（1889），受命出使英、法、意、比四国。在游历欧洲的过程中，他通过对欧洲社会的观感和考察，主张效法西方国家，发展机器工业，并在政治上赞赏英国和德国的君主立宪制度，其间撰《出使四国日记》。

在认识西方社会和反思中西差别的过程中，薛福成大量援引先秦诸子材料，论证"西学"并非决然不同于"中学"，主张"西学"是"天地间公共之道"，并不是"西人"所专有的特权。正是在这样的认知下，薛福成往往利用他掌握的西学知识解读子书。例如，《吕氏春秋·似顺论》云："漆淖、水淖，合两淖则为塞，湿之则为干。金柔、锡柔，合两柔则为刚，燔之则为淖。"薛福成认为《吕氏春秋》此处讲明了化学的核心与关键，即金属成分在一定条件下的转化，是"化学之所自出"。又，《淮南子·氾论训》云："老槐生火，久血为磷。"是对磷自燃现象的记述。意即老槐树容易自燃（多数情况是雷电使之）生火，因为其树干太老，以致干枯，是生火的好材料，遇到合适的温度，就会燃烧起来。薛福成认为："此即西人所言原质化合之理，亦化学也。"《说林训》曰："荫不祥之木，为雷电所扑。"意

---

① 黄遵宪，《日本杂诗》卷一，见陈铮编，《黄遵宪全集》上册，中华书局，第23页。
② 黄遵宪，《〈牛渚漫录〉序》，见陈铮编，《黄遵宪全集》上册，中华书局，第259页。

思是说在不吉祥的树荫下躲雨，会被雷电所击。这也是古人对生活现象的记述。薛福成认为此即西人避电气之说。《坠形训》云："北方有不释之冰。"薛氏认为这里所说的"不释之冰"就是"今之北冰海"。[1]薛福成甚至还在张自牧等人很少关注的《庄子》一书中发现了很多西学知识。《庄子·外物》篇云："木与木相摩则然，金与火相守则流。"薛福成认为这是"电学、化学之权舆"。[2]

与黄遵宪一样，薛福成也非常欣赏西方的政治社会制度，并断定这些政治社会制度在中国古已有之。例如，《淮南子·主术训》曰："众智所为，则无不成也，千人之群无绝梁，万人之聚无废功。"这句话是对群众集体智慧的赞美。在薛福成看来，《淮南子》此言道出了西方政治社会乃至工商界中的集体主义精神。他说："西国各学各事之所以能胜人者，率用此术，即其用人行政之有议院，工商诸务之有公司，亦合众智以为智，众能以为能，所以鲜有败事也。"[3]

薛福成重点从《管子》一书中挖掘"中学"中与西方政治社会制度相通的地方。《管子》是一部由战国稷下学者整理而成的齐国思想论集，内容包含伦理、政治、经济、军事、科技等学说。薛福成评价此书说："《管子》一书，以富国强兵为宗主，然其时去三代未远，其言之粹者，非尽失先王遗意也。余观泰西各邦治国之法，或暗合《管子》之旨，则其擅强盛之势亦较多。"在薛氏看来，《管子》与西方社会制度相通的地方很多。

薛福成与张自牧一样，利用子书材料将"中学"与"西学"进行比附，其目的是主张要学习西方。他对欧洲的先进之处多所称赞，但也并非一味推崇。"今之议者，或惊骇他人之强盛，而推之过当；或以堂堂中国何至效法西人，意在摈绝，而贬之过严。余以为皆所见

---

① 薛福成，《出使英法义比四国日记》卷五，见钟叔河主编，"走向世界丛书"，岳麓书社，1985年，第252页。

② ［清］薛福成，《出使英法义比四国日记》卷五，岳麓书社，1985年，第254页。

③ ［清］薛福成，《出使英法义比四国日记》卷五，岳麓书社，1985年，第252页。

之不广也。"①

薛福成认为声、光、化、电之学是天地间的"公共之道",并不是"西学"所特有的专利。他说:"夫西人之商政、兵法、造船、制器及农、渔、牧、矿诸务,实无不精;而皆导其源于汽学、光学、电学、化学,以得御水、御火、御电之法。斯殆造化之灵机,无久而不泄之理,特假西人之专门名家以阐之,乃天地间公共之道,非西人所得而私也。"②他认为不仅中国人才智不亚于西人,"中国缀学之士,聪明才力岂逊西人",而且中国传统文化中也早就出现了这些科技知识。"上古之世,制作萃于中华。自神圣迭兴,造耒耜,造舟车,造弧矢,造网罟,造衣裳,造书契。当洪荒草昧,而忽有此文明,岂不较今日西人之所制作尤为神奇,特人皆习惯而不察耳。"③薛福成甚至认为,西学的一些内容最初很可能来自于中国。"即如《尧典》之定四时,《周髀算经》之传算术,西人星算之学,未始不权舆于此。其他有益国事民事者,安知其非取法于中华也?"④在薛福成看来,如今西方非常先进的"西学"最初还是从中国学来的,既然西方当时可以学中国的,那么如今中国也当然可以向西方学习,"昔者宇宙尚无制作,中国圣人仰观俯察,而西人渐效之;今者西人因中国圣人之制作,而踵事增华,中国又何尝不可因之?"⑤

即便"西学"不是源自中国,那至少中国也与西方一样,早在千百年前就已经出现了这些类似的知识。以代数学为例。"今泰西之代数学,即所谓借根方法也。""中国之考古者,遂谓中法流入西域,一变而为谟罕默德之回回术,再变而为欧罗巴之新法。而西人之明算学者则力辩之,谓译阿尔热巴喇为东来法者,实系译者之讹,且云千余年前,希腊、印度等国已传其法,但不能如今日之精耳。"薛福

①［清］薛福成,《出使英法义比四国日记》卷二,岳麓书社,1985年,第132页。
②［清］薛福成,《出使英法义比四国日记》卷二,岳麓书社,1985年,第132页。
③［清］薛福成,《出使英法义比四国日记》卷二,岳麓书社,1985年,第133页。
④［清］薛福成,《出使英法义比四国日记》卷二,岳麓书社,1985年,第133页。
⑤［清］薛福成,《出使英法义比四国日记》卷二,岳麓书社,1985年,第133页。

成的看法是："余谓研精究微之学，乃宇宙间公共之理，不必辨其孰为传习。然中国之有此法，亦既千年矣，夫谁谓中国之才人学士，不逮西人之智力哉！"[1]他认为，此时的中国既不能"怵他人我先"而"讳疾忌医"，也不能因"学步不易"而"因噎废食"。[2]不仅要学习，而且要有"青出于蓝而胜于蓝"的信心，"吾又安知数千年后，华人不因西人之学，再辟造化之灵机，俾西人色然以惊、怿然而企也"[3]。可见，薛福成以诸子求证"西学中源"的比附，在根本目的上，还是要让当时的中国人树立信心，向西方学习，并力求超越！

4. 郑观应以子书论证"中学为我固有"，主张"中学"为体

郑观应（1842—1922），本名官应，字正翔，广东香山人。早年应童子试未中，即奉父命远游上海，弃学从商，后进入英国人傅兰雅所办的英华书馆夜校学习英语，并对西方政治、经济方面的知识产生了浓厚兴趣。光绪六年（1880），刊行了反映其改良主义思想的《易言》一书，书中提出了一系列以国富为中心的内政改革措施，主张向西方学习。光绪十九年（1893），又撰《盛世危言》，该书贯穿着"富强救国"的主题，主张对政治、经济、军事、外交、文化诸方面进行改革。

郑观应认为西方社会之所以如此发达，是因为有声、光、化、电等西学知识的广泛应用。他说："论泰西之学，派别条分，商政兵法，造船制器，以及农、渔、牧、矿诸务，实无一不精，而皆导其源于汽学、光学、化学、电学，以操御水、御火、御风、御电之权衡，故能凿混沌之窍，而夺造化之功。"不仅如此，西方各国士人还都自幼开始学习西学，"方其授学伊始，易知易能，不以粗浅为羞，反以躐等为戒"。成年后，"学日深，层累而上，渐沉浸于史记、算法、格致、化学诸门，此力学者之所以多，而成名者亦弥众也"。正是由于学习

---

① ［清］薛福成，《出使英法义比四国日记》卷五，岳麓书社，1985年，第266页。
② ［清］薛福成，《出使英法义比四国日记》卷二，岳麓书社，1985年，第133页。
③ ［清］薛福成，《出使英法义比四国日记》卷二，岳麓书社，1985年，第133页。

的人多，所以西方人才层出不穷。

因此，要走向强国之路，必须学习并广泛利用西学知识，而郑观应认为当时的绝大多数中国学者不仅不愿学习西学而且鄙夷西学。他说："今人自居学者，而且不睹诸子之书，耳不闻列朝之史，以为西法创自西人，或诧为不可阶，或斥为卑无足道。噫，异矣！"郑观应认为中国学者不愿意学习西学的关键在于心理障碍，错误地以为学习西学便丢掉了"中学"之本，而事实上，"西学"是中国古代学术中所固有的内容，"不知我所固有者，西人特踵而行之，运以精心，恃以定力、造诣精深、渊乎莫测，所谓礼失而求野，此其时也"[1]。

郑观应在《盛世危言》中大量运用子书材料沟通"中学"与"西学"，力证西学是先秦古学所有，同时在此基础上提出了"中学其本""西学其末"的主张。他说："合而言之，则中学其本也，西学其末也。主以中学，辅以西学，知其缓急，审其变通，操纵刚柔，洞达政体，教学之效，其在兹乎？"[2]郑观应认为中国今日学西学不过是"以中国本有之学还之于中国"，西学不但可以学，而且必须学。对于中国人来讲，学习"西学"完全是"礼失而求野"的事，因为"西学"几乎都出于"中学"。他说："一则化学，古所载烁金、腐水、离木，同重体合类异，二体不合不类。此化学之出于我也。一则重学，古所谓均发，均悬轻。重而发绝，其不均也。均其绝也？莫绝。此重学之出于我也。一则光学，古云：临鉴立影，二光夹一光。足被下光，故成影于上；道被上光，故成影于下。近中所鉴，大影亦大，远中所鉴，小影亦小。此光学之出于我也。一则气学，《亢仓子》蜕地之谓水，蜕水之谓气。此气学之出于我也。一则电学，《关尹子》石击石生光，雷电缘气以生，亦可为之。淮南子阴阳相薄为雷，激扬

① 郑观应，《盛世危言》卷二《西学》，见夏东元，《郑观应集》上册，中华书局，2014年，第275页。
② 郑观应，《盛世危言》卷二《西学》，见夏东元，《郑观应集》上册，中华书局，2014年，第276页。

为电，磁石引针，琥珀拾芥。此电学之出于我也。"①郑观应认为，以上这些"西学"原本都出于"中学"，而且产生之初也都是"以备民用"，若能假以时日，"童子就学，教以书数，穷理精艺"，便能实现富国强兵。

商人出身的郑观应尤其重视商务。《管子》一书中有很多关于制富、货币、通商、商税等与西方工商思想相通的观念。颇为了解西方商务的郑观应，称赞管子为国聚财类似于西方重商主义的政策。他说："商务者，国家之元气也，通商者，疏畅其血脉也。试为援古证今：如太公之'九府法'，管子之'府海官山'，周官设市师以教商贾，龙门传货殖以示后世。当时讲求商法与今西制略同。子贡结驷连骑以货殖营生，百里奚贩五羊皮而相秦创霸，即汉之卜式，桑宏羊莫不以商业起家而至卿相。"②郑观应主张只有以商立国，以工翼商，才能更有效地抵御西方。

二、以子学维护"中学"，借此贬低"西学"

在晚清主张学习西学者发挥"子学"与"西学"相通的同时，那些反对学习西学的人也同样以"子学"立论，认为既然"西学"全部出自"中学"，那么只要学习"中学"即可，而不必舍本逐末去学习西方。如在同治七年（1868）同文馆设立天算馆的争论之中，奕䜣就以此反驳倭仁等人对他的攻击。他说："查西术之借根，实本于中术之天元，彼西土犹目为东来法。特其人情性缜密，善于运思，遂能推陈出新，擅名海外耳。其实法固中国之法也。天文算学如此，其余亦无不如此。中国创其法，西人袭之，中国倘能驾而上之，则在我

---

① 郑观应，《盛世危言》卷二《西学》，见夏东元，《郑观应集》上册，中华书局，2014年，第275页。

② 郑观应，《盛世危言》卷五《户政》，见夏东元，《郑观应集》上册，中华书局，2014年，第275页。

既已洞悉根源，遇事不必外求，其利益正非浅鲜。"①并以此来反驳倭仁等人认为学习西法是"以夷变夏"的论点，指出"至于以舍中法而以西人为非，亦臆说也"②，学习西法是中法回归的一种努力。

在戊戌变法时期，改良派和洋务派纷纷借"西学中源"说鼓吹变法，有关论著大量问世。一些思想保守的人也讲"西学中源"，例如王仁俊、刘岳云分别写出《格致古微》《格物中法》两书，阐述"格致之学，中发其端，西竟其绪"，目的是"与中抑西"。其中最具代表性的当数王仁俊的《格致古微》。

《格致古微》全书共六卷，将历代典籍中自以为与西学相通的文字，按《经》《史》《子》《集》四类分类摘抄。出版后不久，湖南学政江标经王氏同意，又将此书所收的"西学中源"材料，按天学、地学、政事和风俗四部重新加以编排，成《格致菁华录》一书，内容与《格致古微》基本相同，署名江标编次、王仁俊述。其中卷三、卷四都是以诸子材料为依据，大肆张扬"西学中源"说。

在变法维新思潮日益高涨之时，王氏写作此书的目的在于"表古籍之微，发西学之覆，将以严华洋之辨，大中外之防"③，清楚地表明：他宣扬"西学中源"说的用意与西学的倡导者截然不同，是为了贬低西学而尊崇中学。其特色主要有以下几个方面：

其一，大量摘抄前人的言论。王仁俊在《格致古微》中大量摘抄了前人的相关论述。所抄录著述有《谈天集证》《全体阐微》《天文图说》《畴人传》等；同时代人的著述有陈澧《东塾读书记》、邹伯奇《学计一得》、张自牧《瀛海论》、薛福成《出使四国日记》、许克勤《澡身集》等。

---

① 中华书局整理部，李书源整理，《筹办夷务始末·同治朝》卷四十六，中华书局，2008年。

② 中华书局整理部，李书源整理，《筹办夷务始末·同治朝》卷四十六，中华书局，2008年。

③ 〔清〕王仁俊，《格致古微》，"略例"，《四库全书未收书辑刊》第九辑第15册，第55页。

其二，强调"西学"是剿窃中国古学所得。自梅文鼎创始这种说法后，后来不少主张"西学中源"论的学者在解释西学时大多发挥此说。王仁俊多次强调西学剿窃中学，其用意更倾向于贬低西学，甚至否定西学超胜中学的现实。

其三，强调"西学"不出"中学"的范围，认为"中学"胜过甚至某些领域完胜"西学"。例如，王仁俊认为西方数学几乎全部出自《九章算术》。西学化学之精义出自《荀子·劝学》，"青取之于蓝而青于蓝，冰水为之而寒于水"。至于《墨子·经说下》云："挈有力也，引无力也。"则是西方力学所本，"西法有重力、结力、爱力，其大旨从动重学分出而论各体之动理、各力之根源"。[①]至于商业，"西人精求商务，终不出管子之范围"[②]。西方的政治制度则取法于墨子的尚贤、尚同，"泰西有合众国，举民主有万国公法，皆取诸此"[③]。

王仁俊的这种做法往往将"中学"等同甚至是取代"西学"。这种思维倾向与张自牧、薛福成等人的取向不同。作为改良派，他们的目的是想通过论证"西学"与"中学"的无差别化来促使人们学习"西学"、利用"西学"，并没有否定"西学"的先进性。而王仁俊的做法则过分夸大了"中学"的无所不包，甚至认为"中学"胜于"西学"，进而贬低"西学"，这无疑是在顽固地维护"中学"而阻碍了人们向西方学习的积极性。

可以说，《格致古微》是晚清"西学中源"论空前绝后的集大成者。该书以子学比附"西学"的范围更加广泛、细致，几乎涉及西学的所有门类，所利用的子书也更多，而且其牵强附会的程度也更加

---

① ［清］王仁俊，《格致古微》卷三，《四库全书未收书辑刊》第9辑第15册，第104页。

② ［清］王仁俊，《格致古微》卷三，《四库全书未收书辑刊》第9辑第15册，第92页。

③ ［清］王仁俊，《格致古微》卷三，《四库全书未收书辑刊》第9辑第15册，第107页。

新奇。

　　毫无疑问，王仁俊的"西学中源"思想带有强烈的"扬中抑西"的倾向。他在《格致古微·略例》中便公开表示，他编著此书的用意即在于"表彰古学，扬中抑西"，也就是"表古籍之微，发西学之覆，将以严华洋之辨，大中外之防"。如认为西方女子婚姻自主、父子平等，实本之于墨子的"兼爱"说，接着却在"案语"中说："此即孟子所谓无父者，西人效之，可谓无识。"①又如，《墨子·尚同》里所谓"是故选天下之贤，可者立以为天子"等，"犹泰西合众国立民主之滥觞"。不过，王仁俊又曾说："夫以二千余年前中国放斥进逐之言，不意二千余年后竟支离蔓延，流毒我四万万黄种。"②可见，王仁俊所主张的"西学中源"论，往往将"中学"等同甚至是取代"西学"。这种思维倾向与张自牧、薛福成等人的取向不同。张自牧、薛福成等人的目的是想通过论证"西学"与"中学"的无差别化来促使人们学习"西学"、利用"西学"，并没有否定"西学"的先进性。而王仁俊的做法则过分夸大了"中学"的无所不包，甚至认为"中学"胜于"西学"，进而贬低"西学"，这无疑是在顽固地维护国人对"中学"的盲目自信而阻碍了人们向西方学习的必要性和积极性，结果是丧失了此前那种主动认同并引进西学、顺应时代潮流的积极意义，而变成抵制西学进一步深入传播、反对民主维新的有害思想了。

三、以诸子论证"西学中源"在晚清不同历史阶段的特点和作用

　　以诸子论证"西学中源"的做法，特别盛行于洋务时期。这是因为鸦片战争后，严酷的现实，促使一部分士大夫开始直面西方列强及

---

　　①　［清］王仁俊，《致格古微》卷三，《四库全书未收书辑刊》第9辑第15册，第107页。
　　②　［清］怙实学，《实学评议》卷一，《民主驳议》，载清光绪二十三年八月二十一日《实学报》第3册，转见台湾文海出版社"近代中国史料丛刊"第3编，第80辑。

其"西学"，尽管他们还依然坚持中国传统名教制度优于西方，但在物质层面，他们已开始意识到要向西方学习。而在当时向西方学习是类似于"以夷变夏"、离经叛道的破天荒之举，不仅不为众多士大夫所接受，也不为广大民众所理解。为面对这一"中西"对抗的紧张局势，就必须解决"西学"与"中学"的关系问题，要解释中国人为什么可以学习西方，哪怕学的只是坚船利炮等器物层面的东西，也要给出一个可以接受这些"奇技淫巧"的理由。因此，主张学习西方的洋务派便积极从"中学"传统资源中寻找依据，为西学找到在中国的"亲戚"，论证这些异质的西学知识原本就与"中学"相通，并无隔阂，甚至很多西学知识还都源自"中学"。在这个过程中，先秦诸子以其内容杂博，而成为他们论证"西学中源"论的重要资料宝库。

首先，在比附的内容上逐渐从科技器物层面向政治制度上拓展。在洋务运动时期，比附西学的内容已经从清初的天文历算扩展到了声光、化电、医药、制造、兵法等方面，代表人物是张自牧、薛福成、郑观应等人。无论是郑观应的《盛世危言》，还是张自牧的《蠡测卮言》《瀛海论》，谈论的大都不出声、光、化、电等格致之学源出于中国的论点。当时，洋务派的"西学中源"说停留在器用阶段，认为西方只有科技工艺源出中国，尚未超出明末清初认识水平。尽管如此，洋务派官僚对"西学中源"的认同，实际反映了他们对"西学"的认同，有利于近代科技在中国的传播。19世纪70年代到90年代，中国有识者发出"振兴商务"的呐喊，与此同时，对外交往日趋频繁，西学东渐的步伐明显加快，子学与西学的比附范围也随之扩大到商政、公法、外交、用人等方面。正如陈炽所说："倚商立国，《洪范》八政之遗也；籍民为兵，《管子》连乡之制也。"①洋务运动的失败促使进步的知识分子们开始反思和寻求新的道路。在戊戌维新时期，关注点则主要集中于社会制度方面。这一时期"西学中源"论发生了新的变化，即比附的范围从科技工艺的器用层面，逐渐深入政治制度

---

① 郑观应，《盛世危言》序，见夏东元《郑观应集》上册，中华书局，第231页。

与国家体制的制度层面。也就是说，西学不仅是声、光、化、电的内容源于中国，就连西方的政治社会、宗教、商务等制度在中国也是"古已有之"。戊戌维新时期，"西学中源"说更弥漫朝野。在维新志士中，无论是康有为发出的西人长技"我中人千数百年皆已有之"[①]的感慨，还是梁启超"当知今之西学，周秦诸子多能道之"[②]的议论，虽不免牵强附会，却透露出近代先进的知识分子们希望变革传统文化、创造出中国近代新文化的迫切心情。

其次，洋务派（改良派）与顽固派（保守派）以诸子论证"西学中源"的出发点不同。以诸子论证"西学中源"的做法，无论是洋务派还是顽固派都用力于此，但他们背后的考量截然不同。先说洋务派。两次鸦片战争后，不少明达之士产生了强烈的危机感，认识到是否学习西方以求自强，乃是关系到国家存亡的关键。然而顽固派"承袭旧习"坚决反对学习西方，"上托法祖之名，下据攘夷之论"，对洋务派进行攻击。因此，在当时讲洋务，必须解决学习西方的合理性问题，必须先论证与西学有关的科技、机械乃至经济政策等内容与中国文化并没有本质的冲突。面对巨大的政治、思想压力，他们自觉或不自觉地利用根深蒂固的"崇古"心理和"好依傍"的积习，用先秦诸子古学作为中学与西学沟通的桥梁。正如张自牧所说："名之为西学，则儒者动以非类为羞，知其本出于中国之学，则儒者当以不知为耻，是在乎正其名而已。"[③]洋务派利用先秦子书证明西学知识在中国古代文化中早已经存在，西学既然是中国古已有之而后来传到西方去的，可见西学本来就是中学，可见西学不是异端，不是什么与我异类的夷狄之学。学西学无非就是"礼失求诸野"，找回自己祖宗曾经所创而后来丢失了的东西，根本不存在"夷狄变夏""亡我中华"的

---

① 康有为，《与洪给事右臣论中西异学书》，见汤志钧编《康有为政论集》上册，中华书局，1981年，第49页。

② 梁启超：《西学书目表后序》，见《梁启超全集》第1册，北京出版社，1999年，第37页。

③ 张自牧，《瀛海论》，《小方壶斋舆地丛钞》第11帙，第7册。

问题。

　　主张改良和学习西方者利用"西学中源"论，一方面起到了为自己推行洋务提供理论依据的作用，同时起到了反击顽固派排斥西学的作用。在与守旧派的争论中，"西学中源"论是洋务派经常使用的武器。出使欧洲四国的薛福成就说："昔者宇宙尚无制作，中国圣人仰视俯察，而西人渐效之。今者西人因中国圣人之制作而踵事增华，中国又何尝不可因之？"①郑观应也认为中国今日学西学不过是"以中国本有之学还之于中国"。西学不但可以学，而且必须学；学西学不是耻辱，不学西学反而是耻辱——是对"中国本有之学"的大不敬。出使日本的黄遵宪也说："譬之家有，再传而失于邻人，久而迹所在，或不惮千金以购还之。今轮舶往来，目击其精能如此，切实如此，正当考求古制，参取新法，藉其推阐之，以收古人制器利用之助，乃不考夫所由来，恶其异类而并弃之，反以通其艺，效其法为耻，何其陋也！"②黄氏认为，西学本是中国"家有"的东西，只不过"再传而失于邻人"，如果不学习它，甚至反过来却"弃之"，以学习西学为耻，简直是陋不可言。戊戌维新时期，这种为变革而从祖宗经典中寻找理论依据的"西学中源"论达到了顶峰。章太炎于光绪二十三年（1897）公开号召用"西学中源"说"化民"。他说："民不知变，而欲其速化，必合中西之言以喻之。……与道今而不信，则又与之委蛇以道古。故合中西之言以喻民，斯犹慈石引铁，与树之相近而靡也。"还说，"有悟于此，可以得变法之权矣"。③"合中西以喻民"已经成为当时很多人开启民智的法宝。

　　对于顽固派而言，他们利用诸子论证"西学中源"则主要是为了维护中学的地位，反对学习西方与社会变革。代表人物有王之春、

----

　　① ［清］薛福成，《薛福成选集》，上海人民出版社，1987年，第581—582页。
　　② 黄遵宪，《日本国志》卷三十二《学术志一》末按语，见陈铮，《黄遵宪全集》下册，中华书局，2005年，第1415页。
　　③ 章太炎，《变法箴言》，见汤志钧编，《章太炎政论选》页，中华书局，1977年，第23。

刘岳云、王仁俊等。王之春认为机器兵法、城守征战等器物亦"与管子、关尹子、列子、庄子互相出入"。[1]又，"泰西智士从而推衍其绪，而精理名言、奇技淫巧本不能出中国载籍之外"。[2]刘岳云著《格物中法》宣扬"中才百倍于彼"，"方之长仅为中国圣人不屑为而加以摒弃的工艺之事"，天人性命才是"至大圣远者"。[3]刘氏《格物中法》一书在挖掘中国传统科技资料和比较中西科技知识等方面的深度和广度上，比《格致古微》更进一步，其目的在于表彰中法，与西方科技一较短长。他在自序中就明确地说："前明澳门通商以来，西戎有机器玩好无益之技簧鼓中国，以渐逞其阴计秘谋、攘夺繁富之心，至今日而益炽。夫戎之技，一工人耳，荐绅之所不道，而学士大夫之所鄙也。乌足言哉！乌足言哉！然而居今之时欲移易其耳目，莫若即中国所自有者著之，俾致夫中国之才百倍于戎，特屏弃弗为，别求其至远至大者也。"[4]候补直隶州杨廷熙为阻挠京师同文馆招收科甲正途人员学习西方科技知识，也煞费苦心地强调中国科技的优越性。他认为，西人制器之法"本中国之法"，"中国自羲、轩、尧、舜、禹、汤、文、武、周公、孔、孟以及先儒囊哲，或仰观俯察，开天明道，或继承绍述，继天立极，使一元之理，二五之精，三极之道，旁通四达，体之为天人性命参赞化育之经，用之为帝典王谟圣功贤学之准，广大悉备，幽明可通。所以历代之言天文者中国为精，言数学者中国为最，言方技艺术者中国为备"[5]。

顽固派鼓噪"西学中源"，目的是排拒西学的输入。既然西学源于"中学"，"中学"又优于"西学"，那么就根本没必要借西学以自强。用他们的话说，"西人之绝技，皆古人之绪余，西人岂真巧于中

① 王之春，《清朝柔远记》，中华书局，1989年，第368页。

② 王之春，《清朝柔远记》，中华书局，1989年，第368页。

③ 刘岳云，《格致中法》自序，见《中国科学技术典籍通汇》（综合卷）第7册，河南教育出版社，1995年。

④ 刘岳云，《格致中法》自序，见《中国科学技术典籍通汇》（综合卷）第7册，河南教育出版社，1995年。

⑤ 《筹办夷务始末》（同治朝）卷四十九，中华书局，2000年。

华哉？"①西方文化，无论是"至理名言"，还是"奇技淫巧"，都是"本不能出中国载籍之外"。完全没有必要舍近求远去学西方。

由上可见，从洋务运动到维新时期，双方都在利用"西学中源"论为自己立论，所以双方的纠结似乎越陷越深，其结果是导致比附的牵强性也越来越严重。面对这种情形，一些有识之士开始摆脱"西学中源"论的束缚，并寻求超越的途径。早在洋务运动时期，有识之士如邵作舟、吴汝伦等，就曾对"西学中源"说公开提出批评。以著《邵氏危言》而有名的邵作舟就曾批评"以子证西"无异于掩耳盗铃的"强颜自豪"："至谓凡彼政学，悉窃吾余，《庄子》《列子》《管子》《墨子》《吕览》《淮南子》，截句断章，以求一合，强颜自豪，其惑尤甚。"②这可能算是最早对西学中源说作反思和批评的了。戊戌维新时期，随着人们认知水平的提高，对"西学中源"说的批评也日渐增多，而且较以前深刻、全面，更趋激烈和尖锐。其批评主要针对的就是这种顽固派的"西学中源"论。光绪十五年（1889），钟天纬和朱澄叙在格致书院的考卷中就反驳了"西学原本中国"。如钟天纬（署名"王佐才"）在考卷中指出："中国格致之学，……乃义理之格致，非物理之格致也。中道重道而轻艺……历观诸儒之言，皆以格致主义理立说，而从未有及今之西学者。然亦未偿无偶合之事也。……中西相合者，系偶然之迹，中西不合者，乃趋向之歧。此其故由于中国每尊古而薄今，视古人为万不可及，往往墨守成法，而不知变通。西人喜新而厌旧，学问后来居上，往往求胜于前人，而务求实际。此中西格致之所由分也。"③朱澄叙也强调西学与中学之不同。他说："今泰西一切制作，远不过两千年，虽非窃我绪余，其实遥遥相继，不必谓西学天文同于中国浑天之说，地学同于《书》考灵耀地恒动不止之说，化学同于《洪范》五行及《墨子》《张子》《亢仓子》之说，电学同于《淮南子》阴阳相薄之说，声学同于闻牛鸣而知宫说，离群

---

① 王之春，《清朝柔远记》，中华书局，1989年，第373页。
② 邵作舟，《邵氏危言》自序，岳麓书社，1998年，第8页。
③ 王韬编，《格致课艺汇编》卷四，上海书局石印本，1897年。

羊而知商，听雉登木鸣而知角，见豕负途骇而知征，听鸣鸟在树而知羽等说；重学同于《墨子》均发均悬等说也。"①

超越中西比附的思维模式，就要勇于认识西学的真正价值。光绪十六年（1890），王韬将他和伟烈亚力翻译的《西国天学源流》一书重版发行。此书原载伟烈亚力主办的《六合丛谈》（1857—1858），但是知者不多，阅者不广。王韬为此书的重版写了一段附识，说明他们翻译此书就是为了让中国人了解西方天文学的历史，以使那种关于西方天文学源自中国的论调不攻自破。他还批评阮元《畴人传》，"略大识小，语焉不详"，"不知泰西天学实始自希腊"。②严复则于光绪二十一年（1895）在天津《直报》上发表的《救亡决论》中直言不讳地说："晚近更有一种自居名流，于西洋格致诸学，仅得诸耳剿之余，于其实际，从未讨论，意欲扬己抑人，夸张博雅，则于古书中猎取近似陈言，谓西学皆中土所已有，毫无新奇。如星气始于臾区，勾股始于隶首；浑天昉于玑衡，机器创于班、墨；方诸阳燧，格物所宗；烁金腐水，化学所自；重学则以均发均悬为滥觞，光学则以临镜成影为嚆矢；蜕水蜕气，气学出于亢仓；击石生光，电学原于关尹。哆哆硕言，殆难缕述。"③严复不点名地批评王仁俊根本不懂西学。光绪二十四年（1898），何启、胡礼垣批评康有为"至今犹欲以古学贱之也"。他们提出："事若可行，何必古人先后？势有不可，奚取经典明文。"④徐仁铸指出，"西学中源"说"亦涉自大之习，致为无谓"。认为中西都有圣人，都有可能发展新学问，问题是需要使之持续发展，"西人艺学原本希腊，政学原出罗马，惟能继续而发明之，遂成富强；我中土则以六经诸子之学，而数千年暗昧不彰，遂以积弱"。⑤承认中西都有圣人，都有可能发展新学问，问题是需要使之持续发展。梁

① 上海市图书馆，《格致书院课艺》第4册，上海科学技术文献出版社，2016年。

② 王韬，《弢园西学辑存》，弢园自刊本，1890年。

③ 严复，《救亡决论》，见王栻编：《严复集》第1册，中华书局，1986年，第52页。

④ 何启、胡礼坦，《书保国会第一集演说后》，《蓄艾文编》第5卷。

⑤ 徐仁铸，《輶杆今语》，见梁启超编《中西学门径书七种》，上海大同书局，1898年。

启超反省这种思维模式，认为"此实吾国虚骄之积习"，为"重污古人，而奖励国民之自欺者也"①。光绪二十九年（1903），章太炎在《国民日报》上发表《论承用维新二字之谬》一文，对这种迂腐之论进行了尖刻的批评，他指出："最可嗤鄙者，则有'格致'二字。格致者何？日本所谓物理学也。一孔之儒，见《礼记·大学》有'格物致知'一语，而郑君旧注与温公、阳明诸论皆素所未知，徒见元晦有云'穷致事物之理'者，以此妄为本义，固无足怪，就如元晦所言，亦非以格竹为格物。徒以名词妄用，情伪混淆，而缪者更支离皮傅，以为西方声、光、电、化、有机、无机诸学，皆中国昔时所固有。此以用名之故，而贻缪及实事者也。"②

　　无论是钟天纬、朱澄叙，还是王韬、严复、章太炎所言，实质上都是对"西学"价值的直接认可。这不仅有别于文化保守者对"西学"的贬低，也不同于那种通过"以子证西"途径才间接承认"西学"价值的扭捏作态。清末随着新学的兴起，"西学中源"论逐渐成为明日黄花，章太炎、刘师培、王国维、梁启超等人逐渐抛弃"以子证西"的思维模式，而通过中国古代思想的"再书写"以及政治变革思想的倡导，开始将"西学知识"转化为"中学"的内在资源，逐步开创了重新建构"中国思想"及中国道路的新局面。

---

① 梁启超，《饮冰室合集·专集》第1册卷1，中华书局，1986年，第55页。

② 汤志钧编，《章太炎政论选集》上册，中华书局，1977年，第242—243页。

第八章

清末民初的中西文化交流

进入清末民初，中西的碰撞和冲突更加频繁，也更加激烈，但中西的文化交流已经势不可当，其深度和广度日渐加深，影响更广更深远。在中西交流的影响下，当时中国的政治改革以及新思想、新风尚彼此激荡，形成社会趋新的潮流，极大地影响了人们的价值观念，其社会变迁的速度、深度、广度是以往任何时代都不能比拟的。在这股社会大潮中，北京作为封建王朝的都城，在许多方面都受到冲击，在新旧嬗递的历史进程中扮演了特殊角色，留下了深深的印记。

第一节 "庚子事变"与京师社会风貌的变化

清末国门洞开，中西文化碰撞与交融的力度日益加深。在民族危机感的刺激下，国人的文化心理发生巨变，对中国传统文化的弊病和西方文化的优点重新审视。作为一座历史悠久的文化名城，北京具有丰富的文化宝藏。庚子年八国联军的入侵，既是一场社会大破坏，更是北京历史文化的惨痛灾祸。"庚子事变"之后，遭逢劫难的京师在多个方面都发生了相应的变化。

义和团运动是从庚子年初才引起人们广泛关注的，在此之前的数月间，义和团一直在其发祥地鲁西北地区慢慢积蓄力量，至光绪二十五年（1899）冬，义和团越过直隶和山东交界地区，迅速扩展至华北平原的大部分地区。

从光绪二十六年（1900）的初夏开始，以黄河流域下层民众为主体的义和团席卷了华北地区。二三月间，义和团运动已经开始向京津一带转移，并开始影响这一地区的社会稳定。当义和团由山东进入北京地区之后，便燃成燎原之火。据京师的唐晏描述，此时京师，"纷传义和拳之多，几至遍地皆是。每当夕阳既西，肩挑负贩者流，人人相引习拳，甚至有大家亦为之者。……时廷议方禁止习拳，告示皇皇，以拳为厉禁。然凡有告示处，则后必有义和拳之告白粘于其后，一若互相诘难也"。[①]进入5月，京城内外的义和团互相配合，越闹越大。近畿一带，相继发生焚毁教堂，杀害教民等多起事件。一时间，京城地面形迹可疑及结党持械、造谣生事之人随处可见。此后，团民开始大量拥入京师。

义和团在京的这些活动引起各国公使惊慌。5月31日下午7时左右，在直隶总督裕禄的协助下，由英国、俄国、法国、美国、意大

---

① 唐晏，《庚子西行记事》，见中国史学会等编，《义和团》（三），神州国光社，1953年，第471页。

利、日本等国参加的300多人的"使馆卫队",以保护北京东交民巷使馆以及在华侨民为名,由天津乘一专用火车抵达北京马家堡站。随后,德国、奥地利两国援例各派50名和30名官兵参加联军,于6月1日和6月3日分别侵入北京。此后,各国仍不断增兵,至6月8日,侵入北京的外国军队已近千人。先期侵入北京的八国士兵在东交民巷附近巡逻,屡屡开枪伤人,与义和团以及普通北京民众的矛盾愈加激化。

6月19日,发生了一件对局势影响重大的"事件"。驻华德国公使克林德在赴总理各国事务衙门办事途中,在东单牌楼附近中弹身亡。关于克林德被枪杀的真相如何,由于缺少足够可信的材料,真相已难复原。然而这样的外交事件却引发了后来一系列重大变故,清政府与各国公使之间的沟通越来越困难,双方都关上了自己的大门。在克林德被杀的第二天,慈禧太后发布紧急上谕,强调列强的军队已经麇集津沽,中外之间的矛盾已经不可调和,战争已经无法避免,要求各省督抚同心合力,共挽危局。从这一天开始,清军联合义和团开始围困东交民巷使馆区,各国驻华公使、数千眷属以及那些避难于使馆的中国教民被围困50多天。

7月底,八国联军在天津基本集结完毕,总兵力约3万人。8月初,联军正式向北京进发。8月14日,联军共约2万人,分别从安定门、东直门、朝阳门、东便门、广渠门攻入北京。这是继40年前,北京被英法联军侵占之后,又一次沦陷。庚子年北京的沦陷,留给这座城市的是永远不能忘却的民族耻辱,而其对北京乃至中华文化而言,则更是一场劫难。

联军占领北京后,纷纷拥向紫禁城、颐和园等皇家胜地,劫掠金银珍宝与文物典籍。联军统帅瓦德西承认:"就宫内情形而言,又可证明该宫最大部分可以移动之贵重物件,皆被抢去。除少数例外,只有难于运输之物,始获留存宫中。……其余附属宫中之各处房屋,如戏园、庙宇、吏室、仓库等等之曾经封锁者,均被横加劈毁;所有其中存物，凡认为没有价值者，皆抛置地下以及院落之内。"①对于金银珍宝的丢失尚可以数字计算，而文物典籍的损毁与遗失则无法以金钱衡量。作为凝结数千年古老文明的实物载体，一旦消失，永无再生可能，其对中国文化的破坏程度不可估量。

翰林院在庚子年间被大火焚毁的事实同样令人痛心。翰林院位于北京正阳门内大清门以东的御河西岸，北隔筒子河与紫禁城东南角城墙相望。其西邻的两排建筑，靠东边的一排自北而南依次是兵部、工部、鸿胪寺、钦天监、太医院，第二排是宗人府、吏部、户部、礼部，再向西就是大清门至天安门之间的千步廊。英国使馆工作人员普特南·威尔描述了当时翰林院被焚毁的情形："数百年之梁柱，爆裂作巨响，似欲倾于相连之使馆中，无价之文字，亦多被焚，龙式之池及井中，均书函狼藉，为人所抛弃。……有绸面华丽之书，皆手订者；又有善书人所书之字，皆被人随意搬移。其在使馆中研究中国文学者，见宝贵之书，如此之多，皆在平时所决不能见者，心不能忍，皆欲拣选抱归，自火光中觅一路，抱之而奔，但路已被水手所阻，奉有严令，不许劫掠书籍，盖此等书籍，有与黄金等价者，然有数人仍阴窃之。将来中国遗失之文字，或在欧洲出现，亦一异事也。"②翰林院珍藏的珍稀典籍，一部分被烧毁，一部分流失到英国，不论哪一种情况，都是令人痛心疾首的。

颐和园同样没有逃脱被俄、英、意侵略军劫掠的厄运。瓦德西10月26日给德国皇帝的报告中说："其中大部分贵重物品，亦已被人抢去，此事必非华人所为。"刚刚从日本回到国内的维新人士狄葆贤在庚子年冬天看到："颐和园内各处皆一空如洗，佛香阁下排云殿内，什锦橱数十座高接栋宇，均存空格，可想见当时陈列之品，盖不知凡几……颐和园中，则碧犀、宝石、翡翠、珠宝等件居多。近数十年，

① ［德］瓦德西，《瓦德西拳乱笔记》，《义和团》（三），时代文艺出版社，2013年，第33页。

② ［英］普特南·威尔，《庚子使馆被围记》，《义和团》（二），上海书店出版社，2000年，第257页。

各督抚臣工搜剔民间宝物，悉入此中矣。嗟乎！圆明之劫，继以颐和，是何异敛全国之精粹，聚而歼之，较之杀人盈野者，其惨益剧，其痛弥永矣。"[1]精美绝伦、丰富多彩的文物，承载着中国悠久的历史文化，这种损失比起经济的掠夺、城市的破坏，留给中华民族的痛楚还要惨重而久远。此外，北京失守后，礼部的大印被联军士兵偷走，在某商行出售。驻京之某国官兵，竟将太庙木主八尊运回本国博物馆。辛丑年七月二十四日钦天监监正恩禄等奏："上年洋兵入城，衙属房屋，多被拆毁，观象台仪器、板片、书籍，遗失无存。"联军如此之类的罪行，比比皆是。

在皇宫、颐和园、翰林院及各部署衙之外，京城民间遭受的文化劫掠更为普遍。当时留居北京的某官员在书信中写道："近见西兵出京，每人皆数大袋，大抵皆珍异之物。垂橐而来，捆载而往。其在外国，半皆博物院中物，故虽败可以无失，而中国则私家所藏，故皆往而不归，且长留外邦，永为国诟。不必计后此之兵费也。今此所失，已数十万之不止。"[2]普特南·威尔记载："当予骑马游行时，见军队之辎重往天津者，其车上满堆箱笼，皆抢劫之物也。予思劫掠如此之多，北京精华，想已尽净，所余者不过皮与骨而已。"可见，在付出了人口、经济、建筑的损失之外，北京民间的文物珍宝横遭扫荡。狄葆贤在《平等阁笔记》中记载："庚子之役，京师千百年积聚尽为外人所得，大内为日兵所守，其中列代重器，尚得无恙。其小件易携之物，各国人之入内游览者，往往窃之出，计所失过半矣。"他还看到，"紫光阁内，书籍狼藉遍地"。实际上，即使是各国分段把守之后，各国之兵也在想尽办法潜入宫中偷盗。普特南·威尔在1900年9月的日记中写道："瀛台的珍宝已被英国人偷尽，他们转而搬取大件之物，并且全宫各处皆有似此之行为，如花旗人，如俄罗斯人，如他国之人，皆是一样，每至夜间即越墙而入，偷取其中之物。若再过六

---

① 李泉侗主编，《平等阁笔记》，《义和团》（三），第335页。

② 《综论拳匪滋事庸臣误国西兵入京事》，《义和团史料》，中国社会科学出版社，1982年，第196页。

个月，则宫中将无一物之留存矣。"紫禁城内的文物珍宝就这样被联军劫掠一空了。

庚子年间几个月之内中国社会经历了一场巨大震动，朝野上下，几乎无不感受到这一非常之变所带来的强大震撼，由此引起诸多领域前所未有的时代变局。"庚子事变"一方面促使传统意识维系的民族心理防线解体，另一方面则刺激了国人更大范围的觉醒，使得中国人更深切地感受到亡国灭种的危机，促使国人文化心理的转变和文化观念的更新。北京作为"庚子事变"的核心之地，遭此重创之后再也无力维持现状，国人已经无法从自己数千年的文化积累中寻出足以支撑自身的文化自信。或许是巧合，或许是注定。在一个新的世纪到来的时刻，这个古老帝国的主宰者终于开始了缓慢的自我革新过程。

从社会层面审视，这种转变过程更为复杂。"庚子事变"后，由传统意识所维系的民族心理防线在震荡中解体，面对西方文化，中国人一方面是在微风细雨之中自觉的吸收，另一方面则是在连天烽火下被迫的吞咽，从而形成一种复杂且又矛盾的心理。这种心理既有对国家命运忧虑交集的紧迫心态，又有对民族危亡的悲怆情绪，还包含着对西方文化的倾慕与模仿。

"庚子事变"之后，清政府在与各国签订条约时，愈加感到通晓西方语言以及西学知识的重要性，因而大力提倡翻译东西方书籍。这一时期，清政府明确将引进西学的范围由"西艺"扩展至"西政"，使翻译题材的主题选择得以扩展。如学部编译图书局除了编辑教科书外，还翻译出版了《印度新志》《爪哇志》《苏门答腊志》《小亚细亚志》等世界区域地志的著作。

留学生群体对西学的引介，是此时京城传播西学的又一重要形式。他们出洋时，清政府本意要求要学习"一切专门艺学"，但出国后，留学生们大多学习师范、法政等科，而且多为速成方式。回国后，他们中的一些人在京城任职，把在海外学习到的知识特别是社会科学进行传播，不断改变着京城的学术空气和文化氛围。

在经历了"戊戌变法"和"庚子事变"之后，借助新政以及日趋浓厚的改革气息，北京民间为开启民智而进行的启蒙活动开始不断涌现，民办报纸亦渐次繁荣。"当兹八国联军攻破北京，两宫仓促西狩。迨和议告成，土地割让，主权丧失，国民为之震惊，志者为之愤慨。人人发愤图强，深识者咸以振兴教育，启发民智为转弱图强之根本。"一时间，北京城里出现了民间办学、办报的热潮。同时，列强传教的方式也注重创办报刊、出版机构等文化教育事业，这在客观上刺激了中国自己创办新式文化教育事业。《京话日报》《顺天时报》《北京报》等是当时最主要的民间报纸。其中，彭翼仲所办《京话日报》《启蒙画报》，以开启民智、开通风气为要，贴近市民生活，文字浅显易懂，逐渐赢得了许多中下层人士的喜爱。以《京话日报》为例，其文意通俗，用语浅白，在光绪三十一年至三十二年（1905—1906）的全盛时期，几乎就是北京中下层社会的公共舆论平台，各阶层来稿充满版面，热心读者自发兴起捐献阅报处、贴报栏、讲报所，各类民众运动，如抵制英国招收华工、抵制美货、抵制国民捐、戏曲改良，一经《京话日报》发起，即产生广泛影响，并波及整个北方地区，造成巨大影响。《京话日报》的销量更由创办之初的1000来份飙升至高峰期的1万多份，成为当时北京销路最广、声誉最隆的报纸。

当时天津《大公报》就称：北京报界之享大名者，要推《京话日报》为第一。此外，清末北京还出现大量画报，如《启蒙画报》《北京画报》《开通画报》《星期画报》《益森画报》《时事画报》《日新画报》《北京日日画报》等。当时一首竹枝词曾如此描述："各家画报售纷纷，销路争夸最出群。纵是花丛不识字，亦持一纸说新闻。"①

演说会的兴起是清末北京社会启蒙的一种重要形式。严复曾创办北京"通艺学堂"，主张鼓民力、开民智、新民德。新政之后，北京的演说活动更加活跃。与办报、译书比较，"死文字断不及生语言感

---

① 兰陵忧患生，《京华百二竹枝词》，见路工编选，《清代北京竹枝词》，北京古籍出版社，1982年，第126页。

通之为最捷",因此"不可不讲演说之术"。当时各种社会团体,多把向群众演说规定为其经常性活动内容。1906年8月,京师组织了以"开民智,实行社会教育为宗旨"的"演说研究会",其演说内容包括忠君、尊孔、爱国、尚武、尚公、提倡工商、劝办学堂等。

与演讲所同时发展的是阅报会、阅报社、阅报所等群众读报组织。据《大公报》有关报道统计,仅光绪三十一年(1905)四月到三十三年(1907)十月间,北京成立的阅报社就达45处。清末北京,各种图书馆、博物馆、广智馆等科学普及场所的建设成为时尚。以图书馆为例,光绪三十二年(1906)出国考察大臣端方、戴鸿慈奏请建立图书馆,引起清政府的重视,其后,由学部出面,不断催促各省提学使迅速筹建图书馆以开民智。在此背景下,创办京师图书馆,后改名北京图书馆,成为现代中国图书馆事业的发端。在开民智方面,北京人虽然起步较晚,但发展迅速。就如《京话日报》主笔彭翼仲所说,热心肠的北京人,一旦觉醒,就会有不俗表现,北方风气开得慢,一开可就大明白,绝没有躲躲藏藏的举动。较比南方的民情,直爽得多。从这个角度就可以理解"庚子事变"之后北京风气的急遽变化。

清末北京风气的变化在教育领域也产生了重要影响,学部成立之后推动了许多新生事物,其中,女子教育是最重要的表现之一。据现有资料,北京最早的女学堂是同治三年(1864)美国公理会传教士贝满夫人所办的贝满女塾,于光绪二十一年(1895)由小学改为四年制女子中学(现为北京市第一六六中学)。同治九年(1870),美国长老会在交道口创办北京长老会女校,后更名崇慈女中(现为北京市第一六五中学)。同治十一年(1872),美以美会创建京都慕贞女书院,这是北京最早的女子中学,后称慕贞女校(现为北京市第一二五中学)。光绪二十七年(1901),基督教中华圣公会在宣武门内承恩寺捐资创建圣斐德女学,校长是英国人徐磷清,后改名笃志女中(现为北京市第一五八中学)。可以说,北京近代意义的女子教育由此而开始,这功劳簿上的第一笔应记在热心女学的传教士身上。

光绪二十九年（1903），荣庆、张百熙、张之洞主持制定《奏定蒙养院章程及家庭教育法章程》，将女学纳入家庭教育之中，在一定程度上是一个突破。光绪三十三（1907）三月，学部奏定女子小学堂章程以及女子师范学堂章程的颁行，标志着中国第一次将女子教育纳入政府主导的学制系统。此后，豫教女学堂、振懦女学堂、淑范女学堂、女学传习所、译艺女学堂、四川女学堂、慧仙女学堂在北京城纷纷创建，掀起了清末北京女学的第一个小高潮。

在女学堂兴起的同时，北京地区的妇女期刊、女性团体也开始崭露头角。光绪三十一年（1905）八月二十日，张展云与其母张筠芗女士创办了晚清北京最早的妇女报刊——《北京女报》。该报连续出版将近4年，出报1000多号，以报道女界活动和推广女权为最大特色。《北京女报》作为公共传媒，不但传播和反映社会舆论，还积极参与清末北京的各种社会活动，如联合戏曲界名流创办妇女匦学会、为惠兴女学捐款、兴办女学慈善会等，其与戏曲界、女界的合作互动，形成一种新的群体社会力量，影响力不容小视。此后，《中国妇女会报》《星期女学报》《中国妇人会小杂志》也纷纷创刊，中国妇人会、妇女匦学会等开始成立，带动了整个女界活动的繁荣。

清末的北京，处于社会大变动之际，具有新知识、新思想的知识分子广泛参与到办报纸、开设阅报处、讲报处、演讲处等各种社会启蒙活动中去，掀起移风易俗的改良大潮。正是他们的热心参与，酝酿了清末北京地区一场蓬勃的社会启蒙运动，并由此推动了北京地区的近代化。在晚清中国，推动西学东渐最有力的城市是开风气之先的上海。作为帝都的北京，在新学代表的报章、演说以及女子教育等方面，都走在上海后面。但由于北京作为帝都的政治地位，其对全国的示范作用则令任何一个城市都无法企及。

光绪二十八年（1902）二月，英国《泰晤士报》驻北京记者莫理循曾说："我们在'暴乱'（指义和团运动——引者注）中并无所失。而事实上我们的威信大增。我们敢肯定地说，多少年来我们在北京或在中国的地位，从未像今天这样高。我们与清朝官员的联系从未像今天这样密切。"①他以一个西方记者的角度，观察到20世纪初年中外关系的重大变化。这段话使用了两个"从未"，实际上是在进行一种比较。在刚刚过去的那个世纪，战争贯穿了清廷与其他国家的关系，这种由战争来推动的民族交往，从来都不会是美好或者甜蜜的。从鸦片战争到庚子事件，中国统治阶级不断抗拒着外部各种力量的入侵，而来自西方的文化已在不可阻挡地步步深入中国。

《辛丑条约》是一个巨变，它犹如压死骆驼的最后一棵稻草一样碾碎了清朝统治者的民族心理防线。藩篱既失之后风雨难蔽难挡，外来的东西从四面八方源源而入，而这种表现在京师尤其明显。在这种民族心理防线阵痛解体的过程中，中国两千年历史和传统所孕育的精神支柱分崩离析。在茫然自失的状况下，因国势没落而产生的对西方文化的崇拜，自然成为整体社会风气的变化趋势之一。对外观念发生根本性变化，心态急遽逆转，由妄自尊大、蔑视夷狄转而趋西、崇洋，甚至媚外，奉西人若神明。与此同时，知识阶层中兴起一股"醉心欧化"的潮流，国粹主义的代表人物许守微甚至以"欧化"为救亡图存的唯一途径。

北京作为清朝的政治中心，虽不像东南开埠城市那样受欧风美雨的强烈熏染，但各种涉外活动依然对京师文化产生一定影响，并逐渐促成"趋新""崇洋"的社会风尚。而且越到晚近，这股潮流愈加强大。受西学影响，晚清中央各衙署大小司员"今日谈铁路，明日论学堂，宪政、公法、权限等新名词腾于众人之口"，以至于"风气至今，可谓大转移。立宪也、议院也，公然不讳，昌言无忌"，"几等口头禅"。②

京师民众这种思想观念的变化更是落实到日常生活这一载体当中。"庚子事变"前后，京城"外贸风行，土布渐归淘汰，布商之兼营洋布者十有八九"。不仅服装质地洋化，而且服装的裁剪款式也趋

<hr />

① ［澳］骆惠敏编，《清末民初政情内幕》，上册，知识出版社，1986年，第216页。
② 孙宝瑄，《忘山庐日记》，上海古籍出版社，1983年，第1082页。

洋趋新。光绪年间，京城出现了专门剪裁西式服装的"洋裁缝"。街头巷尾茶食铺中的纸烟、"荷兰水"（机制汽水）、罐头糖果也让人在细微之处感受到生活的种种变化。留意风俗的人发现，"近年北京人于西学西艺虽不知讲求，而染洋习者正复不少"。"昔日抽烟用木杆白铜锅，抽关东大叶，今则换用纸烟"，喝酒也从原来"首推柳泉居的黄酒，今则非三星、白兰地、啤酒不用矣"。"庚子事变"之后，西式餐饮在北京出现并逐渐流行开来。这一时期的报纸经常刊登西餐馆开张的广告，用环境幽雅、侍候周到、各种西餐大菜和零点小吃可口方便招徕顾客。风气所染，"满清贵族群学时髦，相率奔走于六国饭店"，以致"文化未进步，而奢侈则日起有功"，"向日请客，大都同丰堂、会贤堂，皆中式菜馆，今则必六国饭店、德昌饭店、长安饭店，皆西式大餐矣"。①

20世纪初期，一个署名"兰陵忧患生"的人写了《京华百二竹枝词》，用咏叹勾画出《辛丑条约》签订之后首善之区的社会面面观。与沿海口岸不同，富有传统色彩和国粹意味的北京呈现的这种面貌更加直接说明了中国社会在西方文化冲击下所产生的巨大变化。

　　其咏女学生曰：
　　或坐洋车或步行，不施脂粉最文明。衣裳朴素容幽静，程度绝高女学生。
　　其咏报馆曰：
　　报纸于今最有功，能教民智渐开通。眼前报馆如林立，不见"中央"有"大同"（"中央""大同"均为当时报纸名称）。
　　其咏叹刑场曰：
　　当年弃世任观刑，今日行刑场筑成。新旧两股都有意，一教警众一文明。

---

① 《大公报》，1903年8月10日。

其咏银行曰：

但于国计民生便，善法何嫌仿外洋。储蓄、交通均有益，巍然开设几银行。

其咏纸烟曰：

贫富人人抽纸烟，每天至少几铜圆。兰花潮味香无比，冷落当年万宝全。

其咏打球房曰：

韩家潭里好排场，谁说高楼让外洋。请向报端看广告，北京初创打球房。

其咏前门外陕西巷饭店曰：

菜罗中外酒随心，洋式高楼近百寻。门外电灯明似昼，陕西巷深醉琼林。

其咏马路曰：

一平马路真如砥，信步行来趣更奢。眼底耳根两清净，从今不见破骡车。

其咏新式衣裳曰：

新式衣裳夸有根，极长极窄太难论。洋人着服图灵便，几见缠躬不可蹲。[1]

这种景象不但是此前北京人所不曾看见过的，而且也是首开自强新政的第一代洋务人物所没有看见过的。在西方文化冲击下所呈现的类似景象绝非仅见于北京这样的地方，在中国的其他一些城市也具有一定的普遍性。

---

① 路工编选，《清代北京竹枝词》，北京古籍出版社，1982年，第115—116页。

第二节 晚清中国人走出国门

鸦片战争前，清政府实行海禁政策和闭关政策，严格限制中国人出海贸易和旅行。鸦片战争爆发之后，英国用军舰大炮敲开了中国的大门。1842年签订的中英《南京条约》开放了上海等5个沿海通商口岸，从此外国商人、传教士、外交官、军人、旅行家等大批拥入中国，但中国人出国却为数很少。

从19世纪40年代至60年代，最初走出国门的中国人大致有三类。

第一类是华工。外国洋行及其雇用的买办、掮客，通过多种方式吸引华工签订契约搭乘外国轮船出洋，贩卖到急需劳工的古巴、美国、秘鲁、澳大利亚等地。据统计，道光二十七年（1847）至咸丰二年（1852），从厦门通过贸易共输出华工有8000多名。这些华工在贩运途中和劳动场所因环境恶劣，死亡率很高。

第二类是个别走出国门的中国人。从事对外贸易的商人或替西方商人、洋行、外国外交、宗教、文化教育机构团体服务的买办、雇员、翻译。

第三类是由外国传教士带到西方留学的中国青少年。其中最有名的是道光二十七年（1847）被美国传教士、香港马礼逊学堂校长布朗带到美国留学的容闳。道光三十年（1850），容闳在美国慈善组织资助下进入耶鲁大学学习，四年后以优异成绩毕业。他是耶鲁大学乃至所有美国大学里第一个中国毕业生，其画像至今悬挂在耶鲁校园中。

在晚清中国人走向世界的过程中，由清政府官方组织的几次具有较大规模的官员集体出洋考察是需要重点交代的。第一次是同治七年（1868）的蒲安臣使团，第二次是光绪十三年（1887）的海外游历使，第三次是光绪三十一年（1905）的五大臣出洋。前后纵贯50年的三次出访，反映出晚清中国官员在走向世界、认识世界的艰难历程与蹒跚轨迹。

其实在蒲安臣使团之前，斌椿就成了第一次走出国门的中国官员。1866年，清政府海关总税务司英国人赫德请假回国，总理各国事务衙门便派遣了前山西襄陵县（今襄汾县）知县斌椿与其子广英以及3名同文馆学生，随赫德赴欧洲游历。他们在英、法、德等9国游历了7个月后归国，这是晚清中国官员走出国门进行海外游历的第一次带有尝试意义的观光旅行。

有了这次先例，同治七年（1868）清政府派出了第一次正式的出访西方的使团——蒲安臣使团。该团由刚卸任的美国公使蒲安臣率领，他被授予"办理中外交涉事务大臣"的头衔。使团成员包括两名清政府总理衙门的志刚、孙家谷以及一名英国人和一名法国人。蒲安臣使团于同治七年（1868）二月二十五日从上海出发，先乘船横渡太平洋到美国，访问了旧金山、纽约、华盛顿等城市。然后又横渡大西洋赴欧洲，访问了英国、法国、瑞典、丹麦、荷兰、普鲁士、俄国、比利时、意大利、西班牙等国。直至同治九年（1870）十月十八日回到上海，历时2年零8个月，先后访问了11个国家。

蒲安臣带领的中国使团是晚清王朝按照西方的外交方式派遣的正式外交使团，是条约体系逐步取代华夷体系的产物，反映了中国外交在历史性转折时期所充满的矛盾和冲突。不过，蒲安臣使团跨出了中国外交迈向国际社会的第一步，为以后中国近代外交使节制度的建立开辟了道路。蒲安臣使团里的中国官员也通过这次出访大开眼界，接触新事物，吸收新思想，并锻炼了外交才干。志刚完成了《初使泰西纪》，孙家谷完成了《使西述略》，张德彝完成了《欧美环游记》，这些是了解晚清官员世界认识的第一手资料。

光绪十一年（1885），御史谢祖源上奏，批评以往出使人员大多非科举正途出身，素质较差，对外国调查研究也不够，建议选拔一批文化修养较高的中央各部官员出国游历，可为国家培养外交和洋务人才。此奏得到皇帝重视，命总理各国事务衙门议奏和实施。光绪十三年（1887），清政府从中央六部中下级官员中选拔了12名海外游历使，选拔标准以考试为主，而且不同于以往的科举考试。考试内容不考四书五经和八股诗文，而只作关于边防、史地、外交、洋务方面的策论。总理各国事务衙门把12名海外游历使及其随员、译员分成5个组，分别派赴亚洲、欧洲、南北美洲20多个国家，进行为期两年的游历考察，最远到达南美洲的智利和加勒比海古巴等国，其路程之远及所到国家之多，也是前所未有的。

这些海外游历使在所到各国进行了不少外交礼仪及文化交流活动，进行了大量参观访问和调查考察活动，涉及政府机关、军事设施、工厂矿山、学校图书馆、博物馆、动植物园等。游历使们分别撰写了几十种对外国调查研究的著作、考察报告及海外游记、日记和诗文集。其中仅傅云龙一人就撰写了游历日本、美国、加拿大、古巴、秘鲁、巴西等6国的调查报告和纪游诗。奉命游历欧洲的刘启彤也写了《英政概》《法政概》《英藩政概》《欧洲各国火轮车道纪略》等。

光绪二十七年（1901）清末新政开始，清政府在诸多方面实行各项改革，然而"规模虽具，而实效未彰"。为此，清政府于光绪三十一年（1905）七月十六日颁布上谕，派大臣"分赴东西洋各国考求一切政治，以期择善而从"。①经过许多波折，此事最终成行：户部侍郎戴鸿慈、湖南巡抚端方一路，考察了日、美、英、法等15国；镇国公载泽、山东布政使尚其亨、顺天府丞李盛铎一路，考察了日、美、英、法、比等5国。此外，还选调近百名素质较高的官员和归国留学生为随员。考察虽以宪政为中心，但实际调查范围很广，涉及议会、政府、司法等，大量收集、翻译各类外国图书资料。

五大臣出洋收获丰硕，效果显著，推动了预备立宪的决策。光绪三十二年（1906）回国后，载泽等编辑了书籍67种146册，并将其中30种分别撰写了提要，进呈光绪帝和慈禧御览。另将购回的400余种外交书籍送交考察政治馆备考。戴鸿慈、端方也带回许多书籍、资料，并赶写出介绍欧美各国政体制度的《欧美政治要义》供朝廷采

① 中国第一历史档案馆编：《光绪宣统两朝上谕档》第31册，广西师范大学出版社，1996年，第90页。

择。以后又编写了介绍各国政治的源流和概况的《列国政要》133卷。这些书对清末新政和预备立宪的各项改革和制度建设具有重要参考价值。

1905 年五大臣出洋考察时合影

　　这次出国考察以宪政为首要之目标，因此，每到一国，对于议院的参观和议会制度的考察都是重点，也引发许多思考。在戴鸿慈等人看来，在这些实行宪政的国家中，执政党和在野党之间为了国家利益做出的沟通以及君主和议会之间的互动关系，让他们耳目一新。在他们留下的众多记录中，无不流露出对于这种政治体制的惊奇和赞叹。事实上，对于身处异域他邦的人们而言，和本国差异最大的地方往往就是对他们的思想冲击最为激烈之处。同时，在进行普遍观察的时候，这些清朝的高级官员也不忘记录和参考各个国家的特色和特点。

　　在考察宪政之余，他们也对日本和欧美社会的物质和文化事业产生了浓厚的兴趣。这样的社会氛围对于他们而言，确有耳目一新之感。因此，在这为时半年的国外行程中，他们分别参观了一些外国的社会部门和机构。大致来说，既有像政府机关、邮局、铸币局这样的行政管理和服务部门，又有像监狱、疯人院这样诸如管制社会另类人群的机构；既有像基督教青年会、商会这样的依靠宗教和社会力量所组成的团体，又有像美术院、博物馆、学校等文化教育机构，可以说是比较广泛地近距离观察、了解了日本和欧美社会的不同侧面，并且与中国的社会情况进行了不同程度的比较。

五大臣出洋也在一定程度上改善了中国的外部形象。1901年，在伦敦街头就出现过关于义和团在北京围攻外国使馆的木偶活报剧，而西方记者对义和团的报道和一批当时在北京外交官的"日记"出版，更让西方民众对中国人留下了"野蛮愚昧"的印象。然而，清朝将派大员出洋考察政治这件事，让外国人对中国人又有了正面看法。英国《新达泰晤士报》《摩宁普司报》《纽加司络报》等纷纷发表文章评述，德国的著名汉学鼻祖福郎克在《科隆日报》上写道："他们此次出洋是为了学习日本、美国和重要的欧洲国家的宪法、政治制度和经济体系，特别是有着极大的可能，将西方的宪法、政治制度和经济体系结合中国的情况移植到中国去。"而《泰晤士报》上的文章更加热情："人们正奔走呼号要求改革，而改革是一定会到来的……今天的北京已经不是几年前你所知道的北京了。中国能够不激起任何骚动便废除了建立那么久的科举制度，中国就能实现无论多么激烈的变革。"

关于晚清官员的出洋考察，重点需要提及的还有光绪二十二年（1896）李鸿章的出访。甲午战争失败后，李鸿章受到朝野上下的猛烈抨击。而签订《马关条约》，使他背上"汉奸""卖国贼"的骂名。此后，李鸿章被免去直隶总督、北洋大臣等职务。光绪二十二年（1896）二月，为贺沙皇尼古拉二世加冕典礼，同时也为"联俄制日"，李鸿章被清廷派出访欧美，进行了一次环球访问，历时190天，横跨三大洋。李鸿章使团是19世纪清政府派出的最高级别外交使团，是晚清中国人走向世界历史上的一件大事。李鸿章出访欧美，在西方刮起了一阵"李鸿章旋风"。德国首相俾斯麦见了李鸿章后，称其为"东方俾斯麦"，欧洲的报纸也把李鸿章与俾斯麦、英国首相格拉斯顿并称"当今天下三大老"（李鸿章73岁，俾斯麦81岁，格拉斯顿

87岁）。

从19世纪70年代开始，清政府开始向外国派遣外交使节、独立的游历考察官员和官费留学生，中国人开始逐渐主动走向世界。

咸丰十年（1860）第二次鸦片战争结束后，列强通过《北京条约》取得公使驻京权利。清政府直到70年代才开始派遣赴外使臣。最早在同治九年（1870）派遣三口通商大臣崇厚为出使法国特使、钦差大臣，其使命只是为"天津教案"向法国道歉。

光绪元年（1875）二月，英国驻华使馆翻译马嘉理，擅自带领一支英军由缅甸闯入云南，窜至腾冲地区时，因受当地群众阻挠，开枪打死多名中国居民。当地百姓奋起抵抗，打死马嘉理，把侵略军赶出云南。英国驻华公使威妥玛大怒，坚称此事乃由清廷幕后指使，屡以下旗绝交、增派军舰来华、联合俄国进攻北京，对清廷进行威胁恫吓。历经两次鸦片战争之败的清廷答应英国"抚恤""赔款""惩凶"等要求，并按英方要求派钦差大臣到英国去"道歉"，并开馆设使，长驻英国。在此背景之下，郭嵩焘成为晚清第一位驻外公使。

光绪四年（1878）二月二十二日，清廷又任命郭嵩焘兼任出使法国钦差大臣。往来于伦敦和巴黎这两大西方文明的中枢，郭嵩焘切身领略到西方的繁盛强大。他感叹西洋的物质文明，早已远胜中国。身为驻英法公使，郭嵩焘抓紧一切机会近距离考察西方的宪政、商业、军事、科技、教育和风俗人情。

在晚清思想史上，郭嵩焘也是最初主动了解西洋文化、向国人引介以西方古典学为代表的世界文明古国知识的士大夫之一。其出洋日记除记录公务交往、政治观察、访问参观，还写下了自己对古代埃及、希腊和罗马的零星见闻。这些零星见闻通过描述古埃及文字、古希腊先哲以及古罗马建筑，为国人开启了一个文化深厚、政教修明的"异域空间"。对于郭嵩焘本人来说，看到古埃及、希腊、罗马遗迹以及欧洲现实，不仅使他摆脱"西学中源说"，认识到西学源于希腊、罗马，而且转而认为中国教化自汉代以来已经式微。郭嵩焘的思想转向预示着中国士大夫开启了痛苦的政教乃至精神反思。

光绪三年至四年（1877—1878），清政府陆续在英、法、德、日、美等国开设了驻外使馆，派遣了驻外使团。

除此之外，晚清政府还独立地派出一些官员出洋游历和调查。例如光绪五年（1879），道员徐建寅受北洋大臣李鸿章派遣到欧洲订购铁甲舰，考察了各国工厂。他写的《欧游杂录》是中国官员第一次对欧洲近代工业进行深入考察的珍贵记录。

晚清时期走出中国的留学生群体是近代中西文化交流过程中最重要的中介。最早是官派幼童留美。同治十年（1871）在容闳的建议下，曾国藩和李鸿章联名奏请派幼童赴美留学，获清廷批准。在上海设立出洋肄业局招生，从同治十一年（1872）至光绪元年（1875）先后分4批派遣120名10～16岁幼童赴美国留学。他们在美国的中学毕业后，陆续有50多人考入耶鲁、哈佛等美国大学学习。留美幼童在美国学习勤奋，进步很快，同时思想、习俗也渐渐发生变化。此后，光绪三年（1877）至光绪二十三年（1897）清政府又先后派遣了4批共80多名学生留学欧洲，主要是英国和法国。若干年后，他们成长为转型中国的中坚力量。铁路工程师詹天佑、开滦煤矿矿冶工程师吴仰曾、北洋大学校长蔡绍基、清华大学首任校长唐国安、民国开国总理唐绍仪、交通总长梁敦彦、外交家欧阳庚……还有多名加入海军，在甲午战争中殉国。

光绪二十一年（1895）甲午战败后，中国民族危机空前严重，广大爱国知识分子强烈要求向西方与日本学习，因此在20世纪初出现了一个赴日本留学和考察的热潮。这一时期的留日潮流虽然不是最早的，但却是人数最多、涉及面最广、与中日两国关系最为密切、对近代中国产生极大影响的。清末的这场留日潮流是一场涵盖从学问至生活习惯等众多领域的首批大规模海外体验；对日本社会而言，是首次接收的最大规模的外国人文化交流团。正是因为规模巨大，其间还经历了反复的调整，对两国造成的冲击也是巨大的。

留学生在自然科学方面的贡献成绩斐然。如留美学生詹天佑于宣统元年（1909）担任总工程师，在路况险峻、设备落后的情况下克服重重困难，修筑了由中国人建造的第一条铁路——"京张铁路"，举世瞩目。留美学生侯德榜创造了"侯氏制碱法"，解决了当时世界制碱工业的难题。留美学生茅以升于 1933 年主持钱塘江大桥的建造，克服各种困难，创造了"沉箱法""浮运法""射水法"等科学新方法，仅用半年时间就顺利完工。先留日后留美的丁文江于 1913 年在北京创建了中国第一个地质研究所，三年后又组建中国第一个地质调查所。

第三节　中西交流背景下的北京文化转型

马克思曾经指出，与外界完全隔绝曾是保存旧中国的首要条件。但是，鸦片战争以后，中国闭关自守、与外界隔绝的状态被打破，外国殖民主义势力的入侵不仅改变了中国的发展道路，而且也使中国城市封闭、自成体系的发展模式发生断裂，由此而使以北京为代表的传统行政中心城市在各个方面都发生了相应的变化，由此导致清后期京师文化形态发生了不同程度的转变。

在中国历史上，京师之地一直都是中外文化交流的最重要场所之一。清后期，北京作为中央政府所在地，在晚清中外文化交流的进程中承担了特殊的角色，不仅是西方文化的汇聚之地，也是中外文化冲突的聚焦之地。

一般而言，中国历史上的强盛时期，往往在中外文化交流方面也最频繁。晚清之时国势衰微，列强两次派兵侵入北京城以及皇帝两次出逃的经历，决定了晚清中外文化交流的不对等性。同时，西方文化的大潮不可阻挡，现代国际体系的建立也侵蚀着中国传统的行为准则与中外交往方式。其中，清末北京城内使馆区的建立正是中外交流与冲突的典型样本。

鸦片战争之前，北京作为封建帝王之都，地位十分尊贵，外国使节来华，与各少数民族首领和藩属来京进贡的使者一样，住在专门的驿馆会同馆，朝拜后即行返回。当时隶属礼部的会同馆就在东交民巷附近。

东交民巷原名东江米巷，附近一带是晚清北京城内的行政区，那里有许多中国的行政机构、庙宇、会馆及市民住宅，其中央官署的密集程度为京师之最。第二次鸦片战争期间，清朝分别与英、法、美、俄签订《天津条约》，规定各国可派公使常驻北京，此后签订的《北京条约》重申了这项条款。因此，各国派驻北京的使节相继来华，就在这附近设立公使馆，这是中国被纳入世界政治体系的重要表现。从此之后，使馆区承担了沟通中西的重要职能，在中外关系方面担负着重要角色。

庚子年间，义和团从东西北三面围攻东交民巷使馆区，比、奥、荷、意四国使馆都遭焚毁，八国联军以此为由侵入北京，给这座城市带来巨大伤害。《辛丑条约》规定，使馆区内中国人不得随便进入，各国使馆所在地界自行驻兵防守。列强根据《辛丑条约》，将原先分散杂处于中国衙署、寺庙、民房之中的各国使馆连成一片，建立起东交民巷使馆区。在原有基础之上扩大了使馆面积，划定了统一馆界。根据条约规定的使馆区，东起崇文门内大街，西至宗人府、吏部、户部、礼部（今国家博物馆一带）一线，南起内城南墙（今前门东大街），北至东长安街以北80米（与皇城南城墙紧邻），馆区内原有中国衙署、民房一概迁出。使馆区自设警察和管理人员，不仅中国人民不能居住，就是中国的军警也不能穿行。从此以后，在这个方圆仅仅几平方公里的地方俨然成为一个国中之国。使馆区的存在是中国近代政治生态中特殊的构成部分，它的出现不仅深刻影响此后几十年中外关系的发展，并在一定程度上影响了中国历史的走向。

《辛丑条约》签订之后，使馆区内大兴土木。两三年内，各种不同风格的西洋建筑相继建成，形成了一个集使馆、教堂、银行、官邸、俱乐部为一体的欧式风格街区，坐落在东交民巷、台基厂两侧和御河两岸。这些西式建筑造型各异，与御河两岸的绿树浓荫相互映衬，形成了清末北京独特的城市景观。这些也是今天在北京可以见到的20世纪初的西洋风格建筑。

相比之下，古老的北京城雄伟壮丽有余，近代城市应具备的各种文明设施却不足，因此使馆区的出现，在客观上对北京进行近代城市建设起到了示范与推动作用。可以说，使馆区内也是北京现代市政设施建设的起源地之一。为便于马车行走，使馆区内街道进行了翻修平整，马路采用电灯照明。1908年京师筹办自来水公司，第二年建成，首先供东交民巷各使馆及京师各衙门、王府等用水。使馆的室内安装有当时非常先进的带有上下水道的卫生设备。东交民巷使馆区内各种风格的洋式楼房，平坦的道路，明亮的电灯以及各种齐备的生活区、娱乐场所和文化设施，令人耳目一新。对于京师而言，东交民巷是最早享用西方物质文明的居住区域。东交民巷使馆区作为一个实体，已成为展示西方工业生产水平和物质文明的窗口。

京师越来越多的人，上自太后皇帝、达官显贵，下至商贾大户开始接受和效法东交民巷的文明成果。与此同时，京师不再是封闭的城市，而是与其他被迫开放的通商口岸一样，在吸收和消化新的建设近代城市的经验，古老的北京开始向近代城市迈进。正是在使馆区建立过程中带来或体现出西方先进的科学技术和物质文化的文明这一客观事实，冲击和震动了古老的北京，对北京近代城市建设有着巨大的促进作用。

使馆区出现在帝国京城，对清朝传统的政治理念也产生极大冲击。在天地之中、至高无上的皇宫不远之处，出现了西人集中居住的使馆区，真实地挑战着"卧榻之侧岂容他人酣睡"的古老思维模式，这种冲击随之带来的更深层的是对固守千年的价值体系的挑战。不管是主动还是被动，都要求清廷的主宰者和高官们必须认同这种安排，这表明，紫禁城里的皇帝已经不能以"天朝上国"的姿态居高临下，而不得不落入下风。

同时，在东交民巷出现使馆区这一事实，对一些国人而言则是一种痛苦的刺激。长期以来，中国秉承"天朝上国""唯我独尊"的思想，极力抵制外部世界对自身肌体的侵蚀，希望将现代西方资本主义工业文明拒绝于国门之外。直至西方列强以坚船利炮轰击中国大门，清廷被强行纳入世界体系，首善之地北京也被迫向世界开放。清末大学士徐桐以思想"保守"而闻名，他的住所就在东交民巷附近，当《天津条约》签订，东交民巷出现外国使馆时，他在宅中书写楹联曰："望洋兴叹，与鬼为邻"。上下朝时，他宁肯绕道崇文门大街到东华门进入皇城，也不愿穿过使馆区。"庚子事变"之后，徐桐自缢于宅中。徐桐之死，既表现了对中国传统文化的坚守，也反映了无可奈何的心态。

清末曾任过刑部额外主事、邮传部主事等职的陈宗蕃，目睹东交民巷所发生的变化，在20世纪30年代作书《燕都丛考》，回忆北京使馆区时，亦发出"界内且自置设署，俨若异国"，"兵营亦各附于使馆左右""使我外交史上一大耻"之感慨。然而对使馆界内"银行、商店，栉比林立，电灯灿烂，道路平夷"，又不得不发出在北京城中"特为异观"的惊叹。陈宗蕃的这番感慨正体现了京城作为中外文化交流与冲突聚焦场所的典型现实。

近代北京教育领域的变化是中西文化交流的重要成果。同治元年（1862），京师同文馆在北京内城创办，开启了中国近代教育的先河。光绪二十四年（1898），在"戊戌变法"的推动下，京师大学堂创办于景山东街。光绪三十一年（1905），清政府废除科举，引起社会体系的结构性变动，饱读诗书的文人们失去了进身的途径和阶梯，但现代教育机构的兴起为他们开辟了新的出路。在晚清政府的教育变革中，北京自得风气之先，率先办起了上自高等教育下至社会教育的一系列教育机构。除著名的京师大学堂外，还有京师优级师范学堂、高等实业学堂、法政学堂、学医实业馆、农科大学、清华学校、铁道管理传习所、汇文大学、协和医学堂等一批高等学校。近代高等教育的发展，突破了封建帝都教育中心以国子监太学为中心的格局，而且打破内外城界限，使内外城的教育功能趋向同一。

进入民国之后，京师大学堂改为国立北京大学，当时虽然号称"国立"的还有北洋大学与山西大学，但"设立于首善之地、纯粹支用国库金者，则仅有北京大学一校"，是当之无愧的"最高学府"。蔡元培出任北大校长后，参照德国大学模式，实行"思想自由，兼容并包"的办学方针，"囊括大典，网罗众家"，培养学术研究空气，一时间名家云集，北大成为国内首屈一指的高等教育重镇与人力资源中心，现代化进程大大加快，并推动了北京及全国教育事业的发展。

《辛丑条约》签订后，列强官方对华的观念不改。以美国为例，20世纪初年中美关系一度极为恶化。光绪三十年（1904），限制华工移民的"中美会订限禁来美华工保护寓美华人条款"期满，各地华侨纷纷要求废除该条约，并反对续订新约，但被美国政府拒绝。光绪三十一年（1905）夏秋间，上海总商会开会发动全国各界抵制美货，从上海发动起一场声势浩大的抵制美货运动。同时，报纸发表言论，鼓吹振起民气，群众集会演说，极力声言抵制。各界群众积极支持，除不售不卖美货外，工人不卸装美货，学生不用美国课本、不进美国人办的学校。

持续了近一年的抵制美货运动，波及除山东外的全部沿海沿江的省份，得到世界各地的华侨支持，使中国一般群众对美国的怨愤达到顶点。在华的美国传教士对此深有感触，光绪三十一年（1905）即联名向美国国务院建议取消对中国学生的入关限制，并警告排华政策将削弱美国的文化影响力，最终损害美国在华政治和经济上的利益。光绪三十二年（1906）在华的美国传教士再次联名致信西奥多·罗斯福总统，申述美国的排华政策使其"在华的传教事业遇到前所未有的巨大困难"。

美国的有识之士之所以忧心忡忡，不仅因为美国一直以来努力塑造的对华"友善"形象，经此席卷中国的反美运动扫地俱尽，更因为美国无法吸引中国年青一代优秀人才而对在华的长远利益产生了直接威胁。此前中国驻美公使梁诚（1864—1917）一方面已在美国同情中国的上层人士间活动，另一方面建议外务部"声告美国政府，请将此项赔款归回，以为广设学堂，派遣游学之用"，但其努力为光绪三十一年（1905）的反美运动所打断。光绪三十一年（1905）日本在日俄战争中取胜后，中国举国上下服膺日本的西化成就，民间掀起留学日本的热潮。由于美国正执行歧视华人的恶政，而日本在文化和地理上更接近中国，所以日俄战后不久日本的中国留学生数量即远超美国，日本成为中国知识分子的首选留学地点。

为改变这一状况，伊利诺伊大学校长埃德蒙·詹姆士最先采取行动。美国各著名私立的院校，如哈佛、耶鲁和卫斯理相继承诺为中国留学生提供奖学金，以这些行动说明"美国对中国人民是友好而没有敌意的"。美国舆情普遍认为，吸引中国留学生来美深造是美国对中国施加影响的最好方式。公理会牧师、在华美国教会教育会会长阿瑟·史密斯于光绪三十二年（1906）三月会见罗斯福总统时正式向政府提出将退还庚款作为教育之用。阿瑟·史密斯认为，只有如此，"美国才能在中国拥有一大批具有决定性影响、在思维方式上和美国接近并同情美国的人"，并终将"在政治上和经济两方面密切中美两国的联系"。这一计划获得罗斯福总统的认可。在梁诚及美国有识之士的大力运动下，罗斯福总统于光绪三十三年（1907）十二月三日的国会咨文中同意退款，并于宣统元年（1909）正月开始正式退还。退还超索庚款的决策，是美国政府为了补救此前一系列对华政策所产生的不利影响。事实证明，"通过在思想和精神方面的作用"，美国吸引了一大批中国青年才俊，有效地改变了其政治形象，大大提高了它在中国的影响。

此前，端方等"五大臣"于光绪三十一年（1905）至光绪三十二年（1906）出访欧美，名为考政，但时值清廷停止科举，教育改革方兴未艾，出洋考察时对各国的教育自然特别关注。除教育考察之外，考政大臣与美国各著名高校积极协商派遣留学生事宜，最终争取到美国大学的学额及资金资助。可见，派遣留学生赴美，在政治和舆论各方面均已进行了长期的准备和铺垫，既是美国转变其对华政策的反映，也是中国教育革新积极作为的结果。所以宣统元年（1909）清廷收到超索的庚子赔款后，清华学堂就应运而生。

1909年7月10日（宣统元年五月），外务部与学部奏设"游美学务处"，并"附设游美肄业馆一所"。肄业馆的作用，本来只作为学务处的办事机构，挑选品质合格者遣送赴美，并非实际的学校。但由于国内学生符合派送赴美深造的标准较少，离《派遣美国留学生章程草案》所定"前四年选送四百人"的计划相差过远，所以宣统二年（1910）十二月二十一日改"游美肄业馆"为"清华学堂"，分中等及高等两科，各为四年毕业，中等科毕业须经过甄别考试晋升高等科，高等科毕业亦须通过严格的考试才能派遣留学。宣统三年（1911）四月一日新学校招收第一批学生，并呈请外务部改"清华学堂"为

"清华学校"。这一名称从辛亥年一直沿用到1928年,国民政府议决将之改为"国立清华大学"。

由于其特殊历史背景及较国内其他大学优越的办学条件,更名后的清华大学吸引了一大批知名的专家、学者,其教师队伍阵容强大。尤其南京国民政府成立之后,清华在比较短的时间内成长为国内顶尖高等学府。到20世纪30年代中期,清华已成为中国最重要的学术中心之一,也成为中外学术交流的首要平台。清华大学的创建和出现是中国现代教育、学术与思想文化史上的重大事件。"在很大程度上它突破了知识界的单极格局,促成了非教会大学的崛起,并与其他学校共同打造了一个富有弹性、活力与竞争力的知识共同体。在大学史上,清华的成长,也意味着一种新的大学范型在中国的崛起,自此,肇始于美国的近代大学逐步强势,日渐取代德国式古典大学在中国的主导地位。从国际上看,清华与北大等都已建成为远东顶尖、国际蜚声的名校。它们当时代表了世界不发达国家的最高学术水平,并对日后的抗战和新中国建设影响深远。"

在民国北京高等教育发展史中,当时在中国活动的各类教会直接资助的教会大学扮演了重要的角色,如燕京大学、辅仁大学、协和医学院等。这一时期北京的教会大学虽然数量不多,但影响很大,对中国近代教育的发展以及人才的培养都发挥了重要作用。

燕京大学由美国长老会、美以美会、英国伦敦会、公理会联合创办,前身是清末美、英两国教会在北京创办的3所教会学校:北京汇文大学(Peking University,初名崇内怀理书院,位于崇文门船板胡同,后在其旧址建汇文中学)、华北协和女子大学(初名贝满女塾,位于灯市口东口的佟府夹道胡同,后改办贝满女中)和通州协和大学(初名公理会潞河书院)。1919年前后,三校陆续合并,成为一所新的大学,并聘请正在南京金陵神学院任教的美国人司徒雷登担任校长。

上任之后,司徒雷登调适燕京大学办学方向,提出燕大应转变为"以教授高深学术,发展才、德、体、力,养成国民领袖,应中华民国国家及社会需要为宗旨"的大学,使燕京大学逐步走上了世俗化、学术化的道路。

与此同时,司徒雷登也在谋求扩充校园空间。他用6万银圆从陕西督军陈树藩手中买下了"淑春园"旧址,并请来了墨菲担纲燕大新校园的总设计师。此前,墨菲曾为几座大学进行过规划。在燕京大学的案例中,墨菲移植了他在1918年设计金陵女子大学(现南京师范大学校园)的经验,采用了中西合璧的方式。1926年,燕京大学正式迁至海淀燕园以未名湖为中心的新校区,成为近代中国规模最大、质量最高、环境最优美的校园之一。

作为教会大学,燕大试图在精神层面上与中国传统文化取得一定的和谐联系,即将功能分区思想与中国传统建筑布局、造园手法及建筑风格相结合,以未名湖、博雅塔为中心组织校园空间,并与玉泉山遥遥相对,形成一种"中西合璧"式的园林式校园。在外部造型方面刻意追求中国式环境的同时,建筑内部则尽力采用当时最现代的设备技术,如现代化的照明、取暖和管道设施等,主体结构则完全是混凝土。

辅仁大学是一所由罗马教廷在亚洲直接设立的唯一的天主教大学,校名源自《论语·颜渊》当中曾子所言:"君子以文会友,以友辅仁。"其前身为中国天主教领袖英敛之于1913年在北京香山创办的大学预科"辅仁社",1925年由美国本笃会正式创办,起初定名"北京公教大学",1927年北洋政府准予试办,是为"私立北京辅仁大学"。1929年呈请国民政府教育部正式立案,改名"私立北平辅仁大学"。英敛之既是辅仁大学最重要的发起人,也是奠基人,他厘定了既要吸收西方最新科学,又能发扬中华固有的优秀文化的办学宗旨和信教自由的办学理念。辅仁大学史学、国文、物理、化学、心理、教育、生物等学科荟萃了一批学有专长的中外学术名家,他们在各自的研究领域做出了非凡的成就。虽仅存27年,但辅仁大学以精英人才为培养目标,在学术研究上强调"动国际而垂久远",在中国现代高等教育史上写下了浓墨重彩的一笔。1949年中华人民共和国成立后收归公有，是为"国立辅仁大学"。1952年因院系调整并入北京师范大学。

在基督教发展史上，施医散药是其常见的一种布道传教方式。近代以来，随着基督教在中国的日益传播，其医疗事业也在不断扩大，逐步成为在华基督教事业的重要组成部分。当时，外国传教士在华的医疗事业主要包括开办医院、设立诊所、翻译西医书籍和兴办医学教育等项内容。在所有这些教会医学校当中，又以北京协和医学院最负盛名。1906年2月，英国的伦敦会、美国的公理会和长老会在北京东单北大街一家诊疗所的旧址上，建立了"协和医学堂"，清政府曾数次拨给经费。1915年7月，"协和医学堂"被美国洛克菲勒基金会接办，定名为"北京协和医学院"。1921年9月，新落成的协和医学院正式开办，它以美国当时最先进的约翰·霍普金斯医学院为模式，把培养高技师高水平的医学人才作为办学宗旨，形成一整套独具特色且行之有效的教学制度和方法。它的创立和取得的成就，对中美文化的相互交流起到了促进作用。

随着中国历史于19世纪中叶迈入近代，一个变化频发的时代悄然降临，而从根本上推动这一变化的，正是那持续不断、从西方滚滚东来的"外力"。所谓"外力"，就是西方的物质文明和制度文明。由工业革命所激活的巨大生产力、组织力、创造力以及与之紧密相联系的政治经济制度、价值观念、思想意识，融汇成一股气势磅礴、无坚不摧的"新潮"，对北京这一中国封建社会的最后都城形成了巨大压力和挑战。近代商业、工业、金融、通信等新经济部门迅速兴起，城市基础设施建设也开始向早期现代化转型，城市空间结构发生了显著变化，新式机构如百货公司、工厂、仓库、银行、教堂、医院、学校等次第出现，一些近代市政工程设施如马路、电灯、电话、自来水等也在一些区域修建和设立，它们改变了人们的生活条件和生活方式，更改变了附着在这些生活方式基础之上的思想观念。

鸦片战争之后，特别是《天津条约》签订后，外国公使得以驻京，大量西方人士拥入北京这个中国的政治中心。作为晚清在北京生活的特殊人群，他们有着不同的身份、地位和不同的来京背景。他们在北京的社会活动对晚清中外关系与北京生活的各个方面都产生了重要影响。在这些人当中，英国人赫德是一个具有代表性的人物。19世纪60年代中期，由英国人赫德负责的总税务司署迁至北京，赫德成了清政府国际事务方面的得力顾问。他的影响作用不仅在于推动清政府各种制度的现代化，而且还在于由此引起思想观念、社会风尚的改变。譬如经他举荐，美国传教士丁韪良出任同文馆总教习。在丁韪良的管理下，同文馆的译书活动成绩显著，所译书籍自行印刷，免费发送各级官员。这些书籍包括自然科学、各国法律、政治经济、世界历史等。这些书籍对京师人士思想观念的转变产生了很大影响。

清后期京师文化的转型在一定程度上源自新的生活样式，近代化城市设施的兴建和使用，西学西艺的传播，新机构的设立、新观念的影响，一定程度上改变了旧的生活习惯，在此基础上打破了旧文化中保守的心理定式，形成一种适应时代的新思维，通过暗示、模仿、从众等心理途径把新的生活模式、价值观念传给民众，形成带有普遍倾向的生活方式，从而创造出适应时代的新文化、新生活。

晚清民初的北京作为东西方文明的一个具有特殊地位的交会点，其文化内容不可避免地带有大量西方文明的印记。在中外文化的冲突、交流中，北京的文化呈现出曲折、复杂的发展走向。它一方面在冲突、交流中顽强地保持自己的风格、特征，另一方面也逐渐地吸纳外来的文化内容。第二次鸦片战争签订的《北京条约》规定外国公使可以长期留居京城，并由此形成了东交民巷使馆区。使馆区的出现不但重新划分了北京城的内部空间，并且对北京近代城市建设与社会发展产生了不可低估的影响。西洋建筑群的出现改变了传统的城市面貌，与之相邻的由各国银行聚集而形成的清末"金融街"，体现了现代西方强势文明对这个古老城市肌体的入侵。西什库教堂、圣厄尔尼教堂等建筑展现了西方宗教在这个城市的影响。马路、街灯、排水系统等市政设施的建设使古老的京城向近代城市迈进。

新式交通工具、通信工具的应用改变了普通市民的生活方式与人际关系。新式警察也是西方文明传入所赋予这个城市的印记。通过各种方式进入北京的外国人，虽然具有不同的身份、不同的背景，但他们的活动为清后期北京文化的发展增添了许多新的元素。西方文明借助坚船利炮侵入古老的帝国之都，形成了京城人士的"趋新""崇洋"的风气，由最初物化为生活方式最终上升为思想观念、价值体系的重塑，这种深层次的影响对北京文化乃至中华文化发展的影响亦相当深远。

甲午中日战争之后，北京文化经历了更加激烈的变化。随着王朝的日益瓦解，其政治势力的崩溃，北京原有的文化体系也随之而产生裂变。昔日以皇权文化为主体的完备的、系统的、成熟的北京文化，在其裂变过程中，迅速地被民间化、市井化。其原有的文化成分，逐渐稀释为多层面的文化内容，使得北京的文化成分中，除了帝王文化的残存成分外，传统的世俗文化迅速丰满起来。与此同时，西方文化的进入和中西文化的冲突与融合，重塑了北京的文化结构，使得北京文化呈现出史无前例的多元化趋向。而这时的北京文化多元化的成分，已经不仅仅是清代前期中国各个不同地域文化的集成，而具有更为复杂、更加丰富层面的文化成分。这种文化结构，对民国时期北京文化发展形成了巨大的推动力，直到今天，我们还可以不同程度地去感知。

后 记

　　《对外交流——中国气派》卷为集体撰写成果，具体情形如下。

　　第一章第一节"阿拉伯文化与西方文化在元大都的传播"、第二节"传教士书简及游记对元大都的介绍"，以及第二章各节、第四章第一节"科技文化在中国"、第五章各节、第六章各节，由北京市社会科学院历史所何岩巍博士撰写。

　　第一章第三节"外来文化对元大都的影响"，由北京市社会科学院历史所王岗研究员撰写。

　　第三章各节，第四章第二节"西方文化对清代北京文化的影响"、第三节"西洋学术与北京士人"、第四节"清前期中西交流下的'中西比附'"，第七章第三节"清后期的'西学中源'论与中西会通"，由北京市社会科学院历史所刘仲华研究员撰写。

　　第七章第一节"'鸦片战争'与'西学东渐'"、第二节"'洋务运动'与传统文化的矛盾"，第八章各节，由北京市社会科学院历史所王建伟研究员撰写。

　　由于撰写者水平有限，文中难免讹误遗漏，还望方家批评指正。

本书编写组